本书由
中央高校建设世界一流大学（学科）
和特色发展引导专项资金
资助

中南财经政法大学"双一流"建设文库

区│域│发│展│系│列

城市商业银行服务区域经济发展研究

过文俊 余 华 等著

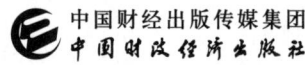

中国财经出版传媒集团
中国财政经济出版社

图书在版编目（CIP）数据

城市商业银行服务区域经济发展研究／过文俊等著．—北京：中国财政经济出版社，2019.12

（中南财经政法大学"双一流"建设文库．区域发展系列）

ISBN 978-7-5095-9406-3

Ⅰ.①城… Ⅱ.①过… Ⅲ.①城市商业银行－银行业务－研究－中国 Ⅳ.①F832.33

中国版本图书馆 CIP 数据核字（2019）第246459号

责任编辑：武志庆　　　　责任校对：徐艳丽
封面设计：陈宇琰

城市商业银行服务区域经济发展研究
CHENGSHI SHANGYE YINHANG FUWU QUYU JINGJI FAZHAN YANJIU

中国财政经济出版社 出版

URL：http://www.cfeph.cn
E-mail：cfeph@cfemg.cn

（版权所有　翻印必究）

社址：北京市海淀区阜成路甲28号　邮政编码：100142
营销中心电话：010-88191537
北京财经印刷厂印装　各地新华书店经销
787×1092毫米　16开　16.75印张　272 000字
2019年12月第1版　2019年12月北京第1次印刷
定价：75.00元
ISBN 978-7-5095-9406-3
（图书出现印装问题，本社负责调换）
本社质量投诉电话：010-88190744
打击盗版举报热线：010-88191661　QQ：2242791300

总 序

"中南财经政法大学'双一流'建设文库"是中南财经政法大学组织出版的系列学术丛书,是学校"双一流"建设的特色项目和重要学术成果的展现。

中南财经政法大学源起于1948年以邓小平为第一书记的中共中央中原局在挺进中原、解放全中国的革命烽烟中创建的中原大学。1953年,以中原大学财经学院、政法学院为基础,荟萃中南地区多所高等院校的财经、政法系科与学术精英,成立中南财经学院和中南政法学院。之后学校历经湖北大学、湖北财经专科学校、湖北财经学院、复建中南政法学院、中南财经大学的发展时期。2000年5月26日,同根同源的中南财经大学与中南政法学院合并组建"中南财经政法大学",成为一所财经、政法"强强联合"的人文社科类高校。2005年,学校入选国家"211工程"重点建设高校;2011年,学校入选国家"985工程优势学科创新平台"项目重点建设高校;2017年,学校入选世界一流大学和一流学科(简称"双一流")建设高校。70年来,中南财经政法大学与新中国同呼吸、共命运,奋勇投身于中华民族从自强独立走向民主富强的复兴征程,参与缔造了新中国高等财经、政法教育从创立到繁荣的学科历史。

"板凳要坐十年冷,文章不写一句空",作为一所传承红色基因的人文社科大学,中南财经政法大学将范文澜和潘梓年等前贤们坚守的马克思主义革命学风和严谨务实的学术品格内化为学术文化基因。学校继承优良学术传统,深入推进师德师风建设,改革完善人才引育机制,营造风清气正的学术氛围,为人才辈出提供良好的学术环境。入选"双一流"建设高校,是党和国家对学校70年办学历史、办学成就和办学特色的充分认可。"中南大"人不忘初心,牢记使命,以立德树人为根本,以"中国特色、世界一流"为核心,坚持内涵发展,"双一流"建设取得显著进步:学科体系不断健全,人才体系初步成型,师资队伍不断壮大,研究水平和创新能力不断提高,现代大学治理体系不断完善,国际交流合作优化升级，综合实力和核心竞争力显著提升，为在2048年建校百年时，实现主干学科跻身世界一流学科行列的发展愿景打下了坚实根基。

"当代中国正经历着我国历史上最为广泛而深刻的社会变革，也正在进行着人类历史上最为宏大而独特的实践创新"，"这是一个需要理论而且一定能够产生理论的时代，这是一个需要思想而且一定能够产生思想的时代"①。坚持和发展中国特色社会主义，统筹推进"五位一体"总体布局和协调推进"四个全面"战略布局，实现"两个一百年"奋斗目标、实现中华民族伟大复兴的中国梦，需要构建中国特色哲学社会科学体系。市场经济就是法治经济，法学和经济学是哲学社会科学的重要支撑学科，是新时代构建中国特色哲学社会科学体系的着力点、着重点。法学与经济学交叉融合成为哲学社会科学创新发展的重要动力，也为塑造中国学术自主性提供了重大机遇。学校坚持财经政法融通的办学定位和学科学术发展战略，"双一流"建设以来，以"法与经济学科群"为引领，以构建中国特色法学和经济学学科、学术、话语体系为己任，立足新时代中国特色社会主义伟大实践，发掘中国传统经济思想、法律文化智慧，提炼中国经济发展与法治实践经验，推动马克思主义法学和经济学中国化、现代化、国际化，产出了一批高质量的研究成果，"中南财经政法大学'双一流'建设文库"即为其中部分学术成果的展现。

文库首批遴选、出版二百余册专著，以区域发展、长江经济带、"一带一路"、创新治理、中国经济发展、贸易冲突、全球治理、数字经济、文化传承、生态文明等十个主题系列呈现，通过问题导向、概念共享，探寻中华文明生生不息的内在复杂性与合理性，阐释新时代中国经济、法治成就与自信，展望人类命运共同体构建过程中所呈现的新生态体系，为解决全球经济、法治问题提供创新性思路和方案，进一步促进财经政法融合发展、范式更新。本文库的著者有德高望重的学科开拓者、奠基人，有风华正茂的学术带头人和领军人物，亦有崭露头角的青年一代，老中青学者秉持家国情怀、述学立论、建言献策，彰显"中南大"经世济民的学术底蕴和薪火相传的人才体系。放眼未来、走向世界，我们以习近平新时代中国特色社会主义思想为指导，砥砺前行，凝心聚

---

① 习近平：《在哲学社会科学工作座谈会上的讲话》，2016年5月17日。

力推进"双一流"加快建设、特色建设、高质量建设,开创"中南学派",以中国理论、中国实践引领法学和经济学研究的国际前沿,为世界经济发展、法治建设做出卓越贡献。为此,我们将积极回应社会发展出现的新问题、新趋势,不断推出新的主题系列,以增强文库的开放性和丰富性。

"中南财经政法大学'双一流'建设文库"的出版工作是一个系统工程,它的推进得到相关学院和出版单位的鼎力支持,学者们精益求精、数易其稿,付出极大辛劳。在此,我们向所有作者以及参与编纂工作的同志们致以诚挚的谢意!

因时间所囿,不妥之处还恳请广大读者和同行包涵、指正!

中南财经政法大学校长

目 录

绪 论 ... 1

第一章 城市商业银行及其与区域经济发展的关系 ... 17
 第一节 城市商业银行历史沿革及其发展现状 ... 17
 第二节 城市商业银行的特点及类型 ... 31
 第三节 城市商业银行的服务定位及其与区域经济发展的关系 ... 36

第二章 城市商业银行服务区域小微企业的金融创新 ... 43
 第一节 城市商业银行服务区域小微企业的现状 ... 43
 第二节 城市商业银行服务区域小微企业的金融体制创新 ... 46
 第三节 城市商业银行服务区域小微企业的金融产品创新 ... 57
 第四节 城市商业银行服务区域小微企业的金融模式创新 ... 61
 第五节 城市商业银行小微企业金融服务创新的瓶颈与突围 ... 67

第三章 城市商业银行服务区域居民的消费金融创新 ... 76
 第一节 消费金融的普惠性及其发展趋势 ... 76
 第二节 消费金融产业链及城市商业银行所处的地位 ... 80
 第三节 城市商业银行服务区域居民消费金融的瓶颈 ... 85
 第四节 城市商业银行深化区域消费金融创新的思路 ... 88

第四章 城市商业银行服务区域经济的科技金融创新 ... 100
 第一节 科技金融的特点及发展趋势 ... 100

— 1 —

第二节　城市商业银行服务区域小微企业的科技金融　　104
　　　第三节　城市商业银行开展小微企业科技金融服务的瓶颈　　113
　　　第四节　城市商业银行深化区域小微企业科技金融创新的对策　　116

第五章　城市商业银行服务区域经济的绿色金融创新　　125
　　　第一节　绿色金融及其产品种类　　125
　　　第二节　我国商业银行绿色金融发展的现状　　129
　　　第三节　城市商业银行开展区域绿色金融创新的主要做法　　132
　　　第四节　城市商业银行拓展区域绿色金融服务的瓶颈　　138
　　　第五节　城市商业银行深化区域绿色金融创新的对策　　140

第六章　城市商业银行服务区域经济发展的效应分析　　147
　　　第一节　变量选择和假设提出　　147
　　　第二节　回归模型设计及变量的描述性统计分析　　149
　　　第三节　实证结果及分析　　151

第七章　城市商业银行服务区域经济发展面临的挑战　　157
　　　第一节　跨区经营约束考验城市商业银行省内市场深耕能力　　157
　　　第二节　同业竞争日趋激烈考验城市商业银行零售业务拓展能力　　160
　　　第三节　存贷业务利差收窄考验城市商业银行中间业务创值能力　　163
　　　第四节　金融科技来势迅猛考验城市商业银行直销业务创新能力　　165
　　　第五节　合规经营监管趋严考验城市商业银行公司治理改善能力　　168
　　　第六节　金融生态变幻无常考验城市商业银行的风险防范能力　　172

第八章　提升城市商业银行服务区域经济发展能力的对策　　179
　　　第一节　保持下沉定力：做精服务社区基层的微型金融　　179
　　　第二节　贴身小微企业：做透服务实体经济的普惠金融　　184
　　　第三节　突破传统窠臼：做活减少资本消耗的系列中间业务　　190
　　　第四节　巧借金融科技：做大高效跨界的直销银行业务　　193

第五节　优化客户体验：做足本土需求的特色零售业务　　　198
第六节　规范稳健致远：做优公司治理有效防范风险　　　202

附件　　　210
参考文献　　　247
后记　　　254

绪 论

一、研究的背景及意义

（一）研究的背景

作为我国金融业的主要组成部分，银行业对支持经济发展发挥着最为重要的作用。目前，我国的商业银行体系由国有商业银行、股份制商业银行、城市商业银行、农村商业银行、民营银行、村镇银行、外资商业银行等构成，其中城市商业银行和农村商业银行作为区域性的中小型商业银行，在服务地方经济、服务中小企业和服务地方居民方面发挥着重要作用。

城市商业银行是在中国特殊的历史条件下，作为化解地方金融风险的产物，由城市信用社股改转化而来。1995年，第一家城市商业银行——深圳市城市合作银行（平安银行前身）正式成立。虽然城市商业银行起步较晚，单体实力与国有商业银行和股份制商业银行相比有着较大的差距，但经过20多年的发展，其整体资产规模有了较大的提升（截至2018年11月，134家城市商业银行的资产总规模已达到338793亿元，占银行业金融机构总资产的13%）。城市商业银行充分利用地缘优势和体制机制的灵活性，开展了一系列卓有成效的创新，走出了一条差异化竞争的道路，为完善我国金融体系和服务区域经济发展作出了巨大贡献。一批城市商业银行通过境内外上市，快速充实了资本。某些"头部"城市商业银行的实力，已经达到甚至超越全国性股份制商业银行。虽然每个城市商业银行的单体经营规模相差较大，但从整体上看它们已成为我国区域经济发展不可或缺的金融供给主体。

（二）研究的意义

城市商业银行依托当地政府，以服务地方经济为使命，在一定程度上弥补了我国的商业银行业体系缺乏小型商业银行的短板。虽然目前城市商业银行已成为我国金融体系不可或缺、不可替代的组成部分，但随着我国经济发展方式将从以往的高速度发展转为高质量发展，对绝大多数城市商业银行而言，仅仅靠外延扩张难以实现可持续发展，中小型城市商业银行争相模仿大型城市商业银行跨区经营的各种劣势逐渐暴露。由于缺乏核心竞争力，多数跨区经营的中小型城市商业银行经营现状并不乐观，甚至在当前经济下行的环境下面临巨大的风险。

在新时代，城市商业银行必须对前10多年改革与发展历程进行反思，理性分析城市商业银行与区域经济发展间的相互依存关系，在供给侧结构性改革的背景下重新思考自身的合理市场定位。研究城市商业银行服务地方经济发展课题，能够让城市商业银行清晰认识到自身的优势和劣势，从而坚定其服务区域经济发展的主要目标，形成具有自身特色的商业模式，寻求与大中型商业银行差异化竞争的发展之路。城市商业银行从城市信用社脱胎的过程中，天生就带有普惠金融的基因，当前我们强调其有效服务区域经济，不是简单地回归初始的市场定位，而是通过创新体制机制、金融工具、服务模式以及运用金融科技手段，更为有效地做好普惠金融。同时，城市商业银行也要顺应经济供给侧结构改革的大势，开展绿色金融、科技金融等新业务，推动产业结构调整和升级，促进区域经济高质量发展。2019年2月22日习近平在主持中共中央政治局第十三次集体学习时强调，深化金融供给侧结构性改革必须贯彻落实新发展理念，强化金融服务功能，找准金融服务重点，以服务实体经济、服务人民生活为本。要构建多层次、广覆盖、有差异的银行体系，端正发展理念，坚持以市场需求为导向，积极开发个性化、差异化、定制化金融产品，增加中小金融机构数量和业务比重，改进小微企业和"三农"金融服务。当前，城市商业银行应与时俱进调整发展战略，在明确自身定位的基础上实现业务平稳转型，在不发生系统性风险的前提下开展金融创新，在具有比较优势的细分领域探寻有效服务区域经济的新路径。

二、国内外文献综述

（一）关于金融发展与经济增长
1. 国外金融发展与经济增长相关文献综述
国外关于金融与经济之间关系的研究开始的较早，在20世纪60年代，帕特里克就开始了这一课题的研究。作为这一研究方向的提出者,帕特里克认为在经济发展的早期,金融发展会明显促进经济的增长;在经济发展达到一定的阶段之后,经济环境将会反作用于金融,促进金融的发展。国外所有研究金融与经济关系的文献大致可以分为三类:第一类认为金融发展对经济增长有促进作用,第二类认为金融发展对经济增长有抑制作用,第三类是认为金融发展与经济增长之间相互作用、相互影响,具有很强的关联性。

大多数国外学者都认为金融的发展对经济增长具有正向的作用。从配置资源功能方面来说,Walter Bashot(1973)认为,良好的金融系统能够把资金从低效率的投资导向高效率的投资[1],并在此过程中使资源得到更为有效的配置,从而促进经济持续增长。Greenwood & Jovanovic(1990)将金融发展和经济增长视为内生变量,通过实证分析发现,发达的金融业能降低储蓄资金向投资项目流动的成本,从而增加投资项目的产出和促进经济增长。Pagano(1993)研究了经济增长率与投资转化为储蓄率之间的关系,结果显示二者具有很强的正向关系,表明金融发展与经济增长之间有着正向的关系[2]。King 和 Levine(1993)也通过实证研究发现金融发展与经济增长之间具有长期的正向作用。Berthelemy(1996)等学者利用模型研究了银行数量与经济增长率之间的关系,表明经济增长与金融之间的关系[3]。Bencivenga et al.(1996)认为,通过期限搭配可以实现短期储蓄支持长期投资项目,从而奠定经济持续增长的基础。Levine(1997)采用金融发展深度(Financial Depth)作为经济增长的预测指标,实证分析金融发展促进了经济增长。Demetriades 和 Husseinl(1996)[4] 以及 AI – Yousif(2002)[5]的实证研究发现,大多数国家的金融发展能够促进经济的增长,经济的增长也会为金融的发展提供支持,即金融发展与经济增长之间存在着相互作用。Deidda & Fattouh(2002)对 119 个发达国家和发展中国家 1960—1989 年 30 年间的数据进行实证检验,发现在高收入国家金融发展是经济增长的重要决定因素,而在低收入国家这种效应不显著。Morales(2003)将资本积累和研发活动纳入到经

---

[1] 李芸,谭中明,杨慧文,张晗. 金融发展与经济增长之间相互关系的文献综述[J]. 金融经济,2009(24).
[2] Pagano, M. Financial Markets and Growth: An overview[J]. European Economic Review, 1993.
[3] Berthelemy, J. and Varoudakis, A. Economic Growth, Convergence Clubs, and the Role of Financial Development[J]. Oxford Economic Papers, 1996(48).
[4] Demetriades, P. O. and K. A. Hussein. Does Financial Development Cause Economic Growth? Time – series Evidence from 16 Countries[J], 1996(51).
[5] Yousif Kahalifa Al – Yousif. Finance and Economic Growth: the Case of Sweden 1834 – 1991[J]. Research in Economics, 2001.

济增长的影响因素中，通过实证分析发现，金融发展能够促进创新并给其他产业部门带来溢出效应，从而带动整个经济增长。Christopoulos（2004）利用单位根检验的方法研究了金融发展与经济增长之间的关系，研究结果表明：只有在长期中，金融发展才会对经济增长有单向的正向作用[①]。Efthymios G. Tsionas（2004）的实证研究表明，从长期来看，金融能够单方面促进经济增长，但从短期来看，金融促进经济增长的效果并不明显。Beck et al.（2014）利用金融中介机构发展程度考察了金融对经济增长及其稳定性的影响，在对77个国家1980—2007年间的数据进行实证检验后，发现金融中介机构的发展从长期来看能够促进经济增长，同时降低经济的不稳定性。Muhammad et al.（2015）利用柯布-道格拉斯生产函数，将金融发展和国际贸易从全要素生产率中剥离，对因变量和各个自变量取对数之后建立对数线性方程，对澳大利亚以往40年的数据进行实证检验，发现金融发展从长期来看能够通过促进国内投资而带动经济增长。Demetriades & Rousseau（2015）在简单线性模型的基础上加入银行监管强度、信贷控制强度、市场自由化程度、证券市场发展程度、银行业进入壁垒等变量，对84个国家1975—2004年30年间的数据进行实证检验，发现在1975—1989年间金融发展促进了经济增长，但在1990—2004年间这种正向作用消失。作者认为，在后一个时间段金融发展未能推动经济增长，与当局对银行的监管加强有关。Hasan et al.（2015）从4个维度选取指标测量金融发展水平，对72个国家1960—2011年间的数据进行贝叶斯估计，发现从长期来看提高银行效率能够促进经济增长。

也有一些国外学者发现金融发展在某些情况下会抑制经济增长。Van Wijnbergen（1983）和Buffie（1984）等人认为金融的发展会抑制经济的增长，其原因可能是金融中介的不断扩张与国内厂商存在着竞争的局面，这将导致社会信用的下降，从而降低社会投资率和生产率。另外还有学者指出，金融发展抑制经济增长的原因是金融市场的发展加强了其风险分担机制，减少了有关于预防风险的储蓄，这会导致储蓄率的下降从而抑制经济的发展。Bencivenga和Smith（1991）认为，银行之所以存在，主要是为了进行风险的分担，这会导致储蓄率的降低从而抵消投资所带来的经济增长部分，最终经济是否增长还需要权衡比较金融投资所带来的经济增长与储蓄率降低所带来的经济负增长之间的大小。

[①] Christopoulos D K, Tsionas E G. Financial Development and Economic Growth: Evidence from Panel Unit Root and Cointegration Tests [J]. Journal of Development Economics, 2004.

M. Obsffeld（1994）所研究的流动性与风险模型说明，在股票市场上的某种风险分担机制是将资金从低风险、低收益的投资转向高收益的投资，这意味着储蓄水平将因此下降，从而从某方面抑制经济的增长。Rajan（2005）和 Torre et al（2012）认为，金融发展对经济增长的促进作用呈现边际效应递减的趋势，一旦超过某种程度就可能引致金融危机并最终对经济增长产生负面效应。Rousseau & Wachtel（2011）利用线性模型对 1965—2004 年间的数据进行实证检验，发现金融深化到一定程度后，其对 GDP 增长的促进作用消失。Arcand et al.（2015a）发现，政府为了保障存款人利益，往往设立显性或隐性的金融安全网，而这反而激励银行冒更高的风险盲目扩张，不利于经济持续稳定增长。Capelle - Blancard & Labonne（2016）采用简单线性函数对 OECD 国家以往 40 年的数据做实证检验，发现金融深化与经济增长之间并不存在显著的正相关关系。

2. 国内金融发展与经济增长相关文献综述

我国学者关于金融发展与经济增长关系的文献，大致在 20 世纪 90 年代之后陆续出现。国内学者的研究结果基本上分为两类，一类是认为金融发展与经济增长之间具有相互促进的作用；另一类则认为金融发展对经济增长有单方面的促进作用。

在有关于第一类文献中，周立和王子明（2002）研究了我国近 10 年来金融发展和经济增长的相关数据，认为我国的金融发展与经济增长之间有着显著的相关关系[1]。王晋斌（2007）使用不同阶段的面板数据，得出了不同金融控制强度下金融发展与经济增长之间存在不同的关系[2]。吕芳（2007）利用了美国经济学家肖克的观点，其认为我国金融发展与经济增长之间存在着非线性的关系，即二者之间的输入和输出关系错综复杂，充满着不确定性。在文中，作者分析了金融发展对经济增长的影响以及表现出来的特征，并且对我国政策提出了相关的建议。武志（2010）采用戈式指标来测量金融的发展水平，通过实证分析其认为：金融的发展确实能够促进经济的增长，反过来经济的增长能够为金融的发展提供动力[3]。苏建军和徐璋勇（2014）根据 1993—2010 年中国省际面板数据实证分析得出，金融发展与经济增长二者互相影响，但作用方向具有差异

---

[1] 周立，王子明. 中国各地区金融发展与经济增长实证分析：1978—2000 [J]. 金融研究，2002（10）.
[2] 王晋斌. 金融控制政策下的金融发展与经济增长 [J]. 经济研究，2007（10）.
[3] 武志. 金融发展与经济增长：来自中国的经验分析 [J]. 金融研究，2010（5）.

性①。作者何若海和吴鑫育（2018）利用自向量回归模型，分析了区域内金融规模及金融效率与地方经济增长之间的关系，结果表明区域金融发展和经济增长之间有明显的因果关系，金融的发展会促进经济的增长，地方经济的增长又会带动金融规模的扩大。

在有关于第二类文献中，龚丽贞（2017）运用动态广义矩估计（GMM）方法研究了金融发展与经济增长之间的关系，其结论表明：我国金融发展与经济增长间呈 U 形曲线关系，不同金融发展程度会对经济产生不同的影响，只有当金融发展程度大于门槛值时，金融发展才对经济增长有正向的作用。殷小丽（2018）基于江苏省 1978—2016 年经济增长和金融发展的数据，将经济增长和金融发展指标构建了模型，通过协整分析，其得出了金融发展影响经济增长的渠道。陈月生（2018）基于个体固定效应模型，利用 2007—2016 年东部九省市的相关面板数据进行了实证研究，结果显示金融发展促进了经济增长。王冲和李雪松（2019）利用长江经济带 108 个城市的平衡面板数据，实证研究了金融发展、外商直接投资（FDI）对经济增长效率的影响。结果显示，金融发展显著促进了长江经济带经济的增长②。

（二）关于城市商业银行与区域经济增长

1. 国外城市商业银行与区域经济增长相关文献综述

从严格意义上来说，城市商业银行是在我国特定环境下所诞生的产物，国外并没有"城市商业银行"这一概念。但是由于受到严格的地域管制，国外的社区银行与城市商业银行很相似，都属于区域性的或地方性的中小型银行。

在国外学者的文献中，Andrei Shleifer 和 Robert W. Vishny（1998）研究了政府管制对社区银行的影响，他们认为政府对银行的管制限制了银行的发展，使得大多数经营效率低的银行变得更无活力③。如果取消管制，不仅可以使那些经营效益低的银行明显改善收益率，更能使经营效益较高的企业有更具发展活力。取消管制将对银行产生两个方面的影响：一是银行可以根据自身的需求和发展状况，对贷款和存款进行不同组合的配置；二是银行可以进行合理的扩张，使

---

① 苏建军，徐璋勇. 金融发展、产业结构升级与经济增长——理论与经验研究 [J]. 工业技术经济，2014（2）.
② 王冲，李雪松. 金融发展、FDI 溢出与经济增长效率——基于长江经济带的实证研究 [J]. 首都经济贸易大学学报，2019（2）.
③ Andrei Shleifer, Robert W. Vishny. A Survey of Corporate Governance [J]. The Journal of Finance, 1998（2）: 737 – 743.

自身规模达到最优水平。Jith Jayaratne 和 Philip Straham（1998）的研究表明，政府对银行经营的地域限制会导致银行资产配置的有效性降低，因为地域的限制相当于变相地增加了银行的中介费用，并且也阻碍了发展良好的银行的扩张能力①。James & Brickley（2005）发现，日本的地方性银行与政府之间联系密切，尽管政府的干预使得银行的自主经营权受到一定的限制，但也使得地方性银行成为支持当地经济发展的主要力量②。Tiler Davis（2005）的研究发现，美国社区银行的主要定位是服务社区居民与企业，根据他们的需求提供不同的金融产品组合③。Tom Brady（2006）观察到欧洲的储蓄银行主要由政府控股，并无美国社区银行那样的独立决策权，其主要定位是向非主流经济群体或部门提供金融服务。政府为了支持这些特殊的企业和群体，并保证储蓄银行的正常运行，通常会对储蓄银行提供额外的补助或给予银行特殊的权利④。

2. 国内城市商业银行与区域经济增长相关文献综述

在城市商业银行与区域经济关系的理论分析方面。王晓雅（2003）从"信息成本优势"和"代理成本优势"两方面解释了中小金融机构的小规模优势，认为中小金融机构相对于大型金融机构更倾向于向中小企业贷款，中小金融机构应发挥比较优势，选择自身的市场定位。凌秀丽和王正耀（2004）以上海银行为例，分析了地方性银行与地方经济之间的相互关系，认为中国地方性银行的发展根植于地方经济，二者相互依存彼此依赖。⑤ 张智勇（2007）研究了长三角、珠三角和京津冀三大经济圈城市商业银行区域战略的模式，指出不同经济圈城市商业银行制订发展战略不仅要考虑本行的综合实力和经营状况，还必须考虑与所在区域的经济发展相协调。陈舒曼（2009）认为中小金融机构的"草根性"特点使其在服务中小企业融资方面存在信息优势、代理成本优势和隐形担保优势。夏甜甜（2015）以潍坊银行为例，分析了地方性商业银行对地方经济的影响⑥。刘俊腾（2016）认为，城市商业银行已经成为国内银行体系的重要

---

① Jith Jayaratne and Philip Straham, Entry Restrictions, Industry Evolution Dynamic Elency: Evidense from Commereial Bankmg [J]. L. and Econ, 1998: 239.
② James & Brickley. Empirical research on CEO turnover and firm - performance: a discussion [J] Journal of Accounting and Economics, 2005 (66). 2 - 7, 55.
③ Tiler Davis. Banking structure, financial dependence and growth: international evidence from industry data. Journal of Finance, 2005 (56): 617 - 648.
④ Tom Brady. Financial dependence and growth [J]. American Economic Review. 2006 (88): 1421 - 1460.
⑤ 凌秀丽, 王正耀. 从上海银行看中国地方性银行与地方经济发展的关系 [J]. 金融理论与实践, 2004 (12).
⑥ 夏甜甜. 地方性商业银行对地方经济发展的影响——以潍坊市为例 [J]. 商, 2015 (6).

组成部分，对当地的经济具有极大的拉动作用①。

在城市商业银行与区域经济关系的实证研究方面。梁小龙（2011）通过回归模型的构建及检验，发现城市商业银行提供了地方经济增长的重要资金源泉②。赵锡军等（2012）利用面板数据进行实证检验，发现地方经济增长对城市商业银行的效率有正向影响。同时，城市商业银行效率的提升反过来也促进地方经济增长。张凯（2012）的实证分析表明，徽商银行的发展对当地经济有着显著的促进作用③。王力宏和张杰（2013）以成都银行为例，利用VAR模型实证分析了城市商业银行与地方经济之间的关系。其研究结果表明，短期内城市商业银行与地方经济存在着相互影响的关系，并且二者在发展中存在着长期协整关系④。李冲（2014）以富滇银行和昆明的经济发展数据为样本构建了相关模型，其实证研究表明城市商业银行对地方经济增长内生机制具有优化作用。游盛华（2014）以厦门银行为例进行实证分析，发现城市商业银行对当地经济增长的促进作用主要是通过信贷支持中小企业实现的。肖蓉（2017）基于我国经济发展的区域性差异，实证分析研究了各个区域具有代表性的城市商业银行，发现城市商业银行通过存款贷款业务支持区域经济增长的作用显著。

（三）关于城市商业银行的定位

1. 国外地方性小型商业银行定位的相关文献综述

关于地方性小型商业银行定位的研究，Banerjee（1994）提出了"长期互动"假设。这种假设认为，如若地方性小型商业银行扎根于当地，能够在长期中获得较大的优势，因此能够降低风险，获得风险溢价。Berger和Levonian（1995）研究了地方性小型商业银行的优势，发现地方性小型商业银行规模和与中小企业的贷款比率之间存在负相关关系，这意味着地方性小型商业银行的定位确实偏向于为中小企业提供融资服务。Berger和Udell（2002）从"关系型借贷"的角度研究地方性小型商业银行的定位问题，认为小银行可以利用其内部员工去了解更多难以量化的信息，并将这些"软信息"用于日常的

---

① 刘俊腾.可持续发展背景下城市商业银行对地方经济发展作用——以福建A城市商业银行为例[J].时代金融，2016（29）.
② 梁小龙.中国城市商业银行与地方经济发展关系研究——以哈尔滨银行为例[J].北方经贸，2011（9）.
③ 张凯.我国城市商业银行与地方经济发展关系研究——以徽商银行为例[J].郑州航空工业管理学院学报，2012（4）.
④ 王力宏，张杰.城市商业银行与区域经济发展实证检验[J].求索，2013（12）.

业务之中，从而节约尽调成本。因此，地方性小型商业银行更适合将业务对象定位于区域内的居民与小企业。Brickley（2003）基于一定的假设对银行规模和银行业务间的关系做了相关研究，发现地方性小型商业银行比大型商业银行能够更好地支持区域经济发展。Akhigbe 和 McNulty（2003）的实证研究发现，地方性小型商业银行能够为小城市的小企业提供更好的服务，同时也能够在服务这些企业的过程中获得较多的盈利。Deyoung（2004）认为，地方性小型商业银行扎根本地开展经营，有利于通过地缘优势应对各种外部风险。

2. 国内城市商业银行定位的相关文献综述

常永胜（2004）认为，城市商业银行要在国有银行和股份制商业银行的压力下持续发展，今后的发展路径应定位于服务中小企业、社区发展、个人零售业务[①]。赵丽（2006）认为，城市商业银行应借鉴美国地方小型银行市场定位的经验，朝着社区银行方向发展。与其他学者的研究不同，戴礼伟（2013）认为，不同类型的城市商业银行应有不同的定位：在经营合作上联系比较紧密的城市商业银行通过重组，可形成跨区域的大中型银行；部分资产规模较大的城市商业银行，可通过异地设立分支机构等方式成为全能型银行；处于中等发展水平的城市商业银行，应该发挥自身优势成为特色银行；部分规模较小的城市商业银行，则应下沉于地方经济。冯日欣、刘砚平（2015）从金融共生的角度，分析了小银行的共生对象和发展区域，认为小银行应当将小企业作为服务对象，不适合跨域发展。孙翊（2016）通过对城市商业银行优势劣势的分析，明确了城市商业银行的客户定位、业务定位、地域定位和渠道定位。

三、相关基础理论

（一）金融发展与经济增长理论

1. 金融抑制与金融深化理论

在著名的哈罗德-多马模型中，资本积累被看作是经济增长的决定因素。"二元经济结构论"的提出者刘易斯也认为，提高资本形成率是经济发展的核心

---

① 常永胜. 定位理论与中小银行的市场定位［J］. 企业经济，2004（6）.

问题。但上述权威的理论在解释实践时显得有些力不从心。1973年，发展经济学家罗纳德.麦金农开创性地提出了"金融抑制"理论，认为发展中国家的贫困不仅在于资本的稀缺，更在于金融市场扭曲所造成的资本利用效率低下，抑制了经济增长。麦金农认为，发展中国家金融机构和金融工具单一，金融效率比较低下，这些国家的政府对金融活动的各种限制和约束，均对真实的资金供求关系产生影响，使得储蓄率以及储蓄转化为投资的效率较低，从而对经济增长产生负面效应。为了消除"金融抑制"从而使金融部门有更广阔的发展空间，麦金农进而提出了"金融深化"理论，该理论的核心观点是，放松政府部门对金融体系尤其是利率的管制，让实际利率充分反映市场上真实的资金供求状况，利用市场机制提高资金的配置效率，从而使有限的资金流入高效益的项目。麦金农在主张消除金融抑制和提高效率的同时，也反对高通货膨胀，认为当通货膨胀率高于利率增长率从而使实际利率为负时，则消除金融抑制的初衷将徒劳无功[①]。

爱德华·肖从发展经济学的角度对金融与经济发展的关系进行了开创性的研究，提出了金融深化理论。金融深化理论认为，政府应当放松金融管制，实行金融自由化，使得市场真实地反映供求关系。其中，金融深化主要表现在三个层面：一是金融规模的不断扩大；二是金融工具以及金融机构的不断完善；三是金融市场机制的不断健全。如果说金融抑制对经济增长有着负面的效应，那么合适的金融体系便会使得金融深化与经济增长互相促进。

2. 金融约束理论

金融深化论提出了应让金融业有足够的自由度，这样才能促进金融的发展，从而促进经济的发展。但是，如果给予金融完全的自由，又会导致一系列金融风险和动荡。为了化解这种抑制与自由之间的矛盾，20世纪90年代初，赫尔曼等学者提出了金融约束论。他们认为金融约束是与金融压抑截然不同的政策，金融约束的前提条件是稳定的宏观环境，较低的通货膨胀率，以及正的实际利率。最重要的是与金融压抑下的情形显著不同，政府并不从金融部分攫取租金[②]。虽然金融约束论与金融抑制论的假设中都有着较低的利率水平，但是金融约束论下，实际利率为正，并且低于市场均衡利率所产生的租金并不归政府所

[①] 孙士金，潘义. 金融发展与经济增长：国内外研究综述 [J]. 北方经济，2009（2）.
[②] 赫尔曼，穆多克，斯蒂格利茨. "金融约束：一种新的分析框架"，1998，载青木昌彦等主编《政府在东亚经济发展中的作用》，张春霖译，中国经济出版社，1998.

有，而是在金融部门与生产部门之间分割。因此，金融约束是由金融抑制转向金融自由的一个中间阶段。

3. 金融创新理论

金融创新理论是解析需求诱发、利润驱动促进金融变革的理论。金融创新不仅仅是一种新的金融产品或服务的发明与创造，更重要的是它们的产生能给人们带来丰厚的利润。比较有代表性的金融创新理论及其代表人物是：（1）西尔柏的约束诱导型金融创新理论。西尔柏（W. L. Silber）主要是从供给角度来探索金融创新，他从寻求利润最大化的金融公司创新最积极这个表象开始，由此归纳出金融创新是微观金融组织为了寻求最大的利润，减轻外部对其产生的金融压制而采取的"自卫"行为。西尔柏认为金融压制来自两个方面：其一是政府的控制管理；其二是内部强加的压制。（2）凯恩的规避型金融创新理论。凯恩（E. J. Kane）所谓的"规避"，就是指对各种规章制度的限制性措施实行回避。"规避创新"则是回避各种金融控制和管理的创新行为。它意味着当外在市场力量和市场机制与机构内在要求相结合，回避各种金融控制和规章制度时就产生了金融创新行为。"规避"理论非常重视外部环境对金融创新的影响。从"规避"本身来说，也许能够说明它是一些金融创新行为的源泉，但是"规避"理论似乎过于太绝对和抽象化地把规避和创新联系在一起，而排除了其他一些因素的作用和影响，其中最重要的就是制度因素的推动力。（3）希克斯和尼汉斯的交易成本创新理论。希克斯（J. R. Hicks）和尼汉斯（J. Niehans）提出的金融创新理论的基本命题是"金融创新的支配因素是降低交易成本"。这个命题包括两层含义：降低交易成本是金融创新的首要动机，交易成本的高低决定金融业务和金融工具是否具有实际意义；金融创新实质上是对科技进步导致交易成本降低的反应。交易成本理论把金融创新的源泉完全归因于金融微观经济结构变化引起的交易成本下降，这是有一定的局限性的。因为它忽视了交易成本降低并非完全由科技进步引起，竞争也会使得交易成本不断下降，外部经济环境的变化对降低交易成本也有一定的作用。交易成本理论单纯地以交易成本下降来解释金融创新原因，把问题的内部属性看得未免过于简单了。但是，它仍不失为研究金融创新的一种有效的分析方法。（4）制度学派的金融创新理论。以戴维斯（S. Davies）、塞拉（R. Sylla）和诺斯（North）等为代表。制度学派的金融创新理论认为，作为经济制度的一个组成部分，金融创新应该是一种与其他经济制度相互影响、互为因果关系的制度改革。

4. 金融功能理论

金融功能理论将金融体系按其功能特性纳入决定经济增长的内生增长模型中去，而不是像金融结构理论和金融深化理论那样简单地将金融体系相关的变量作为外生变量。King 和 Levine（1993）利用 80 个国家 1960—1989 年间的数据，将金融功能这一生产要素与内生增长模型相结合，提出了金融功能作为内生变量的经济增长模型，得出了金融发展与长期经济增长水平之间存在很强的正的相关关系的结论。Merton 和 Bodie（1995）就传统的金融机构观点提出了功能金融（Functional Ferspective）理论。功能金融理论认为相较于仅仅将分析重点着眼于动态发展下的金融机构来说，金融功能的体现更具有稳定性。该理论认为金融体系的功能包括三大核心功能：清算和支付功能、聚集和分配资源的功能、分散风险的功能。在这三个核心功能基础上又可衍生出包括优化企业经济资源、提供价格信号帮助企业进行经济决策、为解决市场失灵提供信息等衍生功能。基于上述功能，Merton 和 Bodie 认为一个健全的金融体系应当能够满足提高经济资源分配效率的任务，从而提高全要素生产率，进而提高长期经济增长率。金融功能理论还认为，在普遍存在市场失灵的情况下，金融体系仍然在提高经济长期增长率方面发挥着重要作用。金融功能理论将金融变量内生到经济增长模型中去，肯定了金融体系的功能特征，为解决贷款人和借款人之间的信息不平衡问题提供了有效途径。进而通过合理有效配置资金资源提高人均产量等衡量经济长期发展的指标。此外，金融体系的监督功能还能有效解决企业经营中存在的所有权和经营权分离所导致的道德风险问题，给管理层监督经营层行为提供有效途径，提高了企业的经营效率和资本收益率。

（二）中小企业融资相关理论

1. 中小企业信贷配给的非对称信息理论

Stiglitz（2002）认为，由于中小企业的信息不透明，使得商业银行无法准确及时获得信贷交易中所必需的信息，因此对中小企业贷款的风险较大。也就是说，造成信贷配给的重要原因是商业银行与中小企业的信息不对称。Stiglitz 建立了 S-W 模型分析中小企业的融资问题，该模型假设商业银行只能了解借款企业财务报表上体现的经营风险，那么对于其他无法获取的信息所带来的潜在风险，它往往要求获得更高的风险回报（更高的贷款利率），中小企业如果承担相应的成本，信贷交易就无法实现。商业银行往往实行信贷配给，对信息不对称问题较严重的中小企业减少授信额度①。

2. 中小企业融资次序理论

Myers（1984）在 Jensen 和 Meckling（1976）的代理理论，Myers 和 Majluf（1984）的信息理论及 Ross（1977）的信号显示理论基础上，提出了著名的融资次序理论（POT）。该理论认为中小企业融资及资本结构的选择，一般遵循先内源后外源的次序。在外源融资中，遵循先债务后权益的次序。Berger and Udell（1995）解释了中小企业选择上述融资次序的根本原因，在于其不同发展阶段信息传递成本与信息显示能力的不同及其动态变化。企业从外部融资时，显示其经营状况与发展趋势的方式，通常是提供经审计的财务报表或第三方评估机构评定的信用等级，但这对于中小企业来说内部组织实施成本和代理成本过高，因而实施范围受到限制。Holmes and Kent（1991）、Norton（1991）、Hamilton and Fox（1998）的实证研究发现，上述融资次序理论在解释所有权与管理权高度合一的中小企业时往往与实际情况不一致，究其原因在于忽略了中小企业所有权特征和控制权偏好对其融资决策的重大影响。Cosh 和 Hughes（1994）进一步修正了中小企业融资次序：先利用私人储蓄和企业未分配利润，然后利用亲朋好友、银行短期借贷，再利用长期借贷，最后是外部权益资本的融资。

3. 中小企业融资渠道理论

除了利用自有资金进行内部融资外，基于"软信息驱动""关系型驱动"的企业间商业信贷和银企间关系型借贷，也是缓解小企业信贷配给的有效途径。Berger and Udell（2002）将中小企业贷款技术方法归为四类：基于财务报表型、资产抵押型、资信评估型与关系型。前三种贷款技术通常是属于交易驱动型贷款，是对企业审计后财务报告等"硬信息"进行分析后开展的，而关系型借贷和商业信贷则是基于银企间或企业间长期信任合作关系所积累的"软信息"开展的。Berger and Udell（1995）、Cole（1998）认为，关系型借贷对于提高中小企业贷款可获得性和降低可抵押担保品要求等方面，起到某种程度的积极作用。Petersen 和 Rajan（1994）对关系型贷款的实证研究最为经典，他们的研究主要有以下两点发现：一是中小企业与商业银行间建立关系的时间长度，对其贷款利率的影响微乎其微，但对贷款可获得性及贷款

---

① Stiglitz, J. E. & Weiss, A. Credit Rationing in Small Business: Some New Evidence. Working Paper from Econ Papers, 2002.

数量有明显的影响。二是集中从某家商业银行还是选择多家商业银行贷款，对于关系型贷款的可获得性和贷款利率有显著的影响。与非集中型贷款行为相比，中小企业集中型贷款行为的贷款可获得性更强、贷款可获得量更大、贷款利率更低。Petersen 和 Rajan（1997）从信贷市场竞争类型角度研究了银企间信贷关系，认为信贷市场可分为集中型与竞争型两类，在集中型信贷市场中，商业银行更愿意对信贷制约型企业贷款，因为其可以通过控制企业索取更多未来利润并将贷款收益内部化；在竞争型信贷市场中，信贷市场的竞争程度对于决定贷款关系具有重要作用，可能对中小企业融资可获得性产生负面影响。

（三）小银行的优势及其与小企业互动合作理论

1. "小银行优势假说"

银行作为金融产业的核心，在经济发展的过程中扮演着十分重要的角色，地方性商业银行对当地的经济环境非常了解且积累了大量的实践经验，在促进当地经济发展和支持地区中小企业融资等方面具有某种优势。Nakamura（1993，1994）和 Mester 等（1998）认为，小银行的组织结构不同于大银行，前者在解决银行与信贷人员之间的委托代理关系方面比后者具有优势，小银行的信贷人员不仅通过与本地小企业建立长期关系而获得相关信息，而且通过跟踪客户账户日常现金流的动态变化而获得实时、重要和机密的信息。Berger 等（2001）较为细致地研究了中小企业融资和城市商业银行的实质性关系，而且用大量的实证研究证实了地方性银行对中小企业贷款确实有较大的"小银行优势"。与大银行相比，组织架构相对简单的地方性银行因为其提供服务的人群拥有地域性以及社区性的特点，能够通过和中小企业维持长期紧密的关系，来得到各种相关的信息，因此，地方性银行在对信息透明度较低的中小企业发放贷款方面有较大的比较优势。Berger 针对银行业把信息不对称的中小企业的贷款进行合并而给自身带来的影响进行实证研究，分析地方性银行组织如果经过合并变得越大，机构越复杂，对关系型的贷款反而就越小，从而对中小企业的支持性也就越小。Stein（2000，2002）根据激励理论所做的研究证明，小银行在不完全合同情况下往往比大银行更具处理"软信息"的优势，故在更需"软信息"的中小企业融资业务中，小银行比大银行有更强的竞争力①。Berger 等（2002）还在控制

---

① 这里所说的"软信息"，是指诸如企业家品质和信誉等难以识别、量化的信息，这些信息一般难以在银行各级管理层中传递。

住银行规模与企业规模的内生关系条件下，运用激励理论实证分析不完全合同情况下不同规模银行的竞争力，证实小银行确实在上述业务领域具有更强的竞争力，而大银行由于中小企业信用约束（即中小企业缺乏良好的信用记录），不可能也不愿意花过多的代价去经营需要大量"软信息"的中小企业融资业务。由于这种"软信息"具有非数量化特征，它不像财务数据那样能够以标准的形式在组织内部顺畅传递，因此信贷人员对它的解释起着关键作用。通过分析关系型融资、"软信息"和银行规模之间的关系，Berger 等验证了小银行的"信息优势假设"（Information Advantage Hypothesis）。

2. "长期互动假说"和"共同监督假说"

Banerjee（1994）提出了"长期互动假说"（Long-term Interaction Hypothesis）和"共同监督假说"（Peer Monitoring Hypothesis）。"长期互动假说"认为，地方性商业银行长期面向地方中小企业服务，对当地经济环境非常熟悉且积累了大量的实践经验，更了解当地中小企业的经营和财务状况，因而能够更有效地解决信贷中的信息不对称问题。Udell 和 Berger（2002）将关系型贷款定义为一种以获得的"软信息"来作决策依据的信贷技术。在关系型贷款过程中，信贷人员通过与贷款企业及其股东、供货商、消费者和社区的长期接触，比较容易获得企业的"软信息"。与大银行相比，小银行在发展关系型贷款方面具有先天优势。小银行的资本、股东和董事一般都是当地社区居民，更有支持当地小企业发展的动机，地方各界也更关心本地小银行的经营情况。小银行的总部就在本地，"软信息"的传递容易，信贷决策层次少、时效快、成本低，小企业贷款更愿意找小银行。由于管理层次少，管理者与信贷人员之间委托代理矛盾不严重，小银行能避免大银行通常具有的组织规模不经济和委托代理关系的协调问题，相对而言小银行向小企业贷款的意愿较大银行强。而且，小银行的资本、资产规模都比较小，通常也只适合向中小企业提供贷款。通过分析银行规模、"软信息"和关系型融资之间的关系，Banerjee、Udell、Berger 等学者验证了小银行的"长期互动假说"。

按照"共同监督假说"，即便是小银行，也很难真正了解中小企业的经营情况，从而无法对中小企业实施有效的监督。如果当地中小企业存在合作组织，该组织为了其成员的共同利益，会自发地促使各成员相互监督，这种监督往往比银行对企业的监督更为有效。Banerjee 认为，与上述中小企业合作组织建立良好关系的小银行，可以充分利用合作组织中各成员企业的相互监督，帮助小银行控制信贷风险。林毅夫等（2001）从要素禀赋结构出发对地方性商业银行与区域中小企业融资问题进行了研究，他们也利用"长期互动假说"和"共同监督假说"解释了地方性商业银行在中小企业贷款上的信息优势，认为这种信息优势主要来自于中小企业和地方性商业银行之间所建立的长期互动合作关系及中小企业之间所形成的自我监督体制。

第一章 城市商业银行及其与区域经济发展的关系

在我国银行体系中,绝大多数城市商业银行是地方性小型商业银行,它们是在特定的历史条件下由城市信用社改制而来。经过20多年的发展,我国城市商业银行已成为商业银行体系中朝气蓬勃的生力军。城市商业银行最初的业务定位,是为地方经济、小微企业和城市居民提供金融服务,以解决城市金融供给不充分、不均衡的矛盾,满足了中小微企业和居民对银行服务多层次、多维度的需求。在后续的发展过程中,不少城市商业银行逐渐偏离原有的市场定位,不太情愿只为当地中小微企业和居民提供服务,而倾向于同国有商业银行和股份制商业银行争抢大中型企业客户,并期望突破所在地的地域限制甚至跨省经营。近10年来,银行业监管部门连续出台相关文件,反复强调城市商业银行应坚持服务地方经济,服务当地中小微企业,服务城市居民的基本定位。正因为如此,绝大多数城市商业银行应明确自身在银行体系中的分工,审时度势开展金融创新,加强对地方经济建设和中小企业的支持力度,为城市居民提供更为优质的金融服务。

第一节 城市商业银行历史沿革及其发展现状

一、城市商业银行的历史沿革

(一)城市信用社阶段(1979—1994年)

1979年,伴随着改革开放的热潮,城市信用社在各地开始兴起,我国第一家城市信用社在河南驻马店成立。随后的 10 年，我国城市信用社发展迅猛，全国信用社数量高峰时达到 1300 家左右。1986 年 1 月，国务院下发的《中华人民共和国银行管理暂行条例》，明确了城市信用社的地位。同年 6 月，中国人民银行下发了关于城市信用社性质、服务范围、设立条件等相关规定的文件——《城市信用合作社管理暂行规定》。1988 年 8 月，中国人民银行颁布了《城市信用合作社管理规定》，提高了城市信用社的设立门槛，注册资本上升至 50 万元。截至 1989 年底，全国城市信用社数量达到 3000 家。

1990—1991 年，全国各地开始对城市信用社进行整顿，一批不符合规定和经营不善的城市信用社相继被撤销。1992 年，我国经济进入高速发展时期，城市信用社重新扩张，绝大多数地方甚至小县城都积极设立本地城市信用社，全国城市信用社总数达到 4800 家。从 1993 年下半年开始，中国人民银行对无序扩张的城市信用社又开始了新一轮的整顿，并停止了所有城市信用社的新设审批。1993 年 12 月，国务院颁布《关于金融体制改革的决定》，该项重大政策提出了城市信用社的改革问题。

（二）城市合作银行阶段（1995—1997 年）

在城市信用社发展的前 10 多年里，由于管理水平不足，从业人员素质较低等问题，产生了大量的运营风险，暴露出了一系列的金融矛盾。为了化解风险和审慎解决相关矛盾，1995 年 3 月中国人民银行发布《关于进一步加强城市信用社管理的通知》，重申在全国的城市合作银行组建工作过程中，不再批准设立新的城市信用社。原有的城市信用社根据国务院于 1995 年颁布的《国务院关于组建城市合作银行的通知》（国发〔1995〕25 号）进行改制，全国 35 个大中城市开始分期分批组建由城市企业、居民和地方政府投资入股的地方股份性质的城市合作银行。同年 6 月，全国第一家城市商业银行——深圳市城市合作银行（平安银行前身）成立。随后，北京、上海、南京等地相继成立了城市合作银行。

（三）城市商业银行组建阶段（1998—2002 年）

1998 年 3 月 13 日，在国务院的批准下，中国人民银行与国家工商行政管理总局联合发出公告，正式将城市合作银行统一更名为城市商业银行。随着城市商业银行的成功转型，其不良贷款率下降，整体开始向着良性的方向发展。2001 年，中国正式加入世界贸易组织（WTO），我国的金融业改革步伐明显加快。其中，金融业最大的转变是开始逐步从政策性开放转向了制度性开放，即从完全根据自身的需要来制定对外开放的领域、程度和步调，转向了根据WTO制定的一系列制度框架，来制定自身金融业开放时间表。2002年，中国人民银行鼓励各城市商业银行实施增资扩股战略，逐步开始规范城市商业银行的股权结构。

（四）城市商业银行发展阶段（2003年至今）

2003年4月，中国银行业监督管理委员会正式对外挂牌成立，开始履行其监管银行业的职责，至此，中国"一行三会"的格局形成，中国人民银行担任货币调控的职能，银行外的金融监管职能则由银监会、保监会和证监会承担。银监会成立后，城市商业银行的发展进入新的时期，并购重组、跨区经营、银行上市等状况开始愈演愈烈。

2004年，银监会提出"审慎重组和改造城市商业银行的基本思路与原则"，鼓励民间资本和外资入股，以提高其经营管理水平。同年6月，在全国城市商业银行工作会议暨全国城市商业银行发展论坛上，银监会再次鼓励城市商业银行引进境外战略投资者，在整合资源的基础上按照市场规则和自愿原则实施联合重组，满足银监会要求的城市商业银行则被允许实现跨区发展。2005年，全国首家由城市商业银行和城市信用社联合重组的股份制商业银行——徽商银行成立；2006年4月，全国第一家城市商业银行跨省分行——上海银行宁波分行成立。2007年，南京银行、宁波银行、北京银行成功在A股上市。

2009年4月，《关于中小商业银行分支机构市场准入政策的调整意见（试行）》发布，允许符合条件的中小商业银行在相关地域设分支机构，不再受数量指标控制，同时放松对分支机构运营资金的要求。在此政策意见下，许多城市商业银行走上了上市及跨区经营的道路，但是由于自身经营发展状况的差异性，不少城市商业银行跨区特别是跨省开展业务的经营状况不佳，有些甚至出现亏损。

2011年4月，银监会意识到城市商业银行跨区发展中的问题，主张审慎推进城市商业银行跨区经营，并把城市商业银行内控机制作为重点检查项目。2013年，银监会发布的《中国银监会办公厅关于做好2013年农村金融服务工作的通知》，不仅对加强农村商业银行管理提出新的要求，也对城市商业银行跨域扩张提出了规模管理的要求："允许城市商业银行在辖内和周边经济紧密区申设分支机构，但不跨省区，抑制盲目扩张冲动"。

2016—2017年，银监会加强了对同业业务和票据业务的监管，并发布了

MPA 考核细则，这些强而细的政策有效地控制了城市商业银行的逆向扩张。在前几年严格限制城市商业银行跨域发展之后，银监会对城市商业银行跨区经营进行重新审视，采取提高跨区经营准入门槛而不是完全否决跨区经营的监管措施。根据银监会的规定，城市商业银行要达到一定标准才可在同省其他城市设立支行，而对于跨省设立分支行的要求十分严格（如表 1-1 所示）。

表 1-1　　城市商业银行设立异地分支机构所需条件[①]

	省内设立	省外设立
监管评级	三级（含三级）以上	二级（含二级）以上
公司治理	内部控制状况良好，2 年来未发生大案要案；建立有效的关联交易控制和信息披露制度，按要求公开披露信息；管理状况良好，经营管理人才储备足够	内部控制状况良好，2 年来未发生大案要案；建立有效的关联交易控制和信息披露制度，按要求公开披露信息；管理状况良好，经营管理人才储备足够
资本要求	注册资本不少于 5 亿元且为实缴资本，资本充足率不低于 8%，核心资本充足率不低于 4%	注册资本不少于 10 亿元且为实缴资本，资本充足率不低于 12%，核心资本充足率不低于 6%
资产规模	开业 3 年以上，资产总额不少于 150 亿元	开业 3 年以上，资产总额不少于 500 亿元
资产质量	不良贷款率连续 2 年不高于 6%，且最近 2 年不良贷款余额和比例持续下降	不良贷款率连续 3 年不高于 6%，且最近 2 年不良贷款余额和比例持续下降
盈利能力	申请日前连续 2 年盈利，扣除全部贷款损失准备缺口后，资产利润率不低于 0.35%，资本利润率不低于 8%，人均资产不低于 1000 万元	申请日前连续 3 年盈利，扣除全部贷款损失准备缺口后，资产利润率不低于 0.45%，资本利润率不低于 10%，人均资产不低于 2000 万元

资料来源：银保监会。

事实上，2013 年之后获批跨省设立分支行的城市商业银行微乎其微。2015 年，仅有河北银监局同意了天津银行股份有限公司在石家庄设立分行的筹建申请，并于次年获得了开业批复。2017 年有两家城市商业银行获批在省外设立分支机构，即北京银行在青岛、赣州和延安分别设立了三家分支机构；重庆银行

[①] 中国银行业监督管理委员会《城市商业银行异地分支机构管理办法》（银监发〔2006〕12 号）

在贵州设立分支机构的筹建申请已通过。2018年12月,上海银行收到中国银监会温州监管分局的批复,获准在温州设立分行。值得注意的是,2013年后获批跨省设立分支机构的城市商业银行,均为直辖市所在地的大型城市商业银行(即北京银行、上海银行、重庆银行、天津银行),这些城市商业银行无论是在规模还是经营水平,无论是人才储备还是风险管控等方面,都已接近甚至超过某些全国性股份制商业银行。少数城市商业银行获批跨省经营,并不表明相关监管政策放松,事实上对绝大部分城市商业银行跨省经营的限制依然十分严格。

二、城市商业银行的总体发展现状

截至2018年11月,我国商业银行总资产为2020275亿元,较上年同期增长6.6%;商业银行总负债1858173亿元,较上年同期增长6.1%。截至2018年第三季度末,我国商业银行净利润(本年累计)达到15118亿元,较上年同期增长5.9%。我国商业银行虽然整体发展趋势良好,但资产负债和利润增速明显放缓。在市场利率化以及严监管的背景下,我国银行业的发展进入了改革转型期。2017年以来,金融监管部门继续对商业银行实行严监管、强监管。在深化金融体制改革以及推动供给侧结构性改革的过程中,银行业所面临的环境发生了重大变化。

(一)城市商业银行的资产负债情况

城市商业银行作为我国银行业中最具活力的金融机构之一,其总体资产规模逐年扩张,在银行业中的占比也不断提高。如图1-1所示,截至2018年11月底,我国城市商业银行总资产达到338793亿元,与上年同期相比增加了7.8%;总负债达到313872亿元,与上年同期相比增长了7.0%。在2011—2016年,城市商业银行资产和负债一直都保持着较高速度的增长,虽然近两年资产和负债增速均大幅度下降,但是总体发展趋势依旧是稳中向上。另外,从图1-2、图1-3中也可以看出,城市商业银行的资产和负债,在银行业金融机构总资产和总负债中的占比越来越大,并且保持着稳定的增长势头,这意味着城市商业银行在银行业中具有较强的活力。

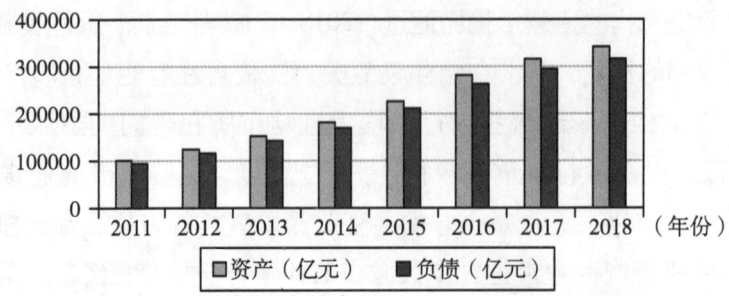

图 1-1 城市商业银行资产负债情况（2011—2018）

资料来源：银保监会公布的各年银行业金融机构资产负债情况。

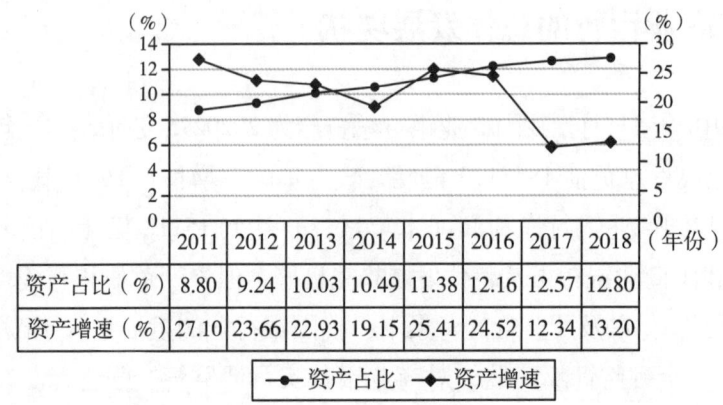

图 1-2 城市商业银行资产增速及其占银行业金融机构比例情况

资料来源：银保监会公布的各年银行业金融机构资产负债情况。

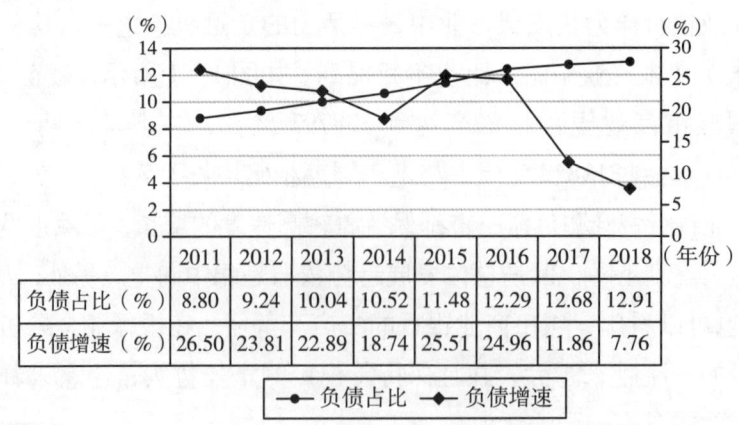

图 1-3 城市商业银行负债增速及其占银行业金融机构比例情况

资料来源：银保监会公布的各年银行业金融机构资产负债情况。

按照资产负债表的构成,城市商业银行的业务主要分为三类,资产业务、负债业务和中间业务。其中,存款是城市商业银行负债的主要来源,而贷款和投资是城市商业银行资产的主要来源。近年来,中间业务作为城市商业银行收入的重要来源,越来越受到关注。特别是2017年以来,随着外部环境的变化,不少城市商业银行在业务转型过程中,将发展中间业务作为新的利润增长点。如图1-4所示,城市商业银行顺应市场发展趋势,通过业务创新开展各种中间业务。截至2017年底,城市商业银行手续费及佣金净收入达到了818.64亿元,占营业净收入的12.1%,与上年相比增加24.9亿元,增长率为3.1%。随着管理当局监管力度的不断加大,行业内外竞争的不断加剧,不少城市商业银行正在根据实体经济发展的新需求,通过金融科技创新手段增强拓展中间业务的能力。

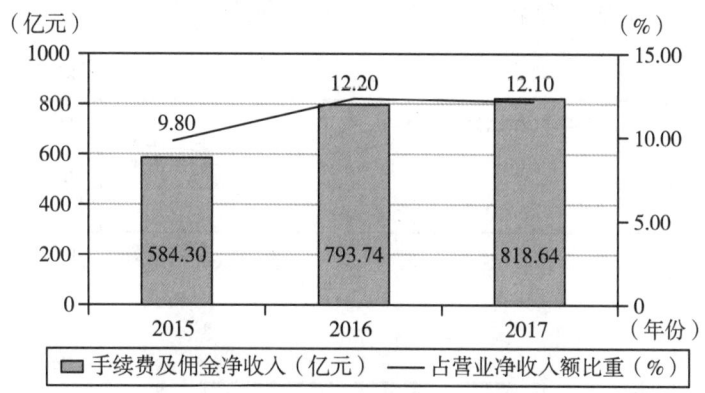

图1-4 城市商业银行中间业务收入及占比情况(2015—2017年)

资料来源:据银保监会发布的相关资料整理。

(二)城市商业银行的经营效益

近年来,整个银行业的盈利能力逐渐变弱,主要原因是监管政策趋严,不良贷款增加需要计提更多的拨备,以及利率市场化导致净息差持续减小等。如图1-5所示,商业银行资产利润率与资本利润率自2011年开始持续下降。截至2018年底,商业银行资产利润率为0.90%,资本利润率为11.73%,与2011年相比,资产利润率下降了0.4个百分点,而资本利润率下降了9个百分点左右。另外,如图1-6所示,商业银行净息差也从2015年开始有下行趋势。净息差的持续改善,使得城市商业银行的净利润开始得到改善。成本收入比是衡量银行对成本控制能力的指标,如图1-7所示,商业银行成本收入比近几年来呈波动性下降的趋势，但2016年以来略微有所回升。从具体业务来看，商业银行的收入主要来源于利息收入和非利息收入中的手续费和佣金收入。如图1-7所示，在市场利率化条件下，商业银行利息收入增长率逐渐下降，而非利息收入占比缓慢提升，两者间的差距正在逐渐缩小，这得益于商业银行向中间业务的转型。

从盈利能力来看，如图1-8所示，城市商业银行自2014年起资产利润率持续下降，2018年末资产利润率仅为0.74%，与大型商业银行和股份制商业银行相比，低了0.3个百分点。截至2018年末，城市商业银行净息差为2.01%。从2011年起，城市商业银行净息差逐渐下降，2016年下降速度变快，但之后趋于平稳。从整体上看，虽然城市商业银行的资产规模逐年扩大，但其效益不及大型商业银行和股份制商业银行。近年来，随着监管趋严，银行业开始"脱虚向实"，城市商业银行应该在新的环境下发挥其贴近当地实体经济和居民的优势，通过差异化、高质量的金融服务增强自身的盈利能力。

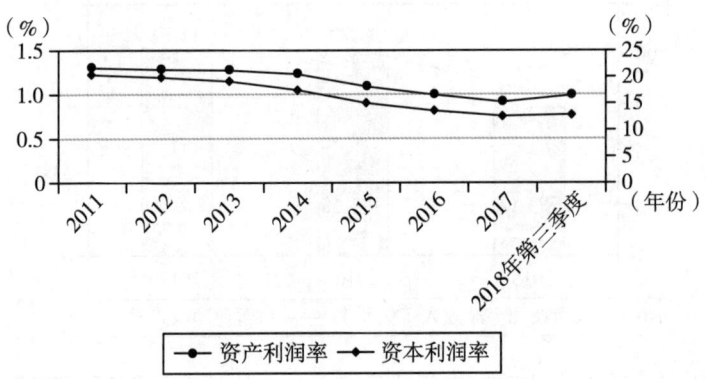

图1-5　商业银行资产利润率与资本利润率变化情况

资料来源：银保监会公布的各年商业银行主要监管指标。

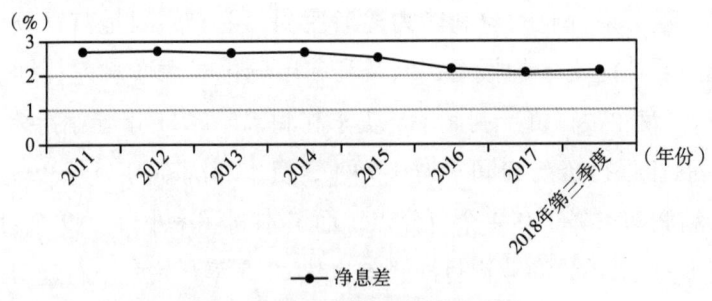

图1-6　商业银行净息差情况

资料来源：银保监会公布的各年商业银行主要监管指标。

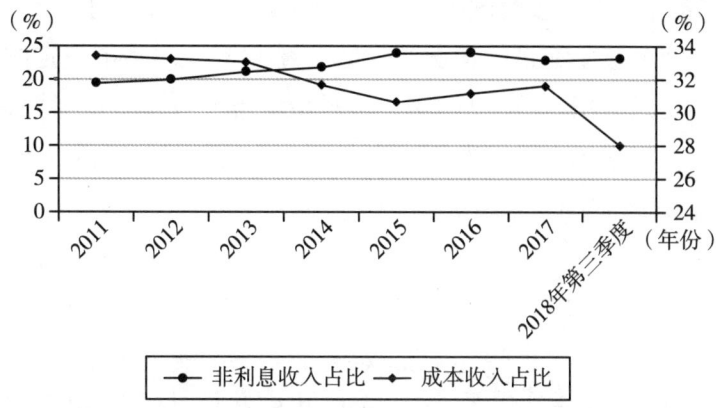

图 1-7　商业银行非利息收入占比与成本收入占比情况

资料来源：银保监会公布的各年商业银行主要监管指标。

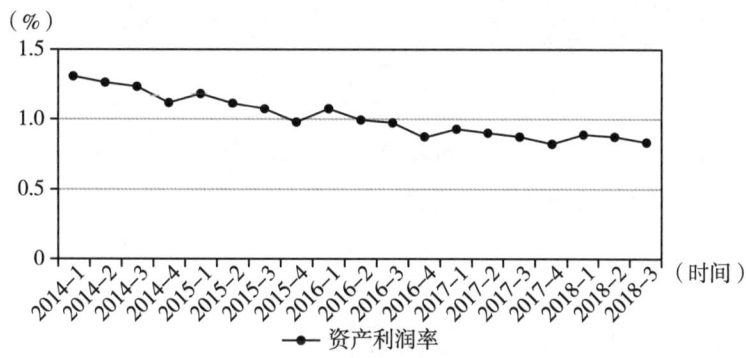

图 1-8　城市商业银行资产利润率情况

资料来源：银保监会公布的各年商业银行主要指标分机构类情况。

（三）城市商业银行的信用风险

城市商业银行的信用风险主要从两个方面来衡量，一是不良贷款余额和不良贷款率，二是拨备覆盖率。从不良贷款余额和不良贷款率来看，随着资管新规的发布，监管部门对不良资产的界定越来越严苛，城市商业银行不良贷款率进一步提升且上升幅度较大。截至 2018 年末，城市商业银行不良贷款余额为 2660 亿元，与 2017 年末相比增长了 837 亿元。2018 年末，城市商业银行不良贷款率为 1.79%，比 2017 年末增长了 0.2 个百分点。总的来说，城市商业银行的不良贷款额和不良贷款率都在持续增加，但是增速有所放缓并趋于平稳，整体的信贷质量较之前相比有所改善（参见图 1-9）。

从拨备覆盖率来看，根据监管部门的要求，商业银行的拨备覆盖率不应低于 150%。拨备覆盖率主要反映商业银行将贷款损失准备用于抵补贷款预期损失的状况，只有在拨备充足的情况下，城市商业银行才具备一定的清偿能力。从图 1-10 中可以看出，虽然从 2016 年开始城市商业银行拨备覆盖率下降速度有所减缓，但呈逐年走低的态势。综合来看，城市商业银行资产质量趋于稳定，拨备覆盖率波动较小，信用风险相对可控。

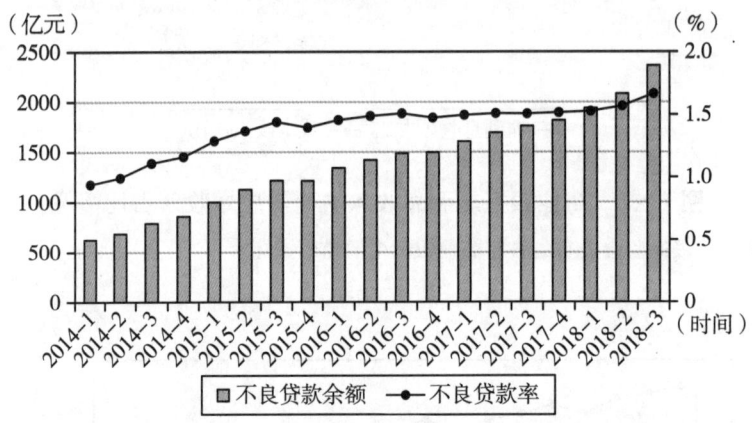

图 1-9　城市商业银行不良贷款余额与不良贷款率情况

资料来源：银保监会公布的各年商业银行主要指标分机构类情况。

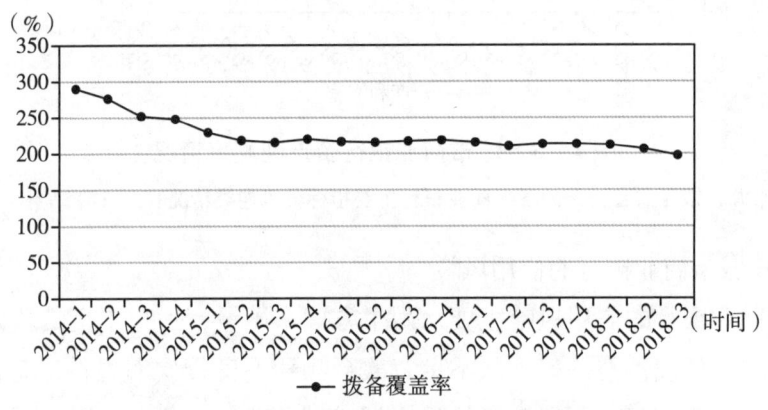

图 1-10　城市商业银行拨备覆盖率情况

资料来源：银保监会公布的各年商业银行主要指标分机构类情况。

（四）城市商业银行的资本充足状况

在新巴塞尔协议的三大支柱内容中，最低资本要求和约束监管依旧是关注的重点。根据我国《商业银行资本管理办法（试行）》，资本充足率、一级资本充足率和核心一级资本充足率是衡量商业银行资本充足性的三个方面。商业银行应根据自身业务状况来确定资本量,并用资本充足率判断应对信用风险的能力。从图1-11可以看出,城市商业银行近几年的资本充足率呈上下波动趋势,但都维持在12%左右。截至2018年末,城市商业银行的资本充足率为12.7%,虽然比巴塞尔协议所规定的最低比率(8%)高出许多,但仍低于我国商业银行的整体水平。

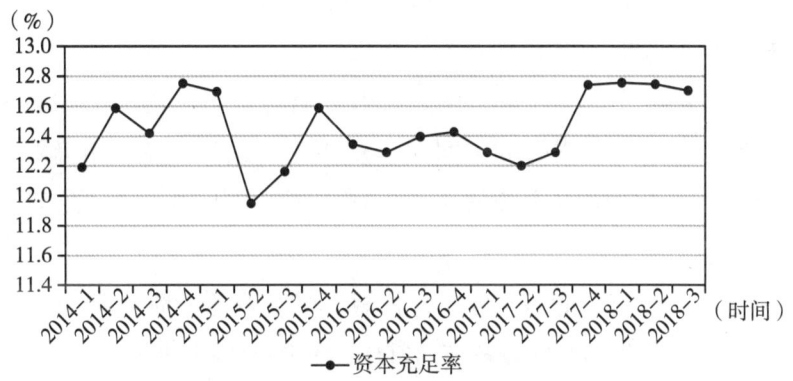

图1-11 城市商业银行资本充足率情况

资料来源:银保监会公布的各年商业银行主要指标分机构类情况。

(五)城市商业银行的业务发展状况

城市商业银行目前开展的业务主要分为两类,一类是传统业务,另一类是新兴业务。在传统业务中,城市商业银行目前开展的主要是公司金融业务、零售金融业务、资金业务和传统中间业务。而在新兴业务中,城市商业银行主要开展的是消费金融、直销银行、投行业务和新兴中间业务等。

1. 传统业务发展状况

(1)公司金融业务。这类业务主要是指为企业提供金融服务,主要包括存贷款、国内外结算、票据承兑与贴现、投资性商业银行、提供信用证服务及担保、财务融资咨询服务等①。作为传统业务中最重要的业务之一,公司金融业务是城市商业银行主要的利润来源。其中,存贷款业务又是公司金融业务的重要组成部分。我国城市商业银行企业存贷款比例每年都在持续增长,二者都占到了存贷款总体的60%左右。根据自身定位,城市商业银行的主要服务对象是区域内的中小企业,近几年来,城市商业银行用于小微企业贷款余额不断增加,

---

① https://baike.so.com/doc/9997478-10345268.html.

且每年都以相对较快的速度在增长。与此同时，与商业银行整体相比，城市商业银行用于小微企业贷款余额的占比也在不断攀升。截至2018年12月底，我国城市商业银行用于小微企业的贷款额达到了62622亿元，较2017年底增长了16.1%，占商业银行小微企业总贷款额的24.83%。除了存贷款业务之外，城市商业银行的公司金融业务还包括不构成商业银行表内资产、表内负债，形成银行非利息收入的中间业务[①]。总的来说，中间业务是指商业银行为客户办理支付和其他委托事项而收取手续费的业务。主要包含：支付结算类中间业务、担保及承诺类中间业务、交易类中间业务、基金托管业务等。与国有银行和股份制商业银行相比，城市商业银行的中间业务发展并不完善。在城市商业银行所有业务中，中间业务的收入占比较低，甚至有的城市商业银行并不愿意去开展中间业务。

（2）资金业务。资金业务主要包含长短期资金业务、债券业务、外汇业务、衍生品业务、货币业务和票据业务等。其中，我国对同业业务的监管一直趋严。2014年，一行三会及外管局五部委联合要求单家银行同业融资余额不得超过该银行总负债的1/3。2016年《中国金融监管报告》中提出：银行同业业务的监管方式需要不断创新，加强对银行同业业务的监管。2017年，银监会下发监管文件，开展"三套利、三违反、四不当"专项治理工作。这一系列举措都引起了银行业的剧烈动荡。另外，城市商业银行的资金业务业也包含了资产托管业务，包括证券基金的托管、委托资产托管、信托资产托管等。在同业业务监管趋严的同时，我国对资产托管业务也管理的相当严格。虽然许多银行在未来的发展上是想以资产托管类业务、投行业务为主，并且近几年来商业银行的资产托管类业务也在飞速发展，但根据证监会发布的最新证券投资基金托管人名录（2019年1月）来看，全国只有北京银行、上海银行、宁波银行、徽商银行、包商银行、杭州银行、南京银行、江苏银行8所城市商业银行获得了证监会的批准，拥有证券投资基金托管资格。

（3）零售金融业务。主要是指以自然人或家庭及小企业为服务对象，提供存款、融资、委托理财、有价证券交易、代理服务、委托咨询等各类金融服务的业务。简单来说，零售业务的对象是个人居民，而公司金融业务的对象是企业。虽然零售金融业务属于城市商业银行传统业务的一部分，但是在城市商业

[①] 2001年7月4日人民银行颁布《商业银行中间业务暂行规定》。

银行成立之初，零售业务并不受到各城市商业银行的关注。随着近几年中国经济步入新常态，居民收入的不断提高，消费需求不断扩大，城市商业银行开始进行转型升级，逐渐将目光聚集在了零售金融业务之上。由于各城市商业银行开始积极开展零售金融业务，城市商业银行的零售金融业务收入占比开始逐步提高，但在整体收入上仍只占较小部分。

（4）跨境业务。在很长一段时间里，大多数城市商业银行主要关注本币业务，对跨境业务并不重视。随着2013年习近平总书记"一带一路"倡议的提出，我国城市商业银行逐步"走出去"。2017年，我国共签约17个"一带一路"项目，承诺投资额达到了70亿美元，支持项目设计总投资金额达800亿美元。所有对外项目的实施都离不开银行的资金支持，跨境业务需求在大环境的影响下不断扩大。虽然城市商业银行在跨境业务上难以与国有银行和部分股份制商业银行相比，但是在发展的过程中，各地城市商业银行都形成了自己的地域特色。一般在我国边境上的城市商业银行都是与边境邻国开展了跨境金融业务。这些银行因为地域优势，其跨境业务规模远远大于其他城市商业银行。2017年1月，《中国人民银行关于全口径跨境融资宏观审慎管理有关事宜的通知》（以下简称《通知》）发布，在《通知》中明确支持企业充分利用境外资金并将企业跨境融资额度上限由企业净资产的1倍扩大至2倍。在我国政策的改变与支持下，城市商业银行的跨境业务开始获得了前所未有的发展。

2. 新兴业务发展状况

（1）消费金融业务。随着我国居民消费水平的不断提高，以及政府对消费类信贷产品的创新鼓励，消费金融成为一项具有巨大潜力的新兴业务，吸引了许多金融机构和非金融机构的注意力。城市商业银行主要通过建立消费金融公司、推出个人消费类贷款产品等方式开展消费金融业务。2009年，银监会颁布《消费金融公司试点管理办法》，批准了4家试点消费金融公司分别在北京、上海、成都、天津进行试点工作。截至2018年6月，我国城市商业银行发起设立的消费金融公司达到15家。除此之外，城市商业银行也通过推行各种个人消费贷款、延伸消费场景的方式来开展消费金融业务。利用互联网发售线上产品，城市商业银行积极与各类互联网公司、电商平台合作，借助其客户资源和信息技术优势来防范风险，开展业务。

（2）直销银行业务。直销银行没有实体网点、柜台，个人或企业主要通过手机、电脑等渠道来获得产品资料并购买各种产品。直销银行依靠较低的成本、较少的人力和数据化的信息来为客户提供各类金融产品，不仅为银行业拓展了许多新的业务，并且从另一方面来说也打破了城市商业银行的地域限制。但是由于各银行创新产品较少，且大众缺乏互联网意识，直销银行的发展并没有预期那么好。大多数人觉得网络不安全，并不愿意在网上进行相关业务操作，这对城市商业银行来说无疑是一大阻碍。在发展的过程中，城市商业银行应积极改善直销银行的不足之处，提升客户的网上业务体验。这样不仅有利于直销银行产品的发展与创新，也有利于风险的防控。

从城市商业银行总体来看，开展新型金融业务的进程还比较缓慢，主要表现为新兴金融业态发展不足（如消费金融发展不足）、运营成本过高（如线下运营方式占据成本比例过大）、数据开放共享还不够（如与新兴金融机构之间的信息对接不够通畅）。

（六）城市商业银行的数量及地域分布情况

城市商业银行自成立以来，数量与结构都在不断变化，但近年来，城市商业银行数量逐渐稳定。截至 2018 年底，我国城市商业银行共有 134 家（如图 1-12 所示）。从城市商业银行的地域分布来看，由于我国华东地区整体经济环境较好，金融机制较为完善，城市商业银行在华东地区达到了 41 家，占比达到 30%。其中，浙江省和山东省都拥有 10 家以上的城市商业银行。在华北和西南地区，城市商业银行数量分别达到了 23 家和 21 家。而在中西部地区，大部分省都只拥有一家或者两家城市商业银行，所以总体数量较少，城市商业银行占比均只有 7%。除此之外，西北和东北地区城市商业银行数量居中，分别有 13 家和 18 家城市商业银行，占比均达到 10% 左右。而在所有省份中，拥有城市商业银行最多的省是辽宁省，城市商业银行达 15 家之多（如图 1-13 所示）。

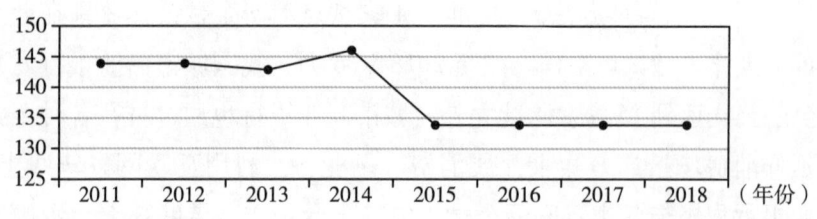

图 1-12　城市商业银行数量及其变化趋势

资料来源：根据公开资料整理。

第一章　城市商业银行及其与区域经济发展的关系

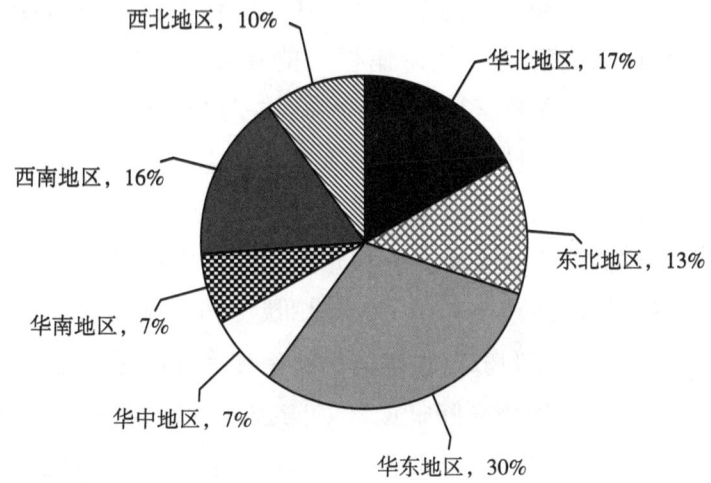

图1-13　城市商业银行地域分布情况

资料来源：根据公开资料整理。

总的来说，城市商业银行近年来发展趋于稳定，其数量维持在了134家左右。这也从侧面反映了我国近年来越来越强的监管力度。在上市方面，由于上市之后大多数银行都能够快速壮大和发展，国内许多城市商业银行都排队等候着上市。但是由于近几年来，跨域经营的高标准和IPO的严要求，每年能够成功上市的城市商业银行数量并不多。

第二节　城市商业银行的特点及类型

一、城市商业银行的特点

城市商业银行在与国有银行和股份制商业银行激烈竞争之时，应该更加明确自己的优势和劣势到底在哪里，只有充分了解自己，才能与大型银行走出一条差异化的道路，才能保持创新活力并实现可持续发展。以下利用SWOT分析方法，从4个方面解析城市商业银行的特点。

（一）地缘优势明显

从前文可知，城市商业银行是由城市信用合作社演变而来。在成立之初,城市商业银行就已经深深扎根于其所在的区域。在之后的发展中,城市商业银行在短时间内出现过"使命偏移"的现象,这种定位偏移使得城市商业银行在一段时间内忽略区域内的发展,或多或少淡化了其浓郁的地方特色。在监管部门严格控制城市商业银行跨省发展之后,绝大部分城市商业银行的业务方向和定位重新回归。城市商业银行本身就是"地方军",与国有商业银行和股份制商业银行相比,更加熟悉区域内的经济发展状况和运作机制,也更加熟悉当地小微企业和居民的信用状况和金融需求。这种天然的优势能够为其提供很多的便利。比如在信息收集和风险防范等方面,城市商业银行都可以利用其地缘优势来降低成本、防控风险。这种敏捷的市场反应机制,能够让城市商业银行与当地企业和居民维持相对稳定的合作关系。城市商业银行根据自身资源禀赋深度挖掘区域内客户,具有明显的地缘优势。

(二)经营机制灵活

大多数城市商业银行的决策层次较少,加上其相对集中于区域内经营,能够快速响应客户的需求并进行业务处理。利用地缘优势快速获得客户基本信息,城市商业银行在进行审批时也能够较快地进行判断并做出决策。小微企业和居民的融资需求一般较小,希望在较短的时间内获得特色化服务,城市商业银行利用其经营机制的灵活性和信息传递的快速性,可以很好地与当地企业和居民的需求相匹配。

(三)资本实力较弱

在成立之初,城市商业银行就是以中小型商业银行的面貌出现的。近年来,虽然不少城市商业银行资本逐步增长,截至 2018 年底整个城市商业银行资本充足率达到了 12.70%,但仍低于我国商业银行资本充足率的平均水平。中国银行业协会参考巴塞尔协议和监管机构对银行业资本实力的相关要求,按各银行核心一级资本净额排序,并附加资产规模、净利润、成本收入比、不良贷款率等数据作为参考,对中国银行业前 100 家银行的经营规模、盈利能力、运营效率以及资产质量进行评估,63 家城市商业银行进入"2018 年中国银行业 100 强榜单"。城市商业银行的前 50 家的资本实力较强,其余 71 家城市商业银行的资本实力相对较弱。这种资本实力上的劣势,使得绝大部分中小型城市商业银行不适宜过多开展对大企业的信贷业务,也不适宜跨域特别是跨省经营。

（四）公司治理欠佳

在城市商业银行发起设立阶段，地方政府授权当地财政部门或国有企业作为主要出资者，这种股权结构使地方政府往往拥有实际控制权。大多数城市商业银行60%以上的股份为国有股，城市商业银行所在区域的政府对城市商业银行拥有着较大的控制与决策权。随着城市商业银行的发展，这种股权结构的弊端开始出现。虽然某些城市商业银行股权结构随着引入战略投资者、民营企业以及实行员工持股计划而有所改善，但相对来说还是政府占据主导地位，这种权力过于集中可能导致政府过多干预，影响城市商业银行的经营效率。另外，股权过于集中也难以形成制衡机制。其次，相关主体之间的职责划分不够明确，导致城市商业银行治理体系不够完善。

二、城市商业银行的类型

（一）按资产规模分类

现有134家城市商业银行的资产规模和盈利能力差异较大，按照资产规模将城市商业银行进行分类，可大致分为三大类（如表1-2所示）。截至2017年底，资产规模超过1万亿元的城市商业银行有6家，即北京银行、上海银行、苏州银行、南京银行、宁波银行和盛京银行。我们将此6家银行归为城市商业银行的第一梯队。该梯队的城市商业银行不论是在资产规模还是负债规模上，都与排位靠后的全国性股份制商业银行比较接近，属于城市商业银行中"头部银行"。第二梯队的城市商业银行有7家，它们的资产规模在5000亿~10000亿元之间。该梯队的城市商业银行有着较为完善的公司治理结构和较全面的业务类型，未来发展前景向好。余下的大多数城市商业银行属于第三梯队，它们的资产规模在5000亿元以下，甚至超过一半的城市商业银行资产规模在2000亿元以下。该梯队的城市商业银行大多风险抵御能力较弱，其发展比较依赖于当地政府。在经济下行的环境中，第三梯队的城市商业银行盈利能力明显不足甚至出现亏损，持续发展面临着较大的风险。

由于城市商业银行资产规模严重分化，不能要求所有城市商业银行按照统一的模式运行，也不宜要求它们按照相同的路径改革与创新。将城市商业银行进行合理分类，有利于我们深入分析不同梯队城市商业银行的定位，并探讨它们各自的发展战略和策略。总的来说，所有城市商业银行的战略定位是为区域经济、小微企业和城市居民提供金融服务。特别是属于第二、第三梯队的城市商业银行，更应当扎根于地方担负中小型城市商业银行应有的使命。

表1-2　　　　　　　不同资产规模城市商业银行的数量

分　类	资产规模（亿元）	数量（家）
第一梯队	>10000	6
第二梯队	5000~10000	7
第三梯队	<5000	121

资料来源：根据公开资料整理。

值得关注的是，第一梯队与第二、第三梯队的城市商业银行资产规模差距较大，它们之间的战略定位不可能相同。北京银行、上海银行的资产规模，2017年底分别为21163亿元和18078亿元，超过了浙商银行、渤海银行、恒丰银行等全国性股份制商业银行的资产规模，这些"头部"城市商业银行期望跻身全国性股份制商业银行，如果不顾现实状况对它们进行"一刀切"的监管，绝对禁止其按照自然演进的规律对外扩张，显然不利于维护银行业的和谐生态。正因为如此，近年来监管部门有限制地审批"头部"城市商业银行跨省设立分支行。当然，目前第一梯队的城市商业银行仍应将服务区域经济、小微企业和城市居民作为其首要使命，在坚守这一基本定位的前提下量力而行跨域扩张。

（二）按是否登陆资本市场上市或挂牌分类

按城市商业银行上市或挂牌与否，可以将城市商业银行做另外一种分类。自2007年起，我国共有21家城市商业银行在境内外上市或挂牌（如表1-3所示），除郑州银行同时在A股和H股上市以外，其中有9家城市商业银行在A股上市，11家城市商业银行在H股上市，1家城市商业银行在新三板挂牌。从南京银行和宁波银行成功上市开始，不少符合条件的城市商业银行都积极谋划上市，但由于监管政策趋严，近些年来城市商业银行上市或挂牌难度加大。

城市商业银行上市对其经营效率的提升有较大的促进作用。城市商业银行不仅能够通过上市扩大其融资渠道和融资数量，而且能够降低融资成本。以资产规模最大的北京银行为例，其上市后总股本金达到62.28亿元，资本实力进一步壮大,股权结构也得到了相应的优化。2012年,北京银行成功进行了上市后的再融资工作,成为当年唯一一家募资超过百亿元的上市公司,再一次提升了北京银行的资本规模和发展潜力。上市除了给北京银行带来资本扩张和股权优化等好处之外,也使其风险抵御能力大大增强。

表1-3 城市商业银行上市和挂牌情况

类型	银行名称	股票代码	上市时间
A股	南京银行	601009.SS	2007年7月19日
	宁波银行	002142.SZ	2007年7月19日
	北京银行	601169.SS	2007年9月19日
	江苏银行	600919.SS	2016年8月2日
	贵阳银行	601997.SS	2016年8月16日
	杭州银行	600926.SS	2016年10月27日
	上海银行	601229.SS	2016年11月16日
	成都银行	601838.SS	2018年1月31日
	长沙银行	601577.SS	2018年9月26日
H股	重庆银行	1963.HK	2013年11月6日
	徽商银行	0698.HK	2013年11月12日
	哈尔滨银行	6138.HK	2014年3月31日
	盛京银行	2066.HK	2014年12月29日
	青岛银行	3866.HK	2015年12月3日
	锦州银行	0416.HK	2015年12月7日
	郑州银行	6196.HK	2015年12月23日
	天津银行	1578.HK	2016年3月30日
	中原银行	1216.HK	2017年7月19日
	甘肃银行	2139.HK	2018年1月18日
	江西银行	1916.HK	2018年6月26日
	九江银行	6190.HK	2018年7月10日
新三板	齐鲁银行	832666	2015年6月29日

资料来源:公开资料整理。

第三节　城市商业银行的服务定位及其与区域经济发展的关系

一、城市商业银行的服务定位

小型商业银行作为一种特殊的金融企业，在节约交易费用方面具有天然的优势，是市场经济体系不可或缺的一个组成部分。美国银行业历经多次并购浪潮，但小型商业银行并未因此而消亡，仍然在银行体系中占据相当重要的地位。这表明小型商业银行虽然与大中型商业银行存在某种竞争关系，但两者在一定的制度框架下也可和谐共存。就我国的金融体系而言，小型商业银行也是发展市场经济的合理制度安排，广大中小企业和城镇居民对小型商业银行存在强烈的需求。我国商业银行体系并不缺乏大中型商业银行，但缺乏真正能够"弯下腰"为小微企业服务的小型商业银行。对于大多数中小型城市商业银行来说，不可能也不应该对标全国性股份制商业银行去追求规模扩张，而应该做贴近小微企业提供普惠金融服务的社区银行。在134家城市商业银行中，资产规模在1万亿元以上的第一梯队有6家，资产规模在5000亿~10000亿元之间的第二梯队有7家，其余121家规模小于5000亿元的属于第三梯队。可见，目前绝大多数城市商业银行属于第三梯队的小型城市商业银行。在发展的历程中，大多数中小规模的城市商业银行都不同程度地出现过"使命漂移"和向所在地之外扩张的倾向。不少第二梯队和第三梯队的中小型城市商业银行，纷纷效仿第一梯队大型城市商业银行的发展路径，希望通过跨域设立分支机构的外延发展模式来壮大自己。这种偏离合理定位的发展路径，使许多中小城市商业银行在不具备条件的情况下盲目扩张，不仅导致资源分散和管理失控，也导致了分支机构经营风险加剧。在新时代，中小型城市商业银行回归合理的市场定位，是其实现可持续发展的重要战略，也是金融供给侧改革的应有之义。唯其如此，才能加大小微企业的金融支持和推动经济脱虚向实，才能使城市商业银行深耕细分市场，推动区域经济发展高质量发展。

（一）为区域小微企业发展提供金融支持

城市商业银行自成立开始，其优势业务就是小微企业贷款业务。基于其地缘优势和信息优势，城市商业银行可以在当地获得较多的企业信息，拥有较强的信息收集能力和议价能力。但在以往的发展过程中，大部分城市商业银行并未牢牢抓住自身的优势，自身的市场定位及发展目标越来越模糊，出现了盲目跟风跨域扩张的现象。许多城市商业银行逐渐放弃小微企业而将业务重心转向大中型企业，盲目与大型国有商业银行和全国性股份制商业银行争夺大客户和大项目，导致专注服务地方小微企业和居民的小型商业银行功能缺位与错位。国际经验表明，小型商业银行与大中型商业银行相比，更具有为当地中小企业和居民提供信贷服务的优势，比较适合做社区银行。以美国为例，大中型商业银行在贷款时主要根据将"硬信息"（即信用评级、信贷历史纪录以及营业收入、利润、负债等可以从经过审计的财务报表上得到的数据）作为审贷决策的依据，而能够提供"硬信息"的一般都是规模较大的企业或上市公司。中小企业由于公司治理不完善以及财务不透明，大中型商业银行很难从中小企业处及其关联方获得完备的"硬信息"，所以它们倾向于向大型企业贷款，而不愿意向中小企业贷款。相反，小型商业银行主要以"软信息"（即借款企业或企业家个人的信誉、品德及管理能力）作为贷款决策依据。小型商业银行贴近社区，与当地中小企业通常保持紧密的联系，在搜寻"软信息"方面比大中型商业银行具有天然优势。小型商业银行的资本、股东一般都来自当地企业和社区居民，因而更关心社区的经济和当地中小企业的发展。另外，小型商业银行总部就在本地，信贷决策层级较少，不像大型商业银行需要层层上报，因而贷款审核的效率较高。大型商业银行凭借其资本、技术和人才等优势，倾向于将资金贷给规模较大、风险较小、实力雄厚的大企业。而小型商业银行则主要为社区内的小微企业和居民提供服务，通过差异化的定位实现可持续发展。小型商业银行没有足够的资金可以借贷，也无法给大企业提供较多的利率优惠。尽管为大企业提供贷款收入相对丰厚，但若遭遇较大的风险小型商业银行也难以化解。因此，专注于服务地方中小企业与居民，是适合小型商业银行特征的合理定位。

理论上讲，我国的城市商业银行也具备上述比较优势。然而与美国小型商业银行相比，大多数城市商业银行在市场定位方面显得有些摇摆不定。在成立之初，城市商业银行基本上是扎根于本地发展。随着规模的扩张，不少城市商业银行期望跳出本地和城市周边区域，甚至寻求跨省经营。对于绝大部分规模较小的城市商业银行而言,不切实际跨域经营不仅难以发挥其在区域内的差异化竞争优势,而且可能会出现难以防控的风险。在商业银行竞争日益激烈的今天,除了极少数规模较大的城市商业银行(如北京银行、上海银行等)之外,绝大部分中小规模的城市商业银行(即资产规模万亿元以下的第二梯队和资产规模 5000 亿元以下的三梯队)应回归初始定位,探索"小而精""小而强"的发展路子。通过建立良好的激励约束机制,充分激发信贷人员搜索"软信息"的动力,将理论上的比较优势变为现实中的比较优势。在深耕中小企业金融服务的基础上,实现其自身的可持续发展。

(二)为区域居民提供金融服务

随着我国经济的不断发展,我国居民的可支配收入不断提高,消费需求也在不断提高。从最初的生活基本消费到普通生活家电的消费,再到汽车、房屋等耐用品的消费,我国居民的消费支出快速增加。与大型银行相比,城市商业银行金融资源相对缺乏,资源整合能力也有限,因此很难满足大型企业和高端客户的需求。而选择区域内中等收入居民作为主要服务对象,城市商业银行则有比较优势。大型银行由于业务覆盖区域广,服务对象多,比较适合为居民提供一些标准化的大宗产品,因此难以满足居民多元化、个性化的消费金融服务需求。城市商业银行基于"得地独厚"的优势,应当"弯下腰"开发符合当地居民个性化需求的消费金融产品,与大中型商业银行展开差异化竞争。

在为区域居民提供金融服务方面,德国储蓄银行的经验值得我国城市商业银行借鉴。德国的储蓄银行依法只能在本州内开展业务,不得跨区经营。由于这些经营区域的限制,德国储蓄银行一直坚守在区域内,为中小企业和当地居民服务。由于大银行与居民间的信息不对称问题更严重,大银行更愿意将贷款发放给财务比较透明的大企业。与大银行不同,德国储蓄银行主要开展关系型信贷,其主要根据申贷居民的品性及其他证明还款能力的"软信息"来进行贷款决策。由于德国储蓄银行所具有的信息优势,其能够在较短时间内做好尽职调查并作出相关决策。我国城市商业银行也应进一步发挥其地缘和人缘优势,与当地居民形成良好的关系,根据其需要提供更多的个性化金融服务。如长沙市商业银行提出做"长沙人自己的银行"的口号,加深了居民对该行的认同感和亲和力。

通过一系列差异化的产品创新和服务创新,不仅使居民获得更多的金融便利,也有利于改善客户体验和增强客户黏性,在零售金融业务领域形成差异化的竞争优势。

（三）为区域城乡建设发展提供金融支持

在政府金融和财务顾问方面，城市商业银行可从单一的金融供给者的角色，转变为"金融供给者＋规划设计者"的双重角色。在政府规划新型城市化建设项目的前期，城市商业银行就应充分整合资源参与方案设计并提供金融和财务顾问支持，根据项目融资需求定制个性化的金融服务方案，从项目源头开始增强与地方政府合作的黏性。

在项目融资创新方面，城市商业银行在参与城镇化基础设施项目中，可采用"债权＋股权""标准＋非标""表内＋表外"等各类金融工具，为项目资本金筹措、项目建设融资、项目运营融资规划等进行全生命周期的融资安排。鉴于新型城镇化基础设施建设项目投资额较大，投资回报周期较长的特点，城市商业银行可联合地方政府、社会资本等合作方共同设立新型城镇化发展基金，并参与以此作为引导基金的PPP项目融资过程。在这一过程中，城市商业银行可利用其决策链条短、与地方政府关系密切、比较了解当地社会资本方情况的优势，提前锁定PPP项目资源，抢占后续为项目公司和社会资本提供项目融资的制高点。同时，借助新型城镇化发展基金开展"股权＋债权"模式，有利于降低城市商业银行为单一大型建设项目提供融资服务的压力，在风险可控的前提下为建设主体或运营主体的民营企业提供适当的金融支持。在产业园区、地下综合管廊、公共停车场、安居保障房等PPP项目建设的实施阶段，城市商业银行可作为牵头管理人角色，与券商、信用评级公司等中介机构合作，整合相关资源为PPP资产证券化项目的承揽、承做、销售提供一条龙服务。除了为PPP项目提供相关服务之外，城市商业银行也为新型城镇化基础设施建设项目的城投类企业提供发行企业债、公司债、定向工具、中期票据，短期融资券等方面的配套服务。

在产城融合模式的金融支持服务方面，城市商业银行可协助地方政府优化区域产业发展规划及开展招商引资的配套金融服务，通过融资模式创新支持地方特色产业园区建设。同时，借助多层次资本市场并积极整合创业投资/私募股权投资等资源，开展"投贷联动"模式中小科技创新型企业融资服务，联手券商等中介机构协助中小企业赴境内外公开资本市场IPO或新三板挂牌。可与地方政府和当地核心企业发起设立产业投资基金，采取过桥贷款等融资方式支持产业园区龙头企业进行并购重组，整合产业链上下游资源，实现优势产业集约化经营,夯实产城融合的优势产业基础。

二、城市商业银行发展与区域经济增长的关系

  金融发展与经济发展历来密不可分,经济是机体,金融是血脉,二者共生共荣。大部分学者都认为金融发展是现代经济的核心,现代经济是金融发展的根基。金融市场的发展促进了区域经济增长,经济增长又反过来为金融业的进一步发展提供坚实的基础。经济持续增长必须保持较高的投资水平和储蓄水平。值得说明的是,在某些情况下,较高的储蓄率不一定能够促进经济增长,只有当储蓄有效转化为投资,才能对经济增长产生实质性的促进作用,而这种有效转化依赖于金融市场的发展与金融效率的提高。也就是说,金融发展之所以能够促进经济增长,主要是由于金融资源能够被最大化利用,能够提高生产经营效率,能够最终创造社会财富。城市商业银行是现代金融体系的重要组成部分,它与区域经济彼此依赖、相互交融。一方面,区域经济的规模和结构影响城市商业银行的发展。区域经济规模越大,所在地城市商业银行的资金来源和资金运用规模也能够相应地增加;区域经济结构(如产业结构、城乡结构、居民收入结构等)的变化,在一定程度上影响着城市商业银行的基本业务结构。城市商业银行因区域经济发展需要而生,只有充分融入区域经济,敏锐捕捉地方经济发展的脉搏,为区域中小微企业和居民提供优质金融服务,并支持当地城市公共设施建设,才能获得地方政府的政策扶持,才能在区域经济崛起中获得更多的金融资源和扩大业务范围。另一方面,城市商业银行的发展状况对区域经济增长也产生巨大的影响。城市商业银行根据区域经济发展战略设计金融服务规划,针对中小微企业和城市居民需要开发金融产品,采取社区银行的模式为客户提供"接地气"的服务,能够有效促进区域中小微企业发展和扩大居民消费。同时,城市商业银行的各种金融创新(如绿色金融创新、科技金融创新等)有利于促进区域产业结构调整,实现区域经济的高质量发展。具体而言,城市商业银行发展与区域经济增长呈现如下相互制约、相互促进的关系。

  (一)城市商业银行发展有助于为区域经济增长提供金融支持

  一方面,区域经济发展的水平和质量决定区域金融的水平和质量,区域经济结构和资源配置效率在一定程度上影响区域金融资源配置的流向、流量和效

率，即区域经济增长对区域金融发展具有"锁定效应"；另一方面，区域金融资源流向和流量在一定程度上会影响区域经济增长和经济结构调整，进而影响区域资源配置效率，即区域金融对区域经济存在"反锁定效应"。与大中型全国性国有商业银行和股份制商业银行相比，城市商业银行发展和金融服务具有鲜明的区域特征，其存款和负债主要来源于本土实体经济和居民，其信贷投放也主要面向本土中小微企业和居民，故其与区域经济发展天然具有十分密切的关系。

1. 城市商业银行发展有助于为区域中小微企业提供金融支持

城市商业银行与地方中小企业有着天然的联系，前者的发展壮大有利于为后者提供更多的金融支持。①增加了中小微企业普惠金融供给。从全国总体情况来看，城市商业银行80%以上的贷款投向了中小微企业，这种信贷结构扩大了普惠金融的覆盖面，在一定程度上缓解了中小微企业贷款难的问题。②改善了中小微企业中间业务服务。大多数城市商业银行除了提供传统的代收代付业务外，还为中小微企业提供比较"接地气"的理财、保管箱、资产评估、投资咨询、财务顾问等全方位的中间业务服务。以结算业务为例，由于中小微企业结算成本通常为大企业的3~5倍，大型商业银行出于规模经济效益之考量，往往不太愿办理此类平均每笔金额相对较小的结算业务，而城市商业银行则始终坚持为中小微企业提供支付结算服务。

2. 城市商业银行发展有助于满足区域居民金融需求和助推消费升级

城市商业银行往往更熟悉当地居民的金融服务需求，通常采取与大中型国有商业银行和全国性股份制商业银行差异化竞争的策略，突出"社区银行"的经营特点，注重消费金融业务创新。①开展形式多样的消费信贷。城市商业银行在当地拥有较多的经营网点，管理机制比较灵活，与社区居民联系比较紧密，能够针对社区居民个性化需求开展形式多样的消费信贷，有利于助推区域居民消费升级。②提供个性化的个人理财业务。尽管各类商业银行的理财产品比较丰富，但城市商业银行利用其更为贴近社区居民的优势，有利于开发满足当地居民需求的个性化理财产品，并通过其"弯得下腰"的贴身服务进行营销。③提供便民的日常代理服务。城市商业银行通常彰显其"市民银行"的角色定位，在充分了解社区居民实际需要的基础上，开展各种贴心的代发、代收等代理业务，不仅方便了居民的日常生活，也为其拓展消费金融业务奠定了厚实的基础。

3. 城市商业银行发展有助于为新型城镇化建设提供金融支持

城市商业银行作为地方银行，履行其社会责任的方式之一，便是为所在地城市建设提供金融支持。不少城市商业银行通过市政贷款和发起设立城镇建设基金等方式,为当地城市基础设施建设项目提供了相当规模的资金。例如成都商业银行根据成都市 66 个产业功能园区发展状况,与财政、经信等部门合作,创新设计了"园区贷",有针对性地对园区建设给予金融支持,并带动其他金融机构跟进。又如中原银行联手蓝城集团在平原示范区设立 100 亿元的城镇建设基金,助力该示范区加快推进新型城镇化建设。再如广西北部湾银行发起设立总规模 215 亿元的地方城市产业发展基金和旅游城市基金,为"智慧城市"建设提供了全流程、综合性的金融服务。当然,城市商业银行作为金融企业支持城市基础设施建设,必然要考虑社会效益与经济效益的平衡,从而在可持续发展的基础上为新型城镇化建设提供经常性的金融支持。

(二)区域经济增长反哺城市商业银行进一步发展

1. 区域经济增长为城市商业银行发展提供了更多的资源和机会

区域经济增长使得城市的投融资活动更加活跃,各种经济主体的交易结算更加频繁,为当地城市商业银行争取更多的金融资源创造了更好的条件。同时,区域经济增长的"极化"效应带动周边城镇的经济、金融资源向主要城市聚集,拓宽了城市商业银行利用金融资源的范围。另外,区域经济增长有利于为中小微企业营造更好的创业环境,从而为城市商业银行服务实体经济提供批量的客户群体。另外,区域经济增长促进了城市居民消费升级,从而为城市商业银行发展消费金融提供了更多的业务机会。

2. 区域经济增长使得城市商业银行能够获得地方政府更多的扶持

作为地方性法人金融机构,地方政府通常对支持当地经济和社会发展贡献突出的城市商业银行提供一系列扶持。①地方财政的资本金支持。在大部分城市商业银行的资本金构成中,约有 30% 来自所在城市的地方财政。无论是从设立城市商业银行的"基石资本"角度看,还是从后续保持其资本充足率的角度看,地方财政的扶持效应十分显著。②财政性资金存放的政策倾斜。从大多数城市的情况来看,政府部门普遍将相当大部分的财政性资金存放在当地城市商业银行,使城市商业银行能够相对稳定地获得低成本的资金来源。③地方政府的信用背书。在许多城市,地方政府不仅以大股东的角色为城市商业银行提供信用背书,而且还利用主流媒体广泛宣传城市商业银行,消除了企业和居民对小银行实力和信誉的担忧。

第二章　城市商业银行服务区域小微企业的金融创新

中小微企业是我国数量最多的市场主体之一[①]，在推动经济增长、创造就业机会、激发科技创新、增加财政税收等方面都发挥了不可替代的作用。单个中小微企业虽然规模较小，但我国中小微企业整体贡献了60%以上的GDP、50%以上的税收以及80%的就业岗位。而且，中小微企业具有较强的创新活力，完成了65%的发明专利和80%以上的新产品开发。据银保监会的数据显示，截至2018年末，银行业金融机构用于小微企业的贷款（包括小微型企业贷款、个体工商户贷款和小微企业主贷款）余额33.5万亿元，其中单户授信总额1000万元及以下的普惠型小微企业贷款余额9.4万亿元，同比增长21.8%。我国民营小微企业数量多，遍布各种细分市场，国有大型商业银行和全国性股份制商业银行的服务难以完全覆盖，城市商业银行发展小微企业金融业务，有助于填补大中型商业银行无法或不愿涉足领域的金融供给，拓宽普惠金融的覆盖面，改善小微企业金融服务不充分、不均衡的状况。

第一节　城市商业银行服务区域小微企业的现状

中小微企业在我国国民经济中占据着重要的地位，近年来，国家和地方政府颁布了一系列关于促进中小微企业发展的优惠政策，不断加强对小微企业的金融支持力度。随着互联网金融的快速发展和金融脱媒加剧，倒逼商业银行调整经营战略。利用互联网、大数据等技术深耕小微企业金融服务市场，已成为

[①]　截至2018年末，全国中小企业超过3900万户，微型企业超过7000万户，合计占全部市场主体的比重99.6%。

商业银行新一轮竞争的重要课题。作为商业银行体系中的中小型银行,城市商业银行坚守服务地方经济和社区居民的合理定位,与国有商业银行和全国性股份制商业银行差异化竞争,成为小微企业金融服务的生力军。

一、城市商业银行小微贷款在整个商业银行的占比呈上升趋势

在开展小微企业金融业务方面,城市商业银行有着国有商业银行和全国性股份制商业银行等大中型商业银行所不具备优势。一是城市商业银行网点密布于城镇基层社区,在市(县)域的平均金融服务覆盖率高于大中型商业银行,比国有商业银行和全国性股份制商业银行更具贴近当地小微企业的渠道下沉优势;二是城市商业银行在所在地人脉广、地头熟,比国有商业银行和全国性股份制商业银行更具利用各种信息渠道对小微企业进行征信的优势;三是城市商业银行与地方政府大多有股权纽带连接,关系比较紧密,相对容易与地方政府部门合作获得财政性存款和相关中间业务资源;四是城市商业银行大多规模较小,层级较少,管理体制灵活,内部信息传导机制比较流畅,对小微企业信贷审批的决策效率相对较高。

基于上述优势,近年来,城市商业银行小微贷款在整个商业银行中的占比呈上升趋势。从图2-1可以观测到,在2017—2018年度,国有商业银行和全国性股份制商业银行的小微贷款数量略有下降,而城市商业银行和农村商业银行的小微贷款余额都呈上升的趋势。截至2018年末,城市商业银行小微贷款余额

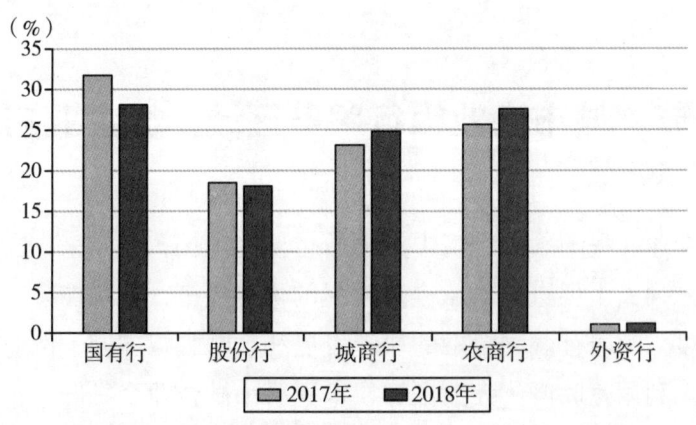

图2-1 各类型商业银行小微贷款余额占商业银行小微贷款余额总量的比例

占整个商业银行小微贷款余额的比重为 24.83%，相比上年末增长 1.26 个百分点。事实上，城市商业银行已成为我国小微企业金融服务的重要支撑力量。

二、城市商业银行小微贷款余额逐年递增

据银保监会披露的数据，2015—2018 年城市商业银行小微企业贷款余额持续保持逐年增加的态势，截至 2018 年末，达到 62622 亿元。2015—2018 年，城市商业银行小微企业贷款占整个商业银行贷款余额的比重一直处在 20% 以上并逐年递增（参见图 2-2）。

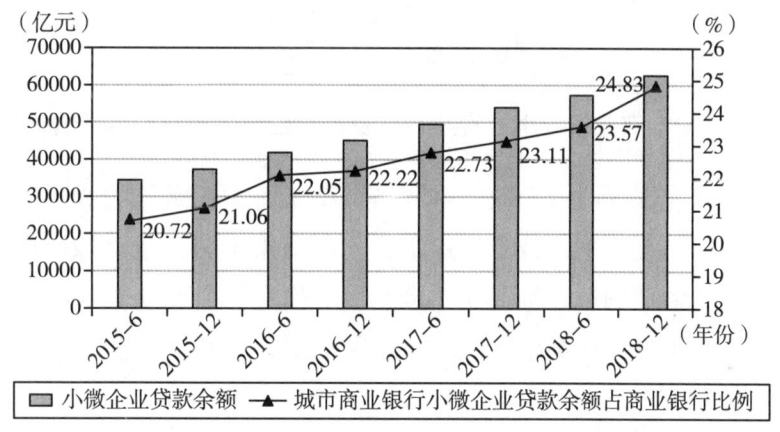

图 2-2 城市商业银行小微企业贷款情况

资料来源：中国银监会各年银行业监管统计季度指标表。

三、城市商业银行小微贷款余额占其信贷资产总额的比重持续增加

从 2012—2017 年城市商业银行小微贷款余额占其信贷资产总额比重的变化趋势来看，从 2012 年的 36.4%，上升为 2017 年的 44.8%，平均每年增加 1.4 个百分点（参见图 2-3）。反映城市商业银行积极响应监管部门的"六项机制"[①]

[①] "六项机制"是指银监会 2005 年 7 月在《银行开展小企业贷款业务指导意见》中提出的政策导向，要求商业银行开展小企业贷款要着重落实风险定价机制、独立核算机制、高效审批机制、激励约束机制、专业人员培训机制、违约信息通报等六项机制。

"四单原则"①等要求，不断加大对小微企业的扶持力度。

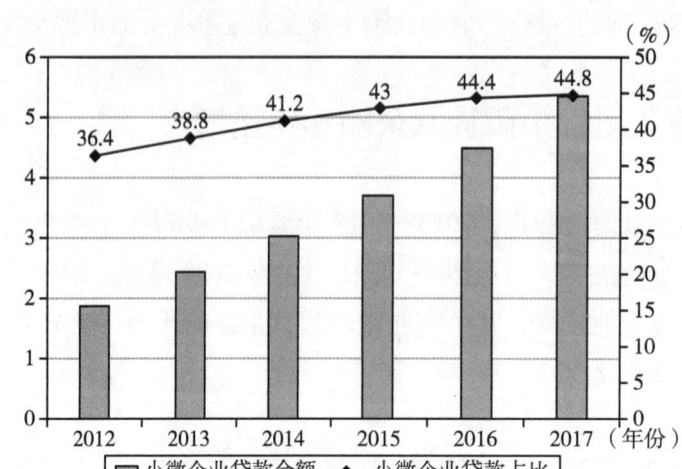

图2-3　城市商业银行小微贷款余额及其在信贷资产总额中的占比情况

尽管城市商业银行小微企业金融服务取得了比较显著的成效，但仍存在改进和突破的空间。近年来，城市商业银行不断探索小微企业金融服务创新，以下我们分别从金融体制、金融产品、金融服务模式等方面观察其小微企业金融服务创新，分析其推进这类金融业务创新的瓶颈，并结合当前的经济和金融形势提出相应的对策。

第二节　城市商业银行服务区域小微企业的金融体制创新

完善的内部管理体制机制，是提高城市商业银行小微企业金融业务核心竞争力的关键，也是银行可持续发展的重要基石。目前，大多数城市商业银行已逐渐建立起了与小微企业业务发展相适应的体制机制，然而在组织架构、人才培养、风险管理、信息共享等方面仍存在一些不合理之处，未来必须结合自身

---

① "四单原则"是指银监会2010年初对银行业金融机构提出的在经营机制上落实小企业信贷倾斜政策的要求，即单列信贷计划、单独配置人力资源和财务资源、单独客户认定与信贷评审、单独会计核算，构建专业化的小微企业金融服务考核体系。

实际创新内部管理体制机制,提升服务小微企业和地方经济的能力。

一、创新组织架构,助力小微金融

组织架构是银行组织内部资源、开展业务经营、实现高效管理的基本保障。建立一套与小微企业金融服务相适应的组织架构,是提升商业银行小微企业金融服务能力及风险控制水平的重要手段。2008年12月银监会发布《关于银行建立小企业金融服务专营机构的指导意见》(银监发〔2008〕82号)以来,各类商业银行陆续设立小企业金融服务专营机构,这类专营机构的组织架构大致有以下四种:分级管理制、事业部制、独立准法人制、专业支行制。其中,分级管理制是国有商业银行总行的公司业务部或中小企业部分级指导和条线管理小微企业信贷业务所普遍采用的方式,而城市商业银行根据各自的情况分别采用了另外三种组织架构。

(一)事业部制

事业部制的小微企业金融服务专营机构,一般是自上而下在总行和分(支)行设立中小企业事业部,专门负责中小企业信贷等业务的经营和管理。事业部相对独立,实行集中决策下的相对分散经营,将小微企业的信用评价、授信审批、贷款发放、贷后管理等中后台业务,按照"信贷工厂"的模式集中由专营机构进行流水线处理。事业部制是目前规模相对较大的城市商业银行较为普遍采用的一种模式,这类专营机构在总行统一管理的框架下负责全行小微企业金融业务的经营管理,有助于统筹和协调行内资源,提高小微企业金融产品创新的专业化和系统性,使小微企业金融服务流程更加规范和富有效率。事业部制的运作模式要求城市商业银行在专业化人才培训、产品创新、服务流程、风险管理等方面具有较高的管理水平,真正建立起这种模式的城市商业银行多数为规模相对较大、经营管理和风控能力较强的城市商业银行(如南京银行、宁波银行、哈尔滨银行、九江银行等)。

(二)独立准法人制

独立准法人制的小微企业金融服务专营机构,是具有独立的营业执照,在总行框架内以准法人或准子银行体制运作的专营机构,往往以"小企业金融服务中心"的名称挂牌。这种所谓"离行经营模式"的专营机构,集产品开发、渠道建设、市场开拓、财务核算、信贷审批和风险管理等职能于一身,人财物相对独立，统筹全行小微企业金融服务的前台营销和后台管理。2009—2017 年，吉林银行、河北银行、齐商银行、上海银行、晋商银行、郑州银行、湖北银行、桂林银行、洛阳银行、北部湾银行、威海市商业银行的小企业金融服务中心分别先后获得监管部门批准，成为持牌的独立准法人专营机构。

（三）特色支行制

特色支行制的小微企业金融服务专营机构，一般是在小微企业资源相对丰富的工业园区、商贸物流集散地、大型商圈等处，重点围绕某一中小企业集群的个性化金融需求，设立（或重构）具有浓厚特色的专营支行，并在一定限度内授予其小微企业贷款审批的自主权。与事业部制的小微企业金融服务专营机构相比，特色支行这一小微企业金融服务专营机构，无论在组织架构变革还是在人力资源调配、运营成本的控制等方面，都更具操作上的经济性。因此，这种组织架构对于那些资源相对不足、管理能力欠强、信息系统较弱的城商行来说更易推广。同时，这种差异化、特色化组织架构，也有利于提高专营机构对细分市场的挖掘深度，提升其精细化管理水平。以长沙银行为例，该行选择政府支持、配套条件完善、产业集聚效应较好的高新技术园区和专业市场，分别成立了工程机械、轨道交通、医疗器械、汽车配件、花炮、科技、环保、文化等行业或市场特色支行，与当地支柱、特色产业的小微企业深度对接。再以临商银行为例，该行根据当地市场的特点，分别组建了小商品市场特色支行、化工市场特色支行、钢材市场特色支行等不同专业市场的特色支行，并针对周边环境、客户群体来定位特色支行小企业金融服务的个性化运营模式，既相对精准地满足了细分市场小微企业的金融需求，又避免了行内各支行间的同质化竞争。

【案例 2-1】

湖北银行小企业金融服务中心

湖北银行是位于武汉市的一家城市商业银行，于 2010 年在原宜昌、襄阳、荆州、黄石、孝感等 5 家城商行的基础上，采取新设合并方式组建而成。该银行于 2014 年设立小企业金融服务中心，实行事业部制的管理模式，以单独的部门、单独的队伍、单独的考核、单独的信贷系统、单独的资源配置开展小微金融服务。据统计，湖北银行小企业金融服务中心自成立以来，用 60 亿元左右的信贷规模，创造了大企业贷款 180 亿元的贷款收益，仅占用经济资本 3.6 亿元，约为大企业贷款经济资本消耗的 1/4。在小微金融服务方面，湖北银行小微金融服务中心的许多做法都值得其他银行借鉴。

创新风控模式

湖北银行引进德国 IPC 小微信贷技术，在风险控制上坚持"眼见为实"和"交叉检验"两大核心原则，通过"三品三表"（即人品、产品、押品；税表、水表、电表）收集和核实企业相关信息，自编小微企业"三表"（即资产负债表、利润表、现金流量表），将数字化的"硬"信息和社会化的"软"信息相结合，有效控制了信贷风险。

创新产品体系

在产品创新方面，湖北银行研发出了"额度可大可小、押品可有可无、定价可高可低、期限可长可短"的系列小微企业贷款产品，如"微贷款""闪贷""房易贷""快捷贷""超额贷""成长贷"等产品，基本可以满足绝大多数民营和小微企业不同成长阶段的融资需求。

创新服务模式

在服务模式上，湖北银行积极探索互联网新服务模式。作为省内首批"银税互动"试点行，湖北银行正在大力推动"税易贷"平台系统建设。通过导入纳税信息、风险建模、大数据分析，"税易贷"不仅可以批量获客，还能"秒批秒贷"。

此外，为提高审批效率，湖北银行还创新了授信模式。在小微业务授信审批上，湖北银行实行矩阵式授权模式，将贷款审批权授予最了解市场和客户的一线业务人员。200 万元以下的贷款只要 2 名有权限的客户经理即可组成贷审会进行审批。

完善征信体系

为了解决银企信息不对称的难题，湖北银行加强银政企合作，深入商圈、工业园区、大市场。例如，在汉正街商圈，湖北银行小企业金融中心将这块市场细化为金融网格，为每一个网格设立了"网格员"。

二、明确分工强化激励，改进考核提高实效

做深做透小微企业金融服务，不仅需要政策支持以及适合自身情况的专

营机构，更需要培养了解小微企业生产经营相关的专门人才，特别是既懂业务又懂技术的复合型人才，并改进绩效考核机制强化此类人才的激励约束。

(一) 通过分工增强专注意识，针对业务特性培养专才

专门化的人才队伍是有效经营小微企业金融业务最重要的资源，城市商业银行应加强培养专注于小微企业金融服务的营销团队和管理团队。尽管大多数城市商业银行定位于服务小微企业，但其信贷业务人员以往一般同时办理大中型企业和小微企业的业务，缺乏专注于小微企业金融服务的人才。因此，城市商业银行有必要在组建小微企业金融服务专营机构的同时，对经营团队进行专业化分工，对办理小微企业贷款业务的人员进行差别管理，并针对服务对象的特点进行业务技能培训，培养一批真正能够胜任小微企业金融服务的专门人才。通过信贷人员的合理分工，能够增强小微企业贷款人员"弯下腰"服务小微企业的意识，也能进一步加强小微企业贷款的风控管理，从而提高小微企业贷款的整体效率和效益。台州银行对客户及信贷人员进行分档管理，信贷人员经办业务权限与其风险控制专业技能等级直接挂钩——微贷资格的信贷人员经办30万元以下的信贷业务，小贷资格信贷人员经办100万元以下的信贷业务，初级资格信贷人员经办300万元以下的信贷业务，中级和高级资格经办300万元以上至规定限额以下的信贷业务。在分工的基础上，台州银行自2011年开始与台州科技职业学院合作，建立小微金融人才培养基地，配备具有银行从业经验的"双师"型教师授课培训，通过"干中学"拓宽小微金融专门人才的知识结构，提升了他们的业务能力。

(二) 改进绩效考核，强化激励约束

一般而言，小微企业符合银行要求的抵押物较少，信誉也不及大中型企业，对其征信的成本也较高，办理小微企业贷款业务比较繁琐。而且，小微企业的不确定风险更大，业务经办人员担心贷款坏账影响自身业绩，往往不太愿意受理小微企业金融业务。一套适合小微企业信贷业务人员的绩效考核机制，是提高城市商业银行小微企业信贷效率的关键要素。科学合理的绩效考核机制不仅能最大化激发他们的工作热情，还能在很大程度上降低银行的财务成本。目前，不少城市商业银行优化小微企业金融服务的绩效考核机制，适当放宽小微企业不良贷款容忍度指标，实行差异化考核。对于经办小微企业贷款产生不良贷款的人员，在无违反法律法规行为的前提下，认定其勤勉尽职履责，免除其合规

责任。对于既增加了小微企业贷款又保证了贷款质量的经办人员，按照市场化原则给予奖励和职级晋升的政策倾斜。在完善激励机制的同时，也要强化约束机制，防范小微企业信贷经办人员渎职所引致的风险。作为全国小微企业金融服务的先进样板，泰隆银行结合实际摸索出一套行之有效的绩效考核办法。该行对从事小微企业金融服务业绩突出的员工，采取包括薪酬、股权、住房、车辆、旅游、职业发展通道等多维度的激励。同时，在责任管理目标既有较强约束效力又有一定的灵活性。例如，客户经理的考核指标中，与贷款质量指标挂钩占16%，且此指标与占比60%的存款规模指标实行"滚动式比例互换"。对于不良贷款，经责任认定为主观原因所致，按照"谁发放，谁负责，谁收回"的原则永久担责，并按责任认定及贷款损失程度采取行政处分和经济处罚并处。既强化了约束机制，也增强了激励效应。

三、根据对象改进"三查"，有效提升风控技术

小微企业平均生命周期较短、财务管理不甚规范、业务经营信息不对称，商业银行向小微放贷的风险相对较大。为了使小微企业贷款业务在商业上可持续，一些城市商业银行根据小微企业的特点不断改进贷前、贷中、贷后"三查"的方式，形成了适合小微企业金融业务的风控机制。

（一）重视贷前细节调查，全面了解客户真相

做好贷前调查，首先要了解小微企业的信用情况。除了通过人民银行征信系统及全国信息公示平台等途径查询小微企业及其重要股东的信用状况之外，还需侧面了解小微企业法人代表人的人品、爱好、习性、才干、人缘、口碑、社会地位等情况。其次，需审核小微企业的银行流水与财务报表。通过分析其资产、负债、所有者权益、经营收入、经营成本、资产结构、负债比例等，判断小微企业经营情况是否正常以及是否具有一定的成长性。为了防止小微企业财务报表造假而作出错误的决策，需要分析财务数据之间是否具有合理的关系，并对照工商部门、税务部门的相关信息，判断财务报表信息的可靠性。最后，需审核小微企业主体经营的合法性，查验其营业执照、纳税凭证、特定行业经营许可证等。仅凭财务报表等静态数据，往往难以反映某些小微企业的发展潜力。因此在进行贷前调查时，须从多个维度考察小微企业的偿债能力（如技术创新的先进性、市场运作成长性和未来盈利可能性等），并通过系统的评估作出

是否对其贷款、贷款额度和利率标准等决策。有时还需要凭借切合小微企业特征的征信手段，细致全面地了解其经营状况的真相。

在小微企业贷前调查方面，城市商业银行根据不同的资源状况形成了一些实用的调查模式：一是传统的"蜜蜂模式"。这一方式基于城市商业银行在社区的熟人网络，信息不对称程度天然较低，每个业务人员在有限区域（方圆数公里以内）通过类似蜜蜂采蜜式的精细调查，跟踪有限的小微企业（经验数据通常为100家以内）。并在常规的财务报表之外选择关键的基础信息源，深入实地了解小微企业的真实经营状况、信用记录、社会声誉及市场评价等等"软信息"。以泰隆银行为例，该行提出了一套基于"三品三表"[①]及侧面打听、交叉验证来防范小微企业申贷信息失真的调查技术。"三品三表"根据"到户调查"和"眼见为实"的朴实经验，侧面打听则可作为正面调查的有效补充，交叉验证用以判断各种信息的真伪。泰隆银行的客户经理主要不是坐在银行办公室查阅小微企业财务资料，而是深入田间地头、工厂作坊、各类市场，通过"浸泡式"的近距离接触，了解小微企业真实经营情况。实践证明，泰隆银行的上述贷前调查技术对于发现问题和事先控制风险非常有效。正因为如此，尽管其90%以上的贷款没有抵押和质押，但成立25年来不良贷款率一直控制在1.5%以下，其成功经验也得到了国务院等部门的高度关注，先后5次被中国银监会授予"全国小微金融服务先进单位"。二是与互联网科技公司合作的大数据征信模式。近年来不少城市商业银行纷纷拥抱金融科技（FinTech），利用大数据和移动互联技术，再造小微企业信贷业务新流程，通过建立客户筛选模型，提高贷前调查的效率。但因人才、成本等因素，实力较弱的城市商业银行很难在短期内构建完善的大数据和智能风控系统，借助外部互联网科技公司的力量开展小微企业贷前调查成为务实的做法。如贵阳银行与国内著名金融大数据服务平台"元宝铺"（由浙江电融数据技术有限公司开发）合作开展"电商贷"和"商超贷"，通过后者开发的FIDE（数据化信贷解决方案），借助对应用场景深度理解的小微贷款模型，大大提升了贷前调查的效率和风控的精准度。

（二）动态摸准经营状况，提升贷中风控能力

做好贷中风险控制，必须对小微企业的经营情况进行实地调查，动态摸准

---

① 所谓"三品"，即人品、产品和物品；所谓"三表"，即水表、电表和报关表。

小微企业的真实经营状况和还款能力。贷中审查一般重点审核贷款用途是否合理，客户提供的资产负债表、损益表、现金流量表等财务资料是否与实际情况相符，营业收入和营业成本是否真实，抵押物或质押物是否可靠，申贷的各项法律文件是否齐全。并对存货进行现场清点，核实应收账款的原始单据和银行流水，对客户的整体经营情况进行多维度的盘查，便于有效地进行交叉检验。一些城市商业银行通过完善相关操作流程，对贷款操作风险进行严格控制。一是建立统一的操作流程，实施内控稽查，对违规操作严厉处罚。二是重要岗位采取双人授权机制，最大限度地降低道德风险和操作风险。三是加强科技投入完善风控系统（如业务稽查系统、联网监控系统等），运用科技手段强化操作风险的防控。以兰州银行为例，小微企业贷中风险控制的经验主要体现在以下几点：一是深入小微企业现场摸底。通过实地了解客户生产经营情况和财务状况，最大限度地实现信息对称。二是合理确定准入门槛。根据不同行业的经营情况，因地制宜地确定客户的准入门槛，防范小微企业因能力不足而难以持续的经营风险。三是严格测算客户主营业务资金需求。兰州银行不仅规定小微企业只能将信贷资金用于主营业务，而且采取"饥饿资金供应"策略确定授信额度，以规避小微企业盲目扩张而带来的风险[①]。四是打造"智能行为风控平台"，该平台在交易数据分析的基础上增加用户终端安全数据维度和用户行为维度信息，通过大数据分析实时发现客户的欺诈行为，有效提升贷中风险防控能力。

（三）跟踪排查企业隐患，及时控制贷后风险

做好贷后风险控制，要在贷款发放后定期地对小微企业进行拜访与监控，确保其能够按照约定的贷款用途合理使用资金，并跟踪其生产经营状况，以便及时发现问题，并迅速采取相应的措施应对风险。同时，根据小微企业现金流情况的变化，适时调整本息还款方式（如将到期偿还改为分期偿还），以避免小微企业经营能力持续下降而导致的逾期风险。另外，需定期抽查小微企业经营的相关单据（如进货单、销售单、银行流水、缴税凭证、与下游签订的合同等），以核实其经营情况是否正常。需要对小微企业的贷款抵押物实时监控，保证其未受损坏或出现重大变化，防范抵押物的市场价值大幅下降或产权变化所导致的风险。兰州银行通过了解借款人的经营情况，按照经营和回款特点，对借款人的还款方式做出不同规定，采用多样式本息偿还方式，既不影响客户的

---

① 房向阳. 兰州银行支持小微企业的实践与探索［J］. 甘肃金融，2012（04）：47–49.

正常经营，又能保障银行的利益。此外，该行于 2017 年同北京海致星图科技公司合作，通过知识图谱、机器学习、NLP（自然语言处理）等技术对小微企业进行动态信用评级，强化金融科技手段在贷后风控管理上的精细应用。与兰州银行类似，重庆银行也与成都数联铭品科技公司联合打造的大数据金融风控平台"Holo Credit"进行贷后风险控制，通过智能化的贷后监控预警有效识别风险，在提高小微企业贷款管理效率的同时降低了相关的运营成本。

四、优化审批机制，提高业务效率

小微企业信贷审批效率，是衡量城市商业银行的该项业务竞争力的重要标准。为了更好服务小微企业和提高其业务竞争力，不少城市商业银行从以下几个方面入手，切实提高小微企业信贷业务审批效率。

（一）细分客户类型，简化审批流程

传统的贷款流程比较适用大中型企业的大额贷款申请，对于单笔额度较小、笔数较多的小微企业贷款不太适用。部分城市商业银行在实践中针对小微企业贷款的特征，通过细分客户优化信贷流程，即按客户风险的差异性对其分类，针对不同风险等级的小微企业，使用不同的信贷流程。一般将小微企业贷款的风险分为高、中、低三个等级，对于风险较高的小微企业，往往要求客户增加抵押或担保，并在贷款调查时关注其潜在风险和制定风险防范预案；对于风险较低的小微企业，则适当简化贷款的调查、审查、审批流程，提高贷款发放的效率。宁波银行在开展小微企业金融业务时形成了信贷打分卡技术，该技术通过对小微企业的财务状况、纳税情况、用电量、用水量、职工工资发放情况以及小微企业主的人品、习性等多项财务、非财务指标进行分析，并根据其引致风险的重要性对每一项指标赋予相应的权重，以此为依据对每一个申请贷款的小微企业进行测评，最终按企业分值高低确定该笔贷款的风险程度。信贷人员以测评数据为基础，并辅之其他方面的调查分析做出授信与否以及授信额度的决策。通过信贷打分卡技术进行风险分级，简化了该行小微企业信贷的审批流程。

（二）区分不同资信等级，分类实施差别贷审

为了提高贷款审批效率，不少城市商业银行制定个性化的审批方案，对资信等级不同的小微企业（如新老客户、不同规模的客户）采取差别管理的方法。

对那些资信情况较好且与银行保持长时间合作关系的小微企业,在贷款审批上适当简化审批程序,省略一些无须考证的步骤,以减少审批等待时间,使这类老客户能够快速获得贷款。泰隆银行对不同资信等级的小微企业采取"三三制",即老客户 30 分钟、新客户 3 个小时放款,几乎所有层级都拥有信贷审批权限,最低层(信贷片组层级)有发放 10 万~300 万元贷款的审批权限[①]。通过对业务一线差异化授权的方式,实现了效率提升和风险控制的有效平衡。此外,泰隆银行采取按信用证明量化审批流程的措施,根据客户提供的信用证明将原本一整套的审批方案进行适当的精简,进一步缩短贷款审批的时间。

五、借助信息共享平台,有效降低征信成本

小微企业存在严重的信息不对称问题,大大制约了银行小微贷款业务的发展。不少城市商业银行除了利用金融科技不断提升自身的征信能力之外,还借助外部资源拓展信息渠道。当前,我国金融征信系统、商业征信系统和行政征信系统不断完善且部分打通,综合性信息共享平台正在形成。城市商业银行通过与政府部门、同业联盟等密切合作,引入外部各类数据信息,通过决策引擎等风险管理量化工具,有效融合小微企业的结构化信息(如经营规模、职工人数、资产状态等信息)和非结构化信息(如纳税情况、水电用量、专利成果、报关金额、法律纠纷等信息),相对客观和精准地评估小微企业的发展态势,高效搜寻潜力大、前景好的小微企业客户群体,主动为小微企业提供高质量服务。

(一)利用政府公共平台,助推信用信息共享

城市商业银行仅凭自身力量可收集到的信息有限,加强与国家信息中心、人民银行征信系统、地方政府部门信息平台的合作,可在较大程度上改善开展小微企业金融服务的信息不对称问题。同时,城市商业银行与上述政府公共信息平台合作,可推动各类信用信息的共享,推进守信联合激励和失信联合惩戒措施在金融领域中的广泛应用。以江苏银行为例,该行 2017 年与国家信息中心签署《关于加强信用信息共享的合作备忘录》,借助其全国信用信息共享平台和"信用中国"网站获取包括企业基本信息、企业经营异常名录、重大税收违法案件当事人名单、失信被执行人信息等公共信用信息。江苏银行根据小微企业金

---

① 朱尔茜. 小微企业融资的"泰隆模式"[J]. 中国金融,2017(18):91-92.

融业务的需要,对公共信用信息进行加工整理,对守信的小微企业授信给予一定的激励,对失信的小微企业不予授信或给予某种限制。此外,一些城市商业银行还通过与地方工商、地税、公安、环保、质监、电力等多个部门合作,多方获取小微企业的翔实信息,通过整合信息资源和建立智能风控平台,厘清企业与企业、企业与股东之间的投资关联、担保关联关系,实现申贷小微企业风险预警、信用自动评分等增值服务。长沙银行与湖南省工商局、税务局、人社局等政府机构及公共事业机构保持长期密切合作,可便捷地获取当地小微企业的工商、税务等企业基础数据,从而主动选择成长性好、盈利能力强、风险可控的小微企业实行精准营销。正因为如此,截至 2018 年一季度末,该行小微企业款余额为 606.1 亿元,占公司贷款比例为 52.72%,不良贷款率仅为 1.08%。

(二)打破信用信息"孤岛",建立同业互助联盟

在互联网时代,商业银行降低信息获取成本离不开科技手段的支持。对于城市商业银行(特别是实力相对较弱的城市商业银行)而言,单凭自身力量增加科技投入和建设强大的智能信息平台往往面临较大的成本压力。因此,不少城市商业银行采取"抱团发展"构建信息合作联盟的战略。2016 年,中国银行业协会城市商业银行工作委员会发布"关于建立城商行科技合作平台的倡议书"①,提出以下合作建议:一是构建开放式合作平台。秉承"协同创新、优势互补、互利合作、共赢发展"宗旨,打造城市商业银行之间、城市商业银行与其他金融机构之间以及城市商业银行与 IT 技术服务方之间信息共享、业务合作、发展创新的平台。二是探索全方位合作模式。倡议各城市商业银行、其他金融机构以及 IT 技术服务商加入合作圈,充分发挥各自优势,探索联动开展信息科技合作的模式。三是建立常态化合作的机制。广大城市商业银行通过深度融合,共享小微企业信息,共同筛选 IT 开发和集成外包服务等资源,保障科技合作平台可持续运作。以山东省城市商业银行合作联盟有限公司为例,该联盟 2008 年经中国银监会批准成立,是国内首家专门从事银行金融科技服务的非银行金融机构,为成员行提供核心业务、互联网金融、外联业务、大数据服务等信息科技全面解决方案,以及咨询、培训等多元服务。增加金融协同性,提高金融资源使用效率。重庆银行 2016 年与成都数联铭品科技有限公司联合打造的大数据

---

① 具体内容参照中国银行业协会网站:http://www.china-cba.net/bencandy.php?fid=288&id=16381.

金融风险控制平台"Holo Credit",通过整合传统商业银行数据、政府数据以及外部公开数据打通信息孤岛,借助基于大数据的风控模型有效识别信贷风险,既扩大了该行小微企业金融服务的覆盖面,又通过风险评估线上化降低了该行小微企业贷款征信和风控的成本。

第三节　城市商业银行服务区域小微企业的金融产品创新

满足小微企业的金融需求是小微信贷产品创新的出发点和落脚点,也是实现城市商业银行可持续发展的基础。小微企业具有数量大、行业分布广、融资需求多样化等特点,且其实力较弱、管理不甚规范、信息透明度低、缺少常规的融资抵押物。城市商业银行必须不断提高创新能力,才能根据小微企业的特点量身定制符合其需求的系列信贷产品。近年来,不少城市商业银行注重对小微企业金融产品的研发,从多种维度积极探索相关金融创新。本节将城市商业银行小微企业金融产品创新分为以下几种模式:一是针对担保方式开展的产品创新。这种模式要求城市商业银行突破要求企业提供房产抵押或其他优质担保抵押物的传统融资模式,采取更加多变灵活的担保方式,有效解决小微企业因缺少抵押物或担保而难以融资的问题;二是根据小微企业生命周期开展产品创新。根据小微企业生命周期不同发展阶段的资金需求特点,设计系列金融服务方案以供处于不同阶段的小微企业客户选择;三是针对小微企业行业细分市场开展产品创新。立足于当地经济社会实际情况,深度挖掘特色行业,开发针对性的金融产品。四是基于保理业务开展产品创新,该业务是一项以债权人转让其应收账款为前提,集融资、应收账款催收、管理及坏账担保于一体的综合性金融服务。

一、针对担保方式开展的产品创新

城市商业银行的小微信贷担保方式创新主要体现在以下几个方面:一是动产质押融资方式创新。包括应收账款质押、股权质押和存货、仓单质押等动产质押融资。2016年以来，银监会会同有关部门积极推进动产质押融资试点，江苏银行联合无锡感知集团协同开展物联网金融创新试点工程，利用物联网技术建立的智能仓库可以对质押物的重量、位置、形状轮廓、存储状态、异常入侵等关键信息进行实时监管，提升预警时效和应对突发事件的响应能力，破解了传统动产融资的风控难题。该行首选无锡不锈钢市场进行试点，开展线上物联网动产质押融资业务。据测算，这种基于物联网技术的动产质押融资业务，不仅可以提高信贷管理效率4～5倍，使业务成本比传统动产质押融资降低70%～80%，而且还能够降低小微企业的融资成本（2017—2018年期间贷款平均利率为5.6%）。二是无形资产质押融资创新。目前，知识产权的价值日益受到重视，且知识产权交易市场在政府大力推动下正在有序发展，一些城市商业银行推出以商标权、专利权等无形资产进行质押的融资产品。如长沙银行在当地政府《知识产权质押融资贴息和补助管理办法》的激励下，扩大知识产权质押贷款业务，2013—2017年，共为近百家科技型小微企业提供10余亿元专利质押贷款。江苏银行根据常州地区小微企业众多、担保偏弱的情况，2016年推出"资托贷"担保贷款产品，通过政、银、企三方合作的担保方式，将小微企业的土地、厂房等资产与当地政府签订托管协议，再由当地政府指定的乡镇投融资平台为企业担保，江苏银行综合考虑企业的经营实力、市场潜力以及所托管的资产，优选若干小微企业开展担保贷款试点。厦门银行于2019年初推出"知担贷"产品，该产品以企业的专利权质押作为主要担保措施、以其他担保措施做补充，使得企业的专利权得以盘活，促进企业专利技术的研发、转化与运营，有效突破了轻资产的科技型中小企业因缺乏保证或抵押物而难以申请贷款的困境。三是与担保公司、保险公司合作开展融资担保模式创新。一些城市商业银行与担保机构签订相关协议，规定担保机构以较低的费用、较低的反担保为小微企业提供融资担保，在覆盖风险溢价的前提下降低小微企业担保贷款成本。一些城市商业银行与保险公司合作推出形式多样的贷款保证保险，小微企业购买该类保险即可申请城市商业银行的贷款。2014年郑州银行与多家保险机构合作，在国内首创"银行+共保体"融资新模式，为缺抵押、缺担保的小微企业提供集群承保和共同增信条件下的贷款服务。在担保贷款创新方面，宁波银行的产品相对丰富，在该行的"金色池塘"系列中小企业金融服务产品中，为具备不同担保条件的小微企业量身定制了不同的金融服务方案，各产品的具体担保方式可见表2-1。

表 2-1　　　　　宁波银行"金色池塘"系列担保贷款

产品名称	担保方式
诚信融	无须提供任何抵押或企业保证，只需追加业主夫妇保证即可
联保融	若干家无抵押资产的企业提供保证贷款，各企业只需缴纳较低比例的保证金
业链融	以应收账款进行质押并作为主要还款来源

二、根据小微企业生命周期开展的产品创新

处于不同生命周期阶段的小微企业，具有不同的资源禀赋及不同的资金需求特点。一些城市商业银行针对小微企业不同生命周期阶段的特点，有针对性地开发系列个性化金融产品。在小微企业初创阶段，一些城市商业银行针对小微企业自身资金匮乏，资信水平欠缺、风险承担能力有限的实际情况，在对其发展能力进行评估的基础上，选择成长性较好的小微企业提供设备融资、厂房抵押融资、订单融资等贷款产品，解决小微企业初创阶段生产经营资金不足的问题。对于成长期的小微企业，处于该阶段的小微企业实力已有所增强，其融资需求主要是快速推进产品的进入市场，一些城市商业银行除了抵押贷款之外，也给予一定额度的信用免担保融资，帮助小微企业步入快速发展的高成长轨道。对于成熟期的小微企业，因其实力已明显增强，城市商业银行往往在继续给予其各种信贷支持的同时，协助其依托多层次资本市场开展直接融资（包括私募股权融资、争取 IPO 和发行中小企业债等方式）。以南京银行为例，该行针对不同阶段的小微企业，推出了覆盖小微企业全生命周期的系列金融产品（如表 2-2 所示）。

表 2-2　　　南京银行针对小微企业生命周期特点的系列产品

企业所处阶段	产品类型
初创期企业	信鑫贷、微贷通等产品，以企业订单为主，提供第一笔履约资金
成长期企业	运用科贷通、股权质押、投联贷等产品，利用企业专利、股权等无形资产进一步增信
成熟期企业	小巨人信用贷、税联贷、倍增贷等产品，通过各种担保方式组合解决企业资金需求

三、针对小微企业所处行业特征开展的产品创新

小微企业所处行业各具特色,各个细分行业小微企业的金融需求差异较大,这既加大了城市商业银行开展小微企业金融产品创新的难度,也为其小微企业金融专营机构的发展提供了契机。研发适合各种细分行业小微企业的金融产品,要求城市商业银行深入具体行业,充分了解小微企业金融服务的供求矛盾及其症结。不少城市商业银行根据其所处区域特色行业的发展状况及资金需求特点,开发出一系列特色金融产品。例如针对科技型、环保型、文化类小微企业的信贷产品创新,一些城市商业银行在推进一般小微企业金融产品标准化批量发展的同时,兼顾特色行业小微企业的融资需求,设计个性化的产品及服务方案。长沙银行针对不同行业的小微企业推出了一系列特色化的产品,如针对科技产业小微企业的"基金宝""三板贷",针对环保企业的"排污权质押""合同能源管理贷款"金融产品,针对烟花产业的"花炮存货不移库浮动抵押业务"等①。厦门银行根据厦门地区科技型小微企业发展的实际情况,与厦门市科技局、担保公司、保险公司合作推出"科技担保贷""科技银保贷"以及精准针对专利融资的"知担贷"等产品,根据福州地区汽配行业小微企业集群推出"汽配专案"及"税 e 融",根据南平地区、三明地区农林类小微企业发展的需要,推出"农牧贷"和"林权贷"等产品②。

四、针对小微企业应收账款保理开展的产品创新

商业银行业的保理业务,是指有融资需求的企业将自身的应收账款转让给银行,银行为其提供应收账款质押贷款、应收账款催收、应收账款管理、坏账担保等综合金融服务。近年来,城市商业银行为有效盘活小微企业的应收账款和开展产品创新,探索线上线下结合的保理业务。以江苏银行为例,该行推出基于供应链融资的保理产品,根据不同制造业企业的生产经营特征和上下游情况,有针对性地开展供应链保理业务,单独嵌入供应链的某一环节,或提供组合式的供应链金融全面解决方案。2018 年 5 月,江苏银行以北汽集团为核心企

---

① 欧阳识远. 长沙银行小微企业金融业务竞争战略研究 [D]. 湖南大学,2015.
② https://baijiahao.baidu.com/s?id=1626152243927034090&wfr=spider&for=pc.

业，为该集团上下游提供国内保理、应收账款质押贷款等供应链融资业务，通过对该集团整条产业链物流、资金流和信息流的全面整合，为整个产业链上的小微企业群体提供基于供应链的保理服务。广东南粤银行小微金融部和贸易融资部共同开发反向保理产品，小微企业将其所拥有的对产业集群核心企业的应收账款转让给银行，银行即可对其进行放款。考虑到最后还款的基础是核心企业的信用及其销售回款，广东南粤银行在反向保理融资审批过程中一般直接对核心企业进行评估，尽量减少小微企业的准入条件。

第四节　城市商业银行服务区域小微企业的金融模式创新

目前，城市商业银行的金融服务模式主要还是面对大中型企业，传统的服务模式难以适应小微企业市场的需要。用传统模式给小微企业发放贷款不仅审批效率低下，还增加了银行的运营成本，降低经济效益。因此，创新小微企业金融服务模式，是破解小微企业融资难题、助力城市商业银行健康发展必要举措。10余年来，城市商业银行主要探索了以下几种新型小微金融服务模式。

一、整合产业链群资源，实现企业信用捆绑

一些城市商业银行通过产业链模式和产业集群模式，开展小微企业金融服务模式创新。所谓产业链模式，是指在开展小微企业金融业务时，通过深入调查当地经济发展情况，筛选出适合发挥自身资源优势的产业链作为业务载体，并与产业链中的核心企业开展密切合作，针对核心企业的上、下游小微企业推广合适的金融服务。所谓产业集群模式，则是根据当地经济发展特色，选择某些产业集群作为业务发展的载体，通过加强与产业集群的管理者或者相关商会、行业协会的合作，为产业集群中的小微企业提供多元化的金融服务。无论是产业链模式还是产业集群模式，既能够帮助城市商业银行降低经营成本和防范风险，也有助于为产业链上和产业集群内的小微企业提供精准的金融服务。一般而言，首先，城市商业银行会以某个特定的核心企业或行业协会为紧密合作伙

伴，在此基础上整合产业链或产业集群的资源，推动企业之间的信用捆绑，进而批量开发小微企业信贷业务，通过流水作业实现规模效应，达到降低经营成本的目的。其次，城市商业银行从中批量获得相对可靠的小微企业信息，便于对小微企业的所提供的信用资料进行交叉印证，降低信息采集成本和减少信息不对称的风险。最后，城市商业银行利用处在产业链或产业集群中的小微企业的自律意识①，形成信用增级和节省监督成本的效应，在一定程度上减少小微企业的道德风险和违约风险。

产业链模式与产业集群模式均有利于城市商业银行实现规模效应和降低违约风险，但两者也有一定差异。产业链模式主要是以核心企业为基础，沿着产业链上下游去发现优秀的小微企业客户，从产业链全流程纵向拓展小微企业金融业务，因此，城市商业银行须对整条产业链业务较为熟悉、并有一批复合型人才组成的专业团队，针对产业链上下游小微企业的个性化金融需求不断创新金融产品。产业集群模式则是以某一产业聚集区为主要营销对象，从横向拓展小微企业金融业务。由于某一产业聚集区小微企业所经营的业务比较相似，因而对城市商业银行专业团队的知识结构要求相对较低。同时，将有限的资源集中于某一区域内，有利于在城市商业银行所在地实现信贷业务的规模效应。不少城市商业银行根据各自资源状况和当地产业发展的特点，因地制宜运用产业链模式或产业集群模式拓展小微企业金融业务。

河北银行利用产业链和产业集群模式开展小微企业金融业务过程中，以与其熟识的大型企业为核心企业，对其上下游的小微企业开展业务营销。例如，与和该银行有长期合作关系的惠友超市、北国商城等大型商业企业展开深度合作，从它们上下游合作伙伴中挑选经营管理好、信用水平高的小微企业作为营销对象，降低了信息收集成本。同时，利用惠友超市、北国商城等大型商业企业在产业链中的核心地位为小微企业进行信用增级，为产业链上的小微企业提供保理、动产质押、保兑仓、订单贷等金融服务，大大降低了小微企业的违约风险。河北银行也利用产业集群模式开展小微企业金融业务，针对香河国际家具城、白沟箱包城、辛集皮革城等产业聚集带的小微企业金融服务批量营销，积极与产业聚集带内的市场管理方、商会、核心企业等开展合作，利用它们在产业聚集带中的特殊地位摸清与其关系密切的小微企业的经营情况，筛选适合

---

① 产业链或产业集群中的小微企业，由于"同群监督""商圈声誉"等软约束，通常不会为了眼前的小利而做出损坏其信用的事情，故其有一定的自律意识。

该行业务的优质客户进行精准营销,为产业聚集带内小微企业提供租金贷、租权贷、商铺贷、市场贷,大大促进了保定白沟箱包市场、廊坊香河家具市场、石家庄辛集国际皮革城等特色专业市场的快速发展[①]。

二、依托海量数据,探索线上直销

近年来,以移动互联网、云计算、大数据和物联网为代表的新一轮科技创新,正在快速改变各类银行传统的经营管理方式。城市商业银行应用金融科技在不同程度上提高了小微企业金融服务效率,降低了运营成本,减少了银企信息不对称,有效控制了小微企业贷款风险。同时,各级政府也在积极推动金融科技在小微企业金融服务领域的应用,2015年国务院印发的《推进普惠金融发展规划(2016—2020)》提出,积极引导各类普惠金融服务主体借助互联网等现代信息技术手段,降低金融交易成本,延伸服务半径,拓展普惠金融服务的广度和深度。2017年中央"一号文件"提出,鼓励金融机构积极利用互联网技术提供小额存贷款、支付结算等金融服务。近年来,城市商业银行应用大数据、云计算、人工智能等高新科技,借力丰富的应用场景提升小微企业金融服务的精准度,在一定程度上缓解了小微企业融资难题。以江苏银行的直销银行"聚益宝"稳银计划业务为例,该行通过新型风控体系实现了小微企业贷款全流程风险管控,在业务发起及审批时,利用大数据对小微企业财务数据进行综合分析,筛选符合信用等级要求的小微企业进行授信。同时,该行的直销银行在业内率先使用权威认证机构 CFCA[②] 提供的"云证通"[③] 安全认证功能,客户只需下载一张"云证通"证书,不需要携带额外的物理设备,通过手机便可以便捷地进行线上签名和认证服务。安全性高于登录密码加支付密码验证方式。民泰银行投资3亿元打造线上直销银行,其直销银行APP平台主要提供民生应用、贷款、存款、支付、理财等5方面的服务,客户可通过电脑、手机等远程渠道获取银行产品和服务,具有纯线上操作、门槛低、方便灵活等特点。截至2018年1月,仅仅上线一年的直销银行APP平台,用户数就超过26万,累计发放小微

---

① 金晶.我国城市商业银行开展小微金融业务的问题与对策[D].河北大学,2013.
② 中国金融认证中心(China Financial Certification Authority,简称CFCA)是经中国人民银行和国家信息安全管理机构批准成立的国家级权威安全认证机构,是国家重要的金融信息安全基础设施之一。
③ "云证通"是一款通过云端下载的数字证书,用手机即可完成证书的存储与认证,大大提升了直销银行的安全性,从而更好地满足互联网时代快速变化的用户需求。

企业及个人贷款 2.3 万笔，贷款余额 12.7 亿元。

三、借力政府增信，共担展业风险

政府增信融资，是指商业银行依托政府主导的机构所提供的政策性担保、风险补偿、财政补贴等形成的风险分担机制，激励商业银行为小微企业提供贷款的融资服务模式。近年来，各级政府高度重视发展政府增信机制。2018 年，国务院决定由中央财政发起、联合有意愿的金融机构共同设立"国家融资担保基金"，首期募资不低于 600 亿元，采取股权投资、再担保等形式支持省（区、市）开展融资担保业务，带动各方资金扶持小微企业发展[①]。同时，各级地方政府也纷纷出资建立了政策性融资担保和再担保机构、风险补偿基金、财政直补资金担保等增信机构[②]。

政府增信融资服务模式有多种形式：一是"政策性担保公司 + 贷款对象"模式。由政策性融资担保公司对银行发放的贷款提供连带责任保证担保，当借款人不能履行债务时，由政策性担保公司代偿。商业银行在与政策性担保公司确定的担保合作额度内，对借款人发放贷款。例如，贵州银行与贵州省再担保公司及体系内的政策性担保机构合作，贵州银行对小微企业在担保合作额度内贷款损失，该行与担保体系按照 2∶8 进行风险分担。二是"政府风险补偿基金 + 贷款对象"模式。由政府设立一定额度的风险补偿基金，当借款人不履行债务时，由风险补偿基金进行代偿。商业银行按照风险补偿基金放大一定倍数，向借款人发放贷款。例如江苏银行与江苏省科技厅合作的"苏科贷"，该行基于与各级政府机构的合作创新风险补偿机制，建立信贷引导基金、风险补偿基金，按一定杠杆比例配套小微企业信贷资金。三是"财政直补资金担保 + 贷款对象"模式。商业银行向借款人发放贷款时以借款人可获得的财政直补资金作为担保，当借款人不能履行债务时，由财政直补资金进行偿还。商业银行根据贷款期限内的应收财政直补款项，对借款人发放贷款。这种模式在大中型银行以及农村商业银行涉农贷款中应用较多，鲜有城市商业银行应用。另外，"保险公司 + 贷款对象"也是类似于政府增信的一种常见的增信模式，银行向借款人发放贷款时，借款人投保保险公司的信用保险或保证保险，当借款人不能履行债务时，

---

① 中国政府网，http：//www.gov.cn/guowuyuan/gwycwhy/20180328c04/.
② 姜浩. 商业银行普惠金融信贷服务模式创新［J］. 银行家，2018（07）：116 – 119.

由合作的保险公司赔付代偿。以青岛银行与青岛市科技局联合推出科技型小微企业"专利权质押履约保险贷款"业务为例，该业务由青岛市科技局主导，引入保险公司，企业以专利权为质押获得银行贷款，贷款风险由科技局、保险公司、银行三方分担。

四、建立"信贷工厂"[①]，提高运作效率

针对小微企业信贷额度小、频次高的特点，一些城市商业银行以"信贷工厂"模式为小微企业提供服务。"信贷工厂"模式具有产品标准化、作业流程化、生产批量化、风险分散化、管理集约化、队伍专业化等特征。所谓产品标准化，就是根据不同类别的小微企业的融资需求进行标准化设计；所谓作业流程化，就是银行各个部门各司其职，专注于自身岗位的工作，严格按流程高效处理每笔业务；所谓生产批量化，就是指将所有的小微企业按区域、行业、特点等进行分类，对同类企业免去非必要的工序，提炼出最重要的步骤，实现小微企业信贷业务规模化的批量开发；所谓风险分散化，就是将小微企业信贷业务的信用风险在批量化的过程中分散细化，将操作风险降到最低；所谓管理集约化，就是通过后台统一管理及全程监督，由总行小微企业金融部门进行集约化管理；所谓队伍专业化，就是要求对小微企业信贷业务从业人员进行严格筛选培训，形成一支胜任力较强的专业化队伍。

厦门银行较早借鉴台湾同业经验，在小微企业金融服务中引进"信贷工厂"模式，对小微企业信贷业务实行流水作业，通过集约化批量处理提高运营效率。前台（客户经理、团队长）专注营销业务，中台（征信岗、审查岗）负责审核业务，后台（贷后管理）则专注于运营。清晰界定各个岗位的职能，实现授信标准化与风险集中管控，有效降低了小微企业信贷业务人员的道德风险、操作风险等风险，并提高了小微企业信贷业务的整体审批效率。贵阳银行的"数谷 e 贷"系列的小微企业信贷产品，也嵌入了"信贷工厂"的运作理念，并通过数据挖掘技术，采用人工 + 系统评分相结合的组合审批模式，构建简约有效的风险识别和计量体系，实现信贷业务的自动化、批量化审批，既提高业务办理效率，也在一定程度上降低了小微企业的融资成本。

---

① "信贷工厂"模式是新加坡淡马锡控股公司（Temasek Holdings）为弥补传统小微企业信贷流程的短板所创新的贷款审批模式，仿照工厂制造标准化产品的流程，对小微企业信贷业务进行批量处理。

五、银税信息互动，惠及诚信企业

"银税互动"金融服务模式是指利用"金税工程①"积累的企业税务信息对小微企业进行授信的融资模式。税务信息具有企业覆盖面广、信息维度多且信息准确度高、电子化存储等优势。此外，企业税务信息几乎覆盖所有生产经营行为，监管力度较大、数据真实可靠，能较大幅度还原企业的真实经营能力。为支持小微企业发展，推动银行业金融机构与税务部门之间的信息互通，创新小微企业金融服务方式创新，国家税务总局和银监会于 2015 年 7 月下发《关于开展"银税互动"助力小微企业发展活动的通知》，决定在全国范围内共同建立银税合作机制②。"银税互动"在依法合规的基础上，由税务部门、银监会派出机构和银行业金融机构通过协商，共享区域内小微企业纳税信用评价结果，助力小微企业健康发展。"银税互动"有利于解决小微企业信贷融资中信息不对称的问题，促进小微企业融资的可获得性，降低融资成本；有利于纳税信用评价结果的增值运用，促进小微企业依法诚信纳税；有利于银行业金融机构开发优质客户，判断企业诚信状况，改进服务方式。

不少城市商业银行积极与当地税务部门、银监会派出机构合作，通过"银税互动"金融服务模式促进小微企业良性发展，实现小微企业、金融、税务三方共赢。以江苏银行为例，该行的"税 e 融"业务就是"银税互动"的全自动在线贷款模式。"税 e 融"以小微企业纳税信用和数据信息为依据，所有正常纳税 2 年以上、纳税信用等级 B 级以上、无不良征信记录的小微企业，均可申请"税 e 融"服务。小微企业登录电子纳税大厅或江苏银行网银等入口，可以 24 小时在线提出贷款申请，江苏银行在税务部门授权范围内对申贷小微企业的纳税信息进行处理，系统全天候进行网上实时自动审批，小微企业可以在线签约，在 6 个月内随借随还，既满足了客户灵活用款的需求，也降低了客户融资成本。

---

① 金税工程，是吸收国际先进经验，运用高科技手段结合我国增值税管理实际设计的高科技管理系统。该系统由一个网络、四个子系统构成。一个网络是指国家税务总局与省、地、县国家税务局四级计算机网络；四个子系统是指增值税防伪税控开票子系统、防伪税控认证子系统、增值税稽核子系统和发票协查子系统。
② 具体内容参照国家税务总局网站：http://www.chinatax.gov.cn/n810341/n810755/c1756559/content.html.

第五节　城市商业银行小微企业金融服务创新的瓶颈与突围

一、展业能力短板待补，创新仍遇诸多瓶颈

（一）风险控制面临挑战

1. 小微企业违约风险高

小微企业大多存在管理不完善、报表不规范的问题，难以依靠其提供的财务信息评估其真实的信用水平，商业银行往往需要付出更多的人力和成本去比较、分析其经营状况及还贷能力，因而增加了商业银行的风控成本。加上小微企业缺乏有效的抵押、质押物，进一步加大了商业银行风险管理的难度。近年来，在经济下行的大环境下，部分小微企业贷款业务占比高的城市商业银行承受较高的信用违约风险。

2. 城市商业银行自身风险控制能力不足

除了小微企业自身的违约风险，城市商业银行本身也存在着风险承受能力和风险管控能力薄弱的问题。一是大多数城市商业银行资金池较较小，存贷款期限错配突出，负债稳定性差，杠杆水率较高，易受市场环境变化的冲击。二是不少城市商业银行资产质量下降，不良贷款余额连续多年上升，关注类、逾期类贷款仍在高位运行。三是不少城市商业银行近年来操作风险管理不严，违规、违章、违法案件频发。四是不少城市商业银行自身科技实力不足，缺乏独立的风控机制，往往需要借助外部互联网科技公司的力量开展小微企业贷款业务，并将授信审查和风险控制等核心环节外包，而监管部门则要求城市商业银行开发与业务匹配的风控系统、风控模型，独立开展客户准入和风险评测（如2019年1月9日浙江银保监局向当地各城市商业银行下发的《关于加强互联网助贷和联合贷款风险防控监管提示的函》就含有这种规定）。

（二）产品创新能力不足

1. 产品同质化现象严重

城市商业银行在推进小微企业金融服务过程中，虽然不断推出各种新型小

微企业金融产品，但大多数金融产品同质化现象明显，缺乏针对小微企业的个性化与特色化的产品研发和创新能力，使得其很难在竞争激烈的小微金融市场中形成差异化的竞争优势。

2. 缺乏科学的产品定价策略

受客户、融资渠道、地域等因素的制约，城市商业银行不具有吸纳稳定、低成本资金的比较优势。出于经营利润的考虑，一些城市商业银行对小微企业贷款往往不区分客户质地"高存高贷"。而小微企业贷款定价过高，常常出现逆向选择，即越是质量差的中小微企业客户，越愿意承受城市商业银行较高的信贷利率报价。而小微企业贷款成本过高，又可能加大其偿债压力，容易导致城市商业银行信贷资产质量下降。具体而言，城市商业银行在小微企业贷款定价策略存在以下问题：一是缺乏与自身经营战略相匹配的定价策略，往往被动跟随大中型商业银行的定价。二是缺乏对小微企业金融产品科学定价的方法、模型、系统和管理流程，没有综合考虑地区、行业、规模、客户群等方面的差异化，缺乏精细化的定价管理。三是产品定价既缺乏事前测试，也缺乏后评价机制，无法检验定价的效果和发现定价存在的问题。四是缺乏对定价基础工作的研究和数据积累，相关信息缺失或失真，无法精确实施差别化定价。

（三）激励和约束机制不完善

城市商业银行小微金融业务普遍缺乏有效的激励和约束机制。由于小微企业所能带来的存款、中间业务收入等综合回报较低，再加上小微企业较高的违约概率，业务人员的风险管理压力较大，尤其是尽职免责制度不完善，难以激发业务营销人员承做小微信贷的积极性。2016年银监会出台的《关于2016年推进普惠金融发展工作的指导意见》，提出了对小微信贷业务从业人员的尽职免责规定："小微企业不良贷款率高出当年全行各项贷款不良率目标2个百分点以内（含）的，在无违反法律法规和有关监管规章行为的前提下，可免予追究小微企业信贷人员的合规责任"。但真正有效落实上述尽职免责制度的城市商业银行不多，小微信贷业务人员激励和约束不对等。

（四）技术创新不足

金融科技可助力城市商业银行扩大目标客群，基于大数据对客户特征、交易行为、交易流程等环节的分析与监控，可以精准地进行风险管理，并降低小微企业金融服务的成本。然而，由于资金实力、人力资源、技术储备、保障机制等方面的限制，大多数城市商业银行金融科技发展仍处于初级阶段，行内科技团队的技术开发和应用水平偏低，原有的管理体制机制也不利于驱动金融科技创新。

二、调整策略多维探索，整合资源寻求突破

（一）明确差异化竞争策略，深层次挖掘细分市场

小微企业金融市场容量巨大，客观上为城市商业银行差异化拓展业务提供了广阔的市场空间。城市商业银行应明确差异化竞争策略，根据自身的业务专长、地缘优势、风险偏好等实际情况，形成错位发展的差异化竞争策略，对小微企业客户群进一步细分和挖掘，选择合适的目标客户、细分市场和服务模式，发挥其在某些地域（社区）、某些细分行业、某些产业集群或产业链开展小微企业金融服务的比较优势，针对某些领域小微企业金融服务不平衡、不充分的矛盾提供全面解决方案。

城市商业银行要巧借地方政府、同业和其他第三方机构的外力有效整合行内外相关资源，有针对性地开发特色金融产品，增强特色产品和服务的品牌效应。在小微客户选择、风险把控、运营操作等方面，城市商业银行要不断提升管理水平，丰富技术手段，减少与小微客户信息不对称的情况，让符合条件的小微客户都能较为便捷地获得资金支持。在传统业务授信的基础上，城市商业银行要进一步整合资源延伸服务范围。具体而言，一是从单一信贷业务向综合金融服务延伸。加大对小微企业资金结算、贸易金融、公司理财等对公业务的渗透，同时考虑到小微企业主个人与企业财务需求的高度融合，积极挖掘面向小微企业主个人及其家庭的财富管理服务，面向企业员工的代发薪金、信用卡等业务，通过增加零售客户提高全行业务的综合回报水平。二是从单个客户拓展向客户群批量开发延伸。针对商圈、产业链、行业协会内小微企业群体融资需求的共性特点，对特定的小微企业群体开发标准化的金融产品，以集群融资的规模经济效应来降低成本。三是从单个时点的需求响应向小微企业全生命周期管理延伸。在小微企业不同发展阶段，城市商业银行应有针对性地开发合适的金融产品（如对创业初期的企业，给予抵质押门槛低、用款灵活的信贷支持；对成长期的小微企业提高授信额度，配套现金管理服务等；对于进入成熟阶段的小微企业，给予综合融资服务，并协助其拓宽直接融资渠道）。四是通过城市商业银行合作联盟实现信息共享和流动性互助合作。青岛银行发起的"一带一

路"金融联盟，在遵守同业授信管理制度的前提下，当某成员行出现短期或紧急的流动性需求时，其他成员行采取债券回购、同业拆借、同业存款、票据回购等方式来提供流动性互助服务。山东省城市商业银行合作联盟建立跨行信用数据共享机制，不仅助推成员行之间合作开发小微企业金融产品，也通过信息共享防范小微企业跨行融资的欺诈风险。

（二）丰富产品体系，优化定价策略

在建立丰富的小微企业金融产品体系方面，城市商业银行要不断挖掘和探索客户的个性化需求，贴近市场和小微企业，着力完善小微企业全生命周期的金融服务，强化产业链上下游联动及产业集群的区域化定制，以市场为导向设计多元化产品组合推广方案。具体而言，一是实施产品全生命周期管理。要从市场研究与客户需求调查、产品开发设计及营销推广到结果反馈、产品设计修正的整套流程，持续优化产品全生命周期管理，建立产品准入和退出机制。二是坚持总行自上而下的产品指导与分支行自下而上的产品反馈相结合的产品创新原则，提升全行前中后台共同参与产品开发、设计与管理的创新意识和创新能力，提高产品创新和推广的时效性。三是坚持区域化、特色化，鼓励不同分行根据区域特色对产品进行改造，提高产品对分行所在地小微企业的适用性、易得性，从而强化产品的落地效应和推广力度。四是从小微企业客户需求出发，对相关的系列产品和服务进行有效整合，通过适当的打包为小微企业提供全方位、多功能、个性化的综合金融服务。五是完善产品的评价管理机制，及时淘汰不符合市场需求的产品，快速开发适应市场需要的新产品进行有效替代。

在优化产品定价策略方面，城市商业银行应根据行业发展趋势和市场上同类金融产品的价格动态，通过合理定价引导信贷资源的优化配置。具体而言，一是在实施定价策略时，要根据区域经济发展情况，做好充分的市场调研，确定符合区域经济发展状况的产品价格水平。二是合考虑自身的资金成本、运营成本、风险成本，以及客户价值、税收、政策性调整等定价要素，通过合理的差别化定价使产品营销富有效率。三是打造精细化定价的基础信息系统，通过该系统对产品定价进行动态调整。德州银行、抚顺银行等通过与北京融和友信科技股份公司合作，开发了智能化的小微企业信贷产品定价系统，对于优化其定价策略形成了较好的技术支撑。

（三）创新营销模式，立体拓展渠道

在营销模式创新上，城市商业银行要跳出传统营销的窠臼，加强直销、零售以及显示线下联动的营销,并通过为优质小微企业客户设计的中间业务,提高城市商业银行交叉销售的规模。要不断探索与相关方面的合作,巧借外部资源大力推动标准化产品的批量营销。要打造一系列差异化的产品服务,形成丰富的产品组合。

在服务渠道拓展上,城市商业银行要提升传统物理网点功能的同时,在本地广泛建立小企业金融中心或特色支行,创新网络金融服务模式,充分利用金融科技获取、筛选优质客户,并与互联网科技公司和电商平台等外部机构开展合作,将网络商户及其相关的场景嵌入小微企业金融服务线上直销系统,通过线上线下、多维场景的互动,立体化拓展城市商业银行小微企业金融产品的营销渠道。

(四)加强风控能力,提升资产质量

城市商业银行向小微企业提供授信服务的风险,往往比向大中型企业授信高,因此城市商业银行对小微企业贷款的审查须更加审慎。具体而言,一是要树立风险责任意识。要推动小微企业信贷业务由控制风险向经营风险转变,将金融服务多样化和客户选择标准化相结合,通过促进小微企业金融服务、产品覆盖、客户维护等方面的多元化提高收益,分散单一客户风险,实现收益和风险的平衡。二是要增加贷前调查要素。要在实地调查、流水调查的基础上,增加对企业供需链的调查,从侧面了解上下游供需商对该企业评价情况,查实贷款需求真实性,对小微企业所在行业的整体风险进行评估把控,同时增加小微企业主体贷款查询,对多头经营性贷款的借款人设立严格的贷款准入标准。三是要强化贷款真实用途。要加强对小微企业资金流向的跟踪分析和资金使用情况的监管力度,严格执行贷款受托支付管理规定,并不断提高货款归行率,确保到期贷款本息按期收回。四是要提升贷后管理能力。要着重提升账户管理能力、贷后资金监管和第二还款来源风险缓释的能力,并以科技和账户资金监测系统等为支撑,拓宽信息采集渠道,提高贷后管理水平,为贷后管理决策提供信息支持。针对小微客户数量多、信息量大的特点,银行还应积极运用大数据分析、云计算等先进技术预判经济、行业变化趋势和细分客户的发展特征,不断优化风险管理参数,降低审批差错率。

(五)完善专营机构体制机制,加强小微企业信贷队伍建设

在建立小微企业信贷专营机构方面,城市商业银行要完善小微信贷管理体制,发挥专营机构和分行两个积极性,在全行形成齐抓共管小微信贷的良好局

面。每家城市商业银行应根据自身情况权衡利弊得失，选择不同的专营机构设立模式（中小企业金融事业部、中小企业金融服务中心、特色支行等模式），充分调动小微企业金融服务团队的积极性，有效发挥专门化人才和团队的专业分工优势，提高小微企业信贷服务的精细化程度。各类专营机构要正确处理与各业务条线及各分支行之间的关系，通过建立利益共享机制，使专营机构能够充分利用各业务条线及各分支行的现有资源，形成做精做大小微信贷业务的协同效应。在组织机构变革过程中，各城市商业银行还可以通过经营业绩、客户满意度等指标来衡量专营机构的经营成效，并结合当地实际持续探索专营机构发展的有效路径。

在加强小微企业信贷队伍建设方面，城市商业银行要根据小微企业信贷业务岗位的特点培养客户经理、风控经理、产品经理、授信经理、贷后经理等小微企业信贷人员，将内部培养、外部引进相结合，重点通过"干中学"的方式，培养一支业务精良、经验丰富、作风过硬的小微企业金融服务团队。要从高校招聘吃苦耐劳、操作能力较强、具有良好的可塑性的大学生，作为业务发展的后备人才。要完善小微企业信贷人员绩效考核和相应的激励约束机制，既充分激发优秀人才的创新与干事热情，又能够自然淘汰不适应小微企业信贷业务发展的人员。

【案例 2-2】

"三品+三表"特色的泰隆模式

泰隆银行成立于 2006 年，前身是 1993 年成立的台州市泰隆城市信用社。泰隆银行市场定位于中小微企业，银行内 99% 的信贷资金投向民营经济，截至 2018 年 9 月末，全行贷款 500 万元以下的客户数占比 99.84%、余额占比 92.45%，100 万元以下的客户数占比 96%、余额占比 68%，户均贷款 29 万元[①]。在小微企业金融服务领域，泰隆银行的许多创新做法都值得其他城市商业银行学习借鉴。

打造适应小微企业金融业务的组织架构[②]

泰隆银行针对小微企业对融资的不同需求特征设置小企业事业部，同时配

---

① http://www.zjtlcb.com/site1/article/i_news/mtjj/12/115505.shtml.
② http://www.zjtlcb.com/site1/article/i_news/mtjj/06/78857.shtml.

套相应的架构设置、岗位设置、人员配备与营销终端设置，实施专业化运营。此外，泰隆银行合理搭建分支体系，推行"总—分—支—支"的"三级半"架构管理模式，即对达到一定条件的县域支行赋予一定的管理职权，有效解决了分行的管理半径过长，管控和服务能力不足的问题，确保了资源的整合分配和业务的统筹推进。此外，泰隆银行还设立了大量轻型网点，推进小微企业专营支行及社区支行建设，将机构设在专业市场、产业集群地和乡镇、农村，及时把握客户变化的同时满足客户需求。

专业人才的培养及激励约束

在专业人才培养上，泰隆银行大力倡导员工持股，目前泰隆银行最大的股东就是员工持股会。泰隆银行还设立了独立的泰隆学院，由董事长亲自担任校长，从新员工到管理层，所有员工都纳入自主培训体系，坚持90%以上的员工自主培养，不断提高员工对微贷工作的认同及热情。在员工管理上，泰隆银行制定了严格的规章制度，从内控上约束客户经理行为所有信贷业务实行授权审批。各级审批权人按照被授予的信贷审批权限和规定的程序审查、审批发放贷款，实行逐级审批制。

在专业人才的激励和约束方面，泰隆银行对员工的激励机制包括薪酬激励、股权激励、住房激励、车辆激励、旅游激励职业发展通道等激励方式，引导员工自主防控风险，主动从各方面收集信息并存储。在责任管理方面，泰隆银行主要有以下两方面的做法：首先是体现在绩效考核层面的。客户经理的考核指标中，与贷款质量指标挂钩占16%，但如有超标，此指标与占比60%的存款规模指标实行"滚动式比例互换"动态考核，幅度相当大，奖罚分明。另一方面，如贷款出现不良，经责任认定为主观原因造成，按"谁发放，谁负责，谁收回"的原则，各客户经理对发放的每一笔贷款负永久责任，直到贷款收回，并按责任认定及贷款损失程度进行严厉处罚，行政处分和经济处罚并处。有违法行为的，依法对违法人员实施终身责任追究。

完善相应的风险管理制度

泰隆银行的特色信贷风险管理技术主要体现在通过人海战术了解客户信息、通过"三品""三表"筛选客户、实施存贷挂钩和现金流测评等几个方面。一是采取"人海战术"进行调查和审查。泰隆银行通过大量聘用小微企业密集区域的本地客户经理，用较大的人力资本近距离服务小微企业，来摸清企业底细。所谓"三品"是指企业主的人品、产品、押品。就人品而言，由于小微企业往往是"夫妻店",和"父子兵",在公司治理上缺乏有效的制衡机制,因此泰隆银行非常注重小微企业主的人品;就产品而言,主要看产品质量优劣,是否适销对路,库存管理是否合理等方面判断;就押品而言,符合泰隆银行要求的抵押品多种多样,房子、车子、道义担保均可。所谓"三表",是指企业的电表、水表、报关单。泰隆银行每个月都会派人到小微企业抄电表、水表,实地观察企业的实际生产状况。由于台州许多小微企业是外向型企业,泰隆银行通过参看这些企业的报关单表,掌握其外贸销售的实际情况。三是实施存贷挂钩、合理定价的策略。对于贷款企业来说,若将结算账户开设在泰隆银行,则在贷款时刻享受一定的利率优惠。这种做法不仅能起到吸收存款的作用,也使银行更清楚的了解客户的经营状况。

借助科技手段创新服务模式

泰隆银行运用"金融+互联网"创新服务模式,将移动互联网技术和小微金融业务相结合,打造出 PAD 金融移动服务站。借助这一全流程服务平台,实现了现场办理各类信贷业务。目前已实现客户经理人手一台 Pad 设备的推广计划,完成网点设备"全覆盖"的整体部署,近 70% 的信贷业务实现线上操作,极大地增强了客户的便利体验。同时,这种新型模式有效控制了员工的操作风险和道德风险,也减少了客户经理的工作量,提高了工作效率。截至 2018 年 9 月末,该行通过 PAD 端发放各类信贷业务 21 万多笔,移动金融替代率达 73%。作业效率迅速提升、客户体验明显改善的同时,员工的个人产效有所提高。泰隆银行针对小企业信贷"短、频、急"的特点,不断改进贷款流程,加快贷款办理速度。典型的例子有泰隆银行推出的"三三"制服务,承诺老客户办理业务一般不超过 3 小时,新客户最多不超过 3 天,弱势群体强势服务,建立了高效的贷款审批机制,大大拓宽了小企业贷款业务的辐射面,使得处于初创期的小企业能够享受到及时有效的信贷支持,促进了小企业的发展,实现了银企双赢。

金融产品和担保方式创新

在创新特色化金融产品方面,泰隆银行注重根据不同分行所在地区的特点制定特色化的产品。如泰隆绍兴分行提出了针对出口孟加拉客户的新型融资产品——"信福通",以出口信用证为载体,与保险公司合作,为客户统一投保,同时为企业提供百分之百融资的福费廷业务。此外,为了让企业享受到更方便快捷高效的产品,泰隆银行绍兴分行还在柯桥推出"绣花机贷",在兰亭推出"养老贷",在嵊州推出了"农村土地承包经营权抵押贷款""包田户贷""小笼包贷"，在上虞推出"饲料贷""无人机贷款"。

在创新担保方式方面，泰隆银行摒弃了过分强调抵（质）押物的贷款方法，创新地推行多人保证贷款，并将企业主、股东夫妻等实际控制人追加为贷款保证人，变"有限责任"为"无限责任"，较大程度地避免了企业通过破产恶意逃避银行债务的风险。"把客户变成我行的客户经理"。每个保证人都是一条信息渠道，因此，保证贷款拓宽了掌握中小企业信息的渠道。同时，对于在实际调查过程中一些信誉度好的客户，如果的确存在寻找担保人的难度，泰隆银行也会根据实际情况适时发放一定额度的免担保的信用贷款。而对于一些身价相当、行业相同或市场相近的小企业，推行企业之间互相担保等多种"辅助担保"方式。

第三章　城市商业银行服务区域居民的消费金融创新

近年来，随着居民消费逐步升级，消费金融产品日益丰富。我国的消费金融萌芽于上世纪末，1999 年 2 月中国人民银行颁布了《关于开展个人消费信贷的指导意见》，标志着我国个人信贷业务正式启动，早期的个人信贷业务局限于住房贷款、汽车贷款等大宗物品的贷款。2009 年银监会发布《消费金融公司试点管理办法》，批准成立北银、中银、锦城、捷信[①]四家消费金融公司，其中北银、中银、锦城为银行系消费金融公司，捷信为捷克派富集团持股的非银行系消费金融公司。2013 年银监会发布《消费金融公司试点管理办法》，批准在南京、杭州、合肥等 12 个城市开展消费金融公司试点，试点城市扩展到 16 个。2015 年 6 月，国务院决定将试点范围扩容至全国，鼓励符合条件的各类社会资本成立消费金融公司。据清华大学中国与世界经济研究中心发布的《2018 中国消费信贷市场研究》，我国消费金融市场规模由 2010 年 1 月的 6798 亿元增长至 2018 年 10 月的 84537 亿元，占境内银行贷款的比重由 1.7% 上升至 6.3%。截至 2018 年末，全国总共设立 23 家消费金融公司，其中 16 家为城市商业银行作为主发起人设立的消费金融公司[②]。

第一节　消费金融的普惠性及其发展趋势

消费金融是向消费者提供消费贷款的现代金融服务，通常具有单笔授信额

[①] 北银消费金融有限公司由北京银行发起设立；中银消费金融有限公司由中国银行、百联集团以及上海陆家嘴金融发展有限公司合资组建；锦程消费金融有限责任公司由成都银行与马来西亚丰隆银行联合组建；捷信消费金融有限公司由外资企业 PPF 发起成立。

[②] 2010—2018 年，北京银行、成都银行、中原银行、包商银行、晋商银行、杭州银行、哈尔滨银行、上海银行、张家口银行等 16 城市商业银行作为主发起人，先后获批组建消费金融公司。

度小、审批速度快、无需抵押担保、服务方式灵活、贷款期限短等特点,是普惠金融的重要组成部分。2016 年,国务院发布的《推进普惠金融发展规划(2016—2020)》,明确要求促进消费金融公司发展,激发消费潜力和促进消费升级。作为普惠金融主要提供者之一,城市商业银行大多比较积极探索消费金融创新。

一、消费金融的普惠性

(一)消费金融涵盖中低端客户群,具有普惠金融的普遍性

商业银行向消费者所提供的小额、高频的信贷服务,通常仅凭个人信用进行担保,信贷风控往往比较审慎。以往商业银行出于控制风险的角度考虑,常常将中高收入阶层作为消费金融服务的主要群体,这部分人收入水平较高,信用程度也较好,为其提供消费信贷服务的风险较小。而发展普惠金融则要求商业银行以平等的机会、商业可持续原则、可负担的成本为社会各阶层提供适当、有效的消费金融服务。当前,随着金融科技的发展和金融机构征信手段的升级,通过大数据分析可以对消费金融客户进行"画像",以精准评估其信用水平,从而使得符合商业银行风控要求的消费金融客户群体范围大幅增加,从而能够普惠更多的消费人群。

(二)消费金融贷款审批期限较快较短,具有普惠金融的便捷性

如前所述,互联网时代的消费金融可借助大数据征信系统对客户进行信用评级,构建个人信用评估模型,对于消费贷款可以做到自动在线审批,大大加快了贷款申请的效率。例如,南京银行推出的个人消费信用贷款"随鑫花",就是一款非常便捷的个人小额消费贷款。该产品针对客户 5 万元以下(含 5 万元)的小、快、急资金需求,开发出在线申请系统,客户通过纯线上操作即可申请贷款。在其平台上进行实名认证,系统会根据客户的年收入情况给客户分配贷款额度。客户在平台输入贷款金额、期限、用途,验证安全性并签订相关协议,即可完成借款流程。客户在借款后,还可根据自身情况选择是否进行提前还款(上述操作流程参见图 3 - 1)。类似南京银行"随鑫花"的个人消费信贷产品,还有上海银行的"信义贷"等,这类产品使得消费金融更具便捷性。此外,消费金融的场景化(即将消费金融产品置于消费场景之中),更体现其便捷性和良好的客户体验。商业银行或其参股的消费金融公司将消费金融产品直接与商家

进行对接，消费者即可进行线上支付。例如北京银行的个人耐用消费品贷款，直接置于购买家用电器、电子产品、家具等耐用消费品的消费场景中。用户可持身份证件及收入证明，在消费门店申请此项消费贷款，贷款在1个小时内即可完成审批，直接汇入商户的账户。

图 3-1　南京银行"随鑫花"消费贷款操作流程图

（三）小额消费金融无需担保抵押，具有普惠金融的包容性

对于很多低收入人群来说，有能力在一段时间内保持一定的收支平衡，但其收入和支出在时间上并不完全匹配。以往，商业银行出于风险控制考虑，导致这类人群难以获得消费融资。目前，一些商业银行利用大数据、人工智能提高了征信效率和风控水平，可以让较多的中低收入阶层获得一定额度的无抵押无担保消费贷款，显著刺激了这部分群体的消费需求，体现了普惠金融所倡导的包容性。

二、我国消费金融发展的现状与趋势

（一）我国消费金融发展的现状

通过中国人民银行调查统计司发布的2015—2018年金融机构人民币信贷收支数据，可以发现短期消费贷款及中长期消费贷款、占贷款总额的比例都在持续增长，这表明我国消费信贷增长势头强劲（参见表3-1）。

表 3-1　金融机构贷款规模与消费信贷规模情况汇总表　　　单位：亿元

项目＼年份	2014	2015	2016	2017	2018
金融机构贷款总额	9309567.29	10706996.55	12188069.76	13765489.37	15557231.96
短期消费贷款总额	350222.23	441856.15	534541.28	709373.61	934841.63
中长期消费贷款总额	1360147.08	1618234.57	2107134.12	488920.13	3248628.47
消费贷款总额	1710369.30	2060090.73	2641675.40	3440328.98	4183470.10
短期消费贷款占贷款总额的比例（%）	3.76	4.13	4.39	5.15	6.01

续表

年份 项目	2014	2015	2016	2017	2018
中长期消费贷款占贷款总额的比例（%）	14.61	15.11	17.29	19.84	20.88
消费贷款占贷款总额的比例（%）	18.37	19.24	21.67	24.99	26.89

进一步分析可以发现，2013 年之后我国消费信贷增长速度始终在 20% 以上（参见图 3－2）。这种发展趋势与我国政府大力推进消费金融发展的政策步调基本一致。2013 年，国务院拓宽消费金融的试点范围至 16 个城市，消费信贷增长速度得到一次提速；2015 年，相关政策允许消费金融在全国范围试点，鼓励各类符合要求的社会资本成立消费金融公司，消费信贷规模迅速扩张，2016 年与 2017 年分别保持了 28.23% 与 30.23% 的增长速度。

图 3－2　2012—2018 年我国消费信贷增长速度

（二）推动我国消费金融发展的主要因素

近年来我国消费金融快速发展，主要得益于以下因素：一是居民消费理念的转变。以往，由于我国社会保障体系不完善和居民收入有限，中低收入居民一直比较注重通过储蓄应对大病医疗、养老等方面的需要。随着我国的医疗保障体系、养老保险制度、住房公积金制度等社会保障体系的逐渐完善，以及居民人均可支配收入的提高，部分居民适当减少医疗、养老储蓄，消费热情得到释放，扩充了消费金融的客户群体，且"80 后""90 后"等年轻的消费群体对于生活品质要求更高，普遍具有超前消费习惯，是消费金融的忠实拥趸。二是金融风控技术提升和消费场景日益丰富。大数据征信系统通过海量数据分析、云计算等技术手段，可以对消费金融的客户群进行精准画像，显著扩大了符合银行等金融机构放款标准的人群范围。电子支付的发展更是为消费金融产品提供了广阔的消费场景,任何一个支持线上支付的消费场景都隐藏着消费金融需求。目前家装、家电、旅游、教育、医美等细分领域,都是消费金融拓展的热门场景,未来更多的消费场景将会植入消费金融产品。三是商业银行业务转型的需要。随着利率全面市场化,我国商业银行的净利差缩小,传统信贷业务利润率下降,倒逼其拓展包括消费信贷在内的零售银行业务,以寻找新的盈利增长点。

(三)我国消费金融的发展趋势

目前,我国消费贷款的信贷结构仍是以住房贷款、汽车消费贷款等中长期消费贷款为主,短期消费信贷只占相当小的部分(参见图3-3)。对比发达国家的个人短期消费贷款规模和占比,可以看出我国的短期消费贷款市场还有很大的增长空间。

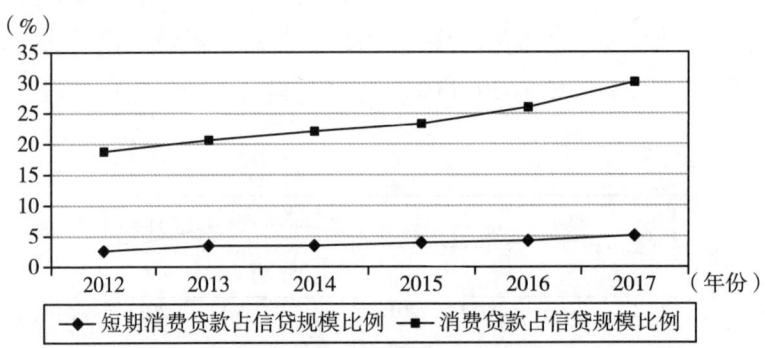

图3-3 我国消费贷款及短期消费贷款占总信贷规模比例

第二节 消费金融产业链及城市商业银行所处的地位

一、消费金融产业链

随着消费金融的逐步发展,现在已形成了包括资金供给方、消费金融供给方、消费金融需求方、消费提供者(消费场景开发者)、监管机构、风控辅助机构、坏账催收机构等相关主体合作的生态圈。在消费金融的生态圈中,资金供给方处于整条产业链的上游,充足的资金供给是开展消费金融业务的一大保证；中游是由消费金融需求方和消费金融提供方组成的核心消费金融圈；下游则是消费金融的各类消费场景；此外，在消费金融产业链中还有金融监管机构以及给金融机构提供服务的第三方征信机构和坏账催收机构（参见图3-4）：

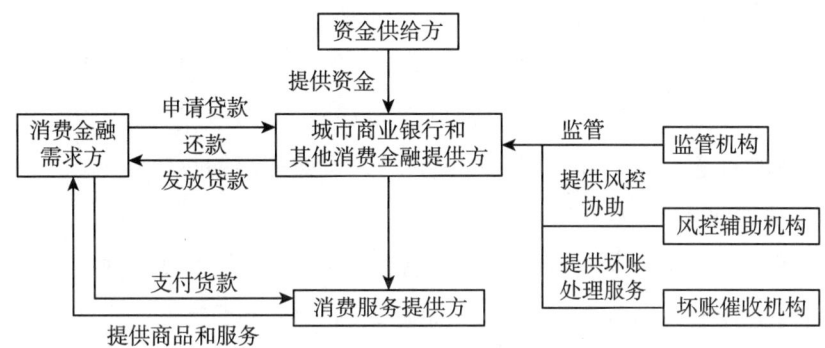

图3-4　消费金融产业链

（一）资金供给方

消费金融产业链上游资金供给方的资金来源有：自有资金、ABS、P2P、投资方投资、同业拆借、金融机构借款等。其中银行的资金来源主要是银行的自有资金，即银行所吸收的公众存款和理财资金，银行的资金实力雄厚、来源稳定、成本低，是银行开展消费金融业务的竞争优势。消费金融公司和电商平台的资金来源，主要是企业自有资金和财务投资人的投资。P2P现金贷平台的资金来源则主要是通过P2P方式筹集来的资金。开展消费金融业务的金融机构也可能通过同业拆借来拓宽资金来源渠道，非金融机构则可能采取向金融机构借款的方式来获得资金。目前，越来越多的消费金融机构转向通过资金成本更低的ABS来拓宽其资金来源渠道，2017年、2018年我国发行的消费金融ABS总数和合计金额分别为154只、115只和4396.11亿元、3039.68亿元，同比增长336.61%。

（二）核心消费金融圈

在产业链中游的核心消费金融圈中，消费金融需求方就是消费金融所面向的客户，消费金融提供方则包括商业银行、消费金融公司、电商平台旗下的互联网金融公司和其他提供消费金融产品的机构。

（三）消费服务提供方

消费金融产业链下游的消费服务提供方，是各式各样的线上线下消费场景开发者，覆盖服饰、餐饮、交通、家装、医疗、美容、教育等多个领域，为消费金融的蓬勃发展提供了广阔的空间。

（四）外围服务提供者

风控辅助机构和坏账催收机构，是消费金融产业链中的外围服务提供者。风控辅助机构是依靠其高科技手段为消费金融机构提供贷前、贷中、贷后等多环节、多维度风控服务的科技公司；坏账催收机构则是提供欠款催收、坏账处理服务的第三方催收机构。随着金融科技的发展，部分科技公司也开始驶入欠款催收行业的赛道，提供各种智能催收服务，例如智能催收机器人。

（五）监管机构

在消费金融产业链中，监管机构负责监督管理消费金融提供方的行为是否合规。目前，我国对消费金融产业的监管体制机制尚不完善，银保监会（局）对于商业银行的监管相对严格，而地方金融管理局对于互联网金融公司的监管则相对松弛。

二、城市商业银行在消费金融产业链中的地位

城市商业银行是消费金融提供方，处在消费金融产业链中游核心地位。目前，消费金融提供方除了城市商业银行之外还包括消费金融公司、电商平台旗下的互联网金融公司和其他提供消费金融产品的各类金融机构，因此，将城市商业银行与它们进行对比，分析其在消费金融产业链中所处的地位。

（一）与国有商业银行及全国性股份制商业银行比较

提供消费金融业务的商业银行包括6大国有商业银行、12家全国性股份制商业银行，城市商业银行在银行系消费金融提供商中属于第三梯队。与大型国有商业银行和全国性股份制商业银行相比，城市商业银行的资金规模较小，融资成本较高，风控系统相对薄弱，这是其开展消费金融的弱势。但城市商业银行也有其优势：首先，城市商业银行的体制更加灵活，在根据用户需求创新调整金融产品方面更为敏捷；其次，城市商业银行的业务定位是"服务地方经济、服务中小企业和服务城市居民"，消费金融主要面对的中低收入群体正是城市商业银行所擅长的"小对小"的业务，城市商业银行在当地开展这类业务时具有比较了解当地客户需求情况的信息优势；再次，大中型商业银行出于成本考虑，在开展零售业务方面更愿意面向高净值客户服务，对于中低收入

群体的消费金融需求关注不够,这也为城市商业银行留下了一定的细分市场发展空间。

(二)与非银行系消费金融公司比较

消费金融公司是不吸收公众存款,为居民个人提供小额、分散消费贷款的非银行金融机构。按照我国监管部门的规定,消费金融公司的业务分为个人耐用消费品贷款(不包括购买房屋和汽车为目的的消费贷款)及一般用途个人消费贷款,个人耐用消费品贷款是直接代客户将款项支付给经销商,一般用途个人消费贷款是将款项直接贷给客户。

消费金融公司中有一部分为银行作为发起人设立的,此处主要将城市商业银行与非银行系消费金融公司进行比较。与城市商业银行相比,非银行系消费金融公司提供的借贷业务通常无抵押无担保,审批条件更加宽松,审批流程也比大部分城市商业银行短。但城市商业银行的信用卡业务与消费金融公司的业务相似度很高,虽然信用卡审批周期较长,但信用卡业务的审批流程更加规范、风控更加严格、使用范围也更加广泛,城市商业银行可在其信用卡业务基础上进一步发展消费金融业务,挖掘现有客户的消费金融需求。

(三)与大型电商平台旗下互联网金融公司比较

大型电商平台旗下的互联网金融公司,主要是指以蚂蚁金服和京东金融为代表的互联网金融公司。与城市商业银行相比,其在开展消费金融业务方面最大的优势就是消费场景丰富以及海量数据。蚂蚁金服和京东金融直接与自己的电商消费平台对接,拥有庞大并精准的目标客户群体,为这些客户群体提供小额消费信贷、分期付款等消费金融产品,并且掌握着海量的客户行为数据,通过大数据分析可以深入挖掘出客户潜在的需求,开发出合适的金融产品与客户需求进行对接,抢占市场份额颇具优势。城市商业银行与之相比,虽然既不具备消费场景优势也不具备数据优势,但某些资产规模大的城市商业银行在资金方面还是略胜一筹。

(四)与其他提供消费金融产品的机构比较

其他提供消费金融业务的机构包括垂直电商平台、小额贷款公司、P2P网贷平台以及各类有资格进行消费金融业务的信托、保险等公司。垂直电商平台专注于某一特定领域,它们与大型电商平台不同,并不追求大而全,而是追求将某一细分领域做到极致。垂直电商平台面对的消费金融客户基本都是其所供商品的消费者,这些客户的消费能力比综合电商平台客户的消费能力大得多。有支付需求就有消费金融需求，垂直电商平台里的消费者也不例外，因此，不少垂直电商平台对于既有客户进行二次开发来挖掘他们的消费金融需求①。城市商业银行与垂直电商平台相比同样缺少消费场景，但是其可以凭借自己的资金实力与垂直电商平台进行合作，将自身资金优势与垂直电商平台的场景优势结合起来，充分挖掘城市商业银行所熟悉的本地居民的消费金融需求。网络小贷公司的主营业务是线上开展小额贷款业务，其具有很高的贷款审批效率，但同时也面临着很高的不良贷款率。城市商业银行与之相比放款利率较低，效率也较低，但较低的利率能够惠及中低收入消费者，且严格的风控使得贷款坏账率较低。城市商业银行可以学习网络小贷公司的产品研发思路，并发挥自身的资金优势和风控优势，来进一步开展消费金融业务。P2P（Peer to Peer Lending）是一种将小额资金聚集起来，点对点贷给有资金需求人群的一种民间小额借贷模式。规范的 P2P 公司只为借贷双方提供撮合平台，借贷门槛一般很低。目前我国征信系统尚不完善，P2P 公司的不良贷款率很高，且大部分 P2P 公司的资金实力并不雄厚，近年来常常出现 P2P 公司资金链断裂而跑路倒闭的事件②。P2P 公司做的大多都是商业银行不愿意做的高风险贷款业务。与 P2P 公司相比，城市商业银行开展消费金融业务具有资金实力相对雄厚的优势，且面向个人信用相对较高的客户群，风控和可持续发展能力较强。

通过上述比较分析可以看出，城市商业银行在消费金融竞争中处于"比上不足，比下有余"的地位，其主要竞争优势在于资金相对雄厚、体制相对灵活、开展信用卡等传统消费金融业务的流程比较规范，有自身的征信系统和风控手段。城市商业银行的目标客户群与消费金融的目标客户群大致契合。我国中低收入群体数量庞大，以往不被银行重视的小额消费贷款，随着基尼系数持续走高将有较大的发展潜力。根据长尾（The Long Tail）理论，城市商业银行将拓展消费金融业务的目标人群锁定于中低收入群体，在网络时代能以较低的成本赢得正态分布曲线"尾部"客户，通过不同生态位的差异化竞争在"利基（Niche）市场"获得可观的市场份额。城市商业银行坚守合理的市场定位服务社区居民，将在消费金融领域大有作为。

---

① 垂直电商平台进军消费金融的典型代表是携程旅游信息技术公司，其对消费金融需求的挖掘比国内大部分城市商业银行早得多，2004 年就与招商银行联合推出国内首张双币旅行信用卡，2007 年与中国银行联合推出商旅信用卡中行携程卡，之后又与多家银行联合发展消费金融业务。
② 截至 2019 年 1 月末，我国现存正常营业的 P2P 机构有 1009 家，相比峰值时期的 3433 家减少约 70%。

第三节　城市商业银行服务区域居民消费金融的瓶颈

前文分析了城市商业银行在开展消费金融业务方面的优势，但在业务操作过程中，其面临缺乏消费场景、缺乏大数据支撑、风险控制能力较弱、产品同质化严重等瓶颈。

一、城市商业银行开展消费金融缺乏消费场景

消费场景既可以是线下的卖场，也可以是线上的商城。目前，消费金融市场份额的竞争，已基本演化为对消费场景的竞争。从以下几个角度观察，我们可以感知消费场景对于消费金融的重要性：其一，在消费场景中更易引发消费金融需求。消费场景中存在大量支付需求，消费金融产品，可以满足消费者的支付需求，因此，有支付需求的消费场景可提高消费者转化为消费金融客户的转化率（蚂蚁花呗和京东白条就是典型的例子）。其二，单个消费场景后隐藏批量消费金融客户。单个消费场景中有众多的消费者，将消费金融产品融入其中，就可面向场景中所有客户进行营销，存在将消费者批量转化为消费金融客户的机会。其三，借助大数据可深度挖掘同场景消费客户的相关金融需求。同一消费场景中的客户，他们的消费需求和消费能力通常相似，通过大数据、强化学习等技术手段对同场景消费客户进行分析，可以挖掘其潜在的消费金融需求。

从以上分析可以看出，消费场景对于消费金融发展十分重要。然而，城市商业银行开展消费金融业务普遍缺乏消费场景方面的资源，尤其是与电商平台旗下的互联网金融公司相比，更是如此。蚂蚁花呗是蚂蚁金服旗下典型的小额消费金融产品，信贷额度在 500~50000 元之间，2015 年 4 月蚂蚁花呗正式上线，依托其电商平台消费场景和庞大的用户流量迅猛发展，2017 年净利润达到 34.16 亿元。而且，蚂蚁花呗的消费场景已不只局限于阿里系电商平台，还覆盖了 40 多家外部消费平台。正是因为缺乏消费场景和用户流量，城市商业银行在

批量获客及深度挖掘客户潜在金融需求方面面临较多的制约。

二、城市商业银行开展消费金融缺乏大数据支撑

通过数据挖掘技术，可以发现隐藏在数据背后的信息。将大数据技术应用在城市商业银行消费金融业务上，可以对客户精准画像，构建知识图谱，完善征信系统，提高业务处理效率，扩大客户群体。目前，城市商业银行在应用大数据分析工具助推消费金融业务发展方面，还存在明显的短板，无论是与互联网金融公司相比，还是与开展消费金融业务的大中型商业银行相比，城市商业银行已有的数据量和数据丰富程度均有明显的差距。

（一）与互联网金融公司相比

互联网金融公司在线上开展业务，纯线上操作使得其采集客户数据具有诸多的便利。互联网金融公司储备了大量的 IT 技术人才，在分析处理数据方面也有很大的优势。电商系互联网金融公司在自身的电商平台下拥有大量的消费客户，庞大的客户群体既给数据采集带来便利，也为其拓展金融业务积攒了大量潜在客户。互联网金融公司将数据优势和技术优势有机结合，可以充分挖掘客户潜在的消费金融需求。阿里巴巴旗下的蚂蚁金服（支付宝、花呗、借呗）、腾讯金融（微信支付）等电商系互联网金融公司，平台上已有上亿级别的线上及线下用户量，且已培养好消费者的线上支付习惯，能以较低成本迅速切入消费金融业务，在分期业务及现金贷业务上具有明显的竞争优势。凭借这种先天优势，近年来互联网消费金融规模年复合增长率达到 300% 以上。相比之下，城市商业银行既不具备海量数据采集的便利，也无处理和分析大数据的技术人才优势，更在渠道、场景方面缺乏竞争力，在现金贷、分期贷、校园贷等小额消费信贷市场上难以同互联网金融公司竞争。

（二）与国有商业银行以及全国性股份制商业银行相比

与城市商业银行相比，国有商业银行与全国性股份制商业银行的客户基数更大，采集到的客户行为数据也更丰富。同时，国有商业银行与全国性股份制商业银行的品牌和商誉更有影响力，开展互联网金融业务更容易获得客户流量，进一步扩充了客户行为数据。另外，国有商业银行与全国性股份制商业银行资金实力雄厚，有能力直接向第三方数据采集机构购买数据，许多中小型城市商业银行并不具备这样的经济实力。

从上述比较分析可以看出，缺乏客户数据使得城市商业银行在开展消费金融业务方面处于劣势地位，同时缺乏相关技术人才也使其处理和分析数据的技术力量薄弱，进一步掣肘其应用大数据工具拓展消费金融业务。

三、城市商业银行控制消费金融风险的能力较弱

目前，城市商业银行开展消费金融主要面临信用风险、欺诈风险、操作风险和技术风险。消费金融业务主要面向于中低端客户群体，开展无担保无抵押的小额信贷服务，业务性质决定了业务开展伴随较大信用风险。导致信用风险的原因可分为主观原因或客观原因，客观原因往往是客户由于突发状况陷入经济困境导致其无法按时还款，主观原因则是客户由于道德因素拒绝按期还款，客观原因引致的信用风险很难提前预测，主观原因引致的信用风险是城市商业银行消费金融信用风险防范的重点。部分实力雄厚的电商系互联网金融公司，依据从自身消费场景中采集到的客户数据，搭建了数据维度丰富的用户信息数据库，并建立了比较完善的信用评价体系（如蚂蚁金服的"芝麻信用分"或京东金融的"小白信用分"），且由于控制了交易支付环节，支付宝、微信支付等电子支付巨头拥有长期、稳定、庞大的历史数据源，可运用于征信环节，风险控制成本相对较低。但是，许多城市商业银行刚刚开始探索线上线下相结合的消费金融风控，其大数据风险控制系统不甚完善，防范客户信用风险的能力较弱。另外，一些中小规模的城市商业银行限于自身实力难以投入大量资金进行金融科技创新，也缺乏具有复合型知识结构的人才进行技术开发和应用，操作风险和技术风险的防控机制尚不完善。

四、城市商业银行消费金融产品同质化现象严重

尽管消费金融业务发展态势向好，但目前部分城市商业银行推出的消费信贷产品种类单一，同质化现象严重，这种情况在规模较小的城市商业银行更加明显。具体表现为消费金融产品所针对的目标人群趋同，贷款额度、期限、申请流程类似，部分城市商业银行所提供的短期消费贷款，主要是信用卡业务、一般用途消费贷款等常见产品。例如，除信用卡之外，目前贵州银行提供的短

期消费贷款只有"薪易贷""循贷通"①,九江银行只提供"易得金"②,洛阳银行只提供个人综合消费贷款③。这几种消费贷款的授信人群、授信期限都比较相似,产品同质化程度较高(参见表3-2)。

表3-2　贵州银行、九江银行、洛阳银行短期消费信贷产品对比

消费金融产品	贵州银行		九江银行	洛阳银行
	薪易贷	循贷通	易得金	个人综合消费贷款
贷款对象	向党政机关、科研院所、行政企事业单位、公立教育机构、金融业、上市公司、国有独资企业正式员工发放	向资信良好、收入稳定的个人发放	向国家行政、事业单位员工发放	向具有稳定职业和收入,信用记录良好的个人发放
期限	贷款期限最短为3个月,最长不超过36个月	贷款期限最短为3个月,最长不超过36个月	最长5年	信用及保证类最长可达2年

中小型城市商业银行消费金融产品趋同,在贷款费率、针对人群等方面缺少差异化的策略和产品,既不能够充分满足区域居民的消费金融需求,也在与国有商业银行和全国性股份制商业银行的竞争中处于下风,难以争取较大的市场份额。

第四节　城市商业银行深化区域消费金融创新的思路

一、巧借金融科技利器,推进消费金融发展

移动支付的发展,让支付方式变得灵活敏捷,大数据风控让征信系统更加完善,数据挖掘技术让机构更敏锐地感知客户的潜在需求,物联网技术使消费

---

① 信息来源于贵州银行网站: http://www.bgzchina.com/Personal/Index.html.
② 信息来源于九江银行网站: http://www.jjccb.com/portal/zh_CN/pBank/ploans/378.html.
③ 信息来源于洛阳银行网站: http://www.bankofluoyang.com.cn/personalbusiness.jsp?id=111.

场景日益丰富。金融科技升级了金融基础设施，也显著推动了消费金融业务的发展。城市商业银行要进一步发展消费金融业务，必须运用金融科技工具突破业务发展的瓶颈。

（一）善用金融科技，丰富消费场景

如前所述，缺少消费场景是城市商业银行开展消费金融业务的短板，金融科技手段的应用可以丰富消费场景。极少数规模较大的城市商业银行，有能力独立构建消费场景。绝大部分规模较小的城市商业银行，自建场景的难度太大，可以选择以下两种路径构建场景：一是与金融科技公司合作。大部分城市商业银行既没有大批量的消费者行为数据，也没有过硬的金融科技手段，可以选择与金融科技公司合作来弥补上述短板，将自身的融资服务优势与金融科技公司的技术服务优势和场景优势有机融合，联合开展消费金融服务。如南京银行与度小满金融合作，就是城市商业银行与金融科技公司合作拓展消费金融业务的成功案例（具体参见案例3-1）。二是与消费平台机构合作。对消费平台开放API接口，将消费金融产品融入线上线下的消费场景中，尤其是医美、健身等新兴消费场景，这些消费场景的单次付费额度高，有利于将消费者转化为消费金融客户。进行这样的深度场景化，可以实现城市商业银行和消费平台的双赢——消费平台的场景为城市商业银行带来客户流量，城市商业银行的消费金融产品为线上线下商户拓宽支付渠道，例如，成都银行持股的锦城消费金融公司针对目前比较热门的医美、医疗等消费场景推出了"丽人贷""丽人贷（牙科专项）""健康贷"等系列消费金融产品①。宁波银行在自主构建消费场景和从外部接入已有消费场景两方面均有尝试。一方面，宁波银行构建了自身的消费场景——汇通商城（前身为其信用卡商城），初始定位是为本行信用卡持有者提供增值服务，持有本行信用卡者在此平台上购物，分期支付的价格更优惠。随着汇通商城的发展，其支付方式由宁波银行的单一信用卡支付拓展至以宁波银行银行卡为主的所有银联卡支付，受众群体迅速拓展。汇通商城既依靠电商平台产生利润，也在消费场景中嵌入宁波银行的消费金融业务，在自建的消费场景中将购物消费者转化为消费金融的客户。另一方面，宁波银行也积极接入外部消费场景，与商户开展合作，将消费场景覆盖到早教、餐饮、医疗等多个方面。2018年7月，宁波银行还与信雅达系统工程股份有限公司合作开发聚合支付系统，

---

① 锦城消费金融公司产品信息来源于：http://www.jccfc.com/service/.

为商户和消费者提供全渠道、全场景的支付服务，以满足线下、PC端、手机端多种支付场景同时使用的需要。

（二）借力金融科技，深度挖掘数据

缺少大数据支撑，限制了城市商业银行消费金融业务的发展。通过金融科技手段的运用，城市商业银行可以便捷高效地采集多维度客户行为数据，并提高业务运作效率。自行开发大数据挖掘系统需要投入巨额资金，一般只有大中型城市商业银行采取这样的做法。对于绝大多数城市商业银行而言，比较适宜采取与金融科技公司合作的方式进行大数据挖掘或接入外部大数据。缺乏大数据支撑的城市商业银行开展消费金融有两大痛点：一是在消费金融业务的C端客户申请规模大，缺乏大数据支撑导致审批效率低、客户体验差、违约风险高；二是在消费金融业务的B端（场景端）接入的消费场景众多，缺乏大数据支撑可能会面临合作方信用风险。某些优秀的金融科技公司在大数据采集能力、处理能力等方面都有明显的优势，能够帮助城市商业银行有效解决上述痛点。以百融金服为例，该公司本身具有强大的金融科技创新能力，且其与众多战略合作伙伴共享数据信息，有效丰富了百融金服的数据。目前，百融金服对于B端渠道管理和C端消费者管理都建立了完善的征信数据库和相应的量化评级指标，能够有效弥补与之合作的城市商业银行缺乏大数据难以征信和设计个性化消费金融产品的短板。

（三）用足金融科技，强化风险控制

大数据和云计算等金融科技手段，可以大大提升商业银行风险控制能力。资金实力允许的大型城市商业银行，可利用金融科技自建风控系统，实力不足的城市商业银行可选择与外部金融科技公司进行合作。一些优秀的金融科技公司所开发的风控系统，数据处理能力强，能够进行客户画像、并动态跟踪客户信用状况、共债变动情况、诉讼信息等来实时调整客户信用评分，量化分析客户潜在的信用风险。大多数中小型城市商业银行宜扬长避短，专注拓展消费金融业务，在明确委托管理责任的前提下，将风险控制的技术开发和某些系统维护工作外包给金融科技公司，自己只需负责对金融科技公司进行必要的监督。

利用金融科技强化消费金融的风险控制，要在贷前、贷中、贷后整个借贷流程把好关。从贷前风险把控来看，该阶段的风控工作重点在于征信系统建设和贷款在线审批。一般而言，小额消费贷款业务多为线上申请和审批，审批速

度慢会限制城市商业银行的获客能力,审批速度过快又会导致风险的增加。目前部分金融科技公司所开发的风控系统,可通过大数据技术实现线上自动化审批。自动化审批技术需建立在一个完善的征信系统上,金融科技公司通过对其收集的大数据进行整理,构建具有多维度信息的消费金融客户信用数据库,在此基础上对客户进行稳健的信用评估,并构建预判客户信用风险和还款能力的模型,为城市商业银行定制个性化的风险管理策略,依据客户信用给出适当的消费金融授信额度和贷款利率。从贷中风险把控来看,该阶段的风控工作重点在于防范非本人操作以及消费金融欺诈行为。贷中风控需对消费贷款申请人的身份信息、还款渠道、IP 地址等信息进行线上验证并量化风险,利用金融科技(如人脸验证的 AI 技术、光学字符识别的图片 OCR 技术等)对消费贷款申请人及其证件进行识别和鉴定真伪。利用金融科技还可通过预设策略来监测消费贷款申请人的操作行为,将该项业务的风险前置,降低城市商业银行的损失(如客户在操作过程中多次更换证件身份信息,那么该申请人盗用他人身份信息的可能较大,风控系统自动提示银行降低对其贷款额度或终止对其贷款)。从贷后风险控制来看,该环节风险控制的重点在于将贷款进行有效回收和结合贷款者的行为再次进行风险评估。小额消费贷款常常只依据个人信用发放,无需担保和抵押,能否按期足额回收贷款,关乎消费金融业务的可持续开展。传统的人工催收方式成本高且效率低,通过金融科技进行电子催收,可显著提高催收效率。在还款期限之前,可通过 APP 自动提醒客户还款金额和截止日期。对于逾期还款的客户,还可进一步通过 IVR(互动式语音应答)技术进行催收,并根据逾期还款客户的行为信息和信用信息对其进行人物画像,对于逾期原因进一步进行细分。对于信用较差的客户,再辅之线下的人工催收。整个贷款流程结束后,风控系统将结合贷款人的行为表现重新对其进行信用评价。对于在流程内按期还款、无异常行为操作的客户,可以进一步对其营销消费金融产品;对于逾期还款的客户,则要对其信用等级进行下调,根据其不良行为的具体状况,风控系统在处理其后续贷款申请时,对其适当降低贷款额度或提高贷款费率,或在一段时间内停止对其贷款。

【案例 3-1】

<h2 style="text-align:center">南京银行与度小满金融合作^①</h2>

2018年10月,南京银行与度小满金融签署合作协议,利用后者在金融科技方面的优势资源,从以下两方面为消费金融业务助力。

引进流量丰富场景

度小满金融的前身为百度金融,它基于百度体系的资源背景,能够为南京银行带来庞大的客户流量和丰富的场景。在引进客户流量方面,度小满金融一方面从百度搜索引擎的检索信息中捕捉消费信息和潜在客户,另一方面从百度贴吧、知道、百科等互联网服务中捕捉消费金融需求和潜在客户;在丰富场景方面,南京银行可依托百度搜索的金融场景为客户提供消费金融服务。

金融科技助力风控

除了丰富的消费场景和客户流量,度小满金融以其出色的金融科技创新能力,在风控方面为南京银行提供多方面服务支持(具体的服务支持如表3-3所示):

表 3-3　　度小满为南京银行提供的金融科技支持服务

服务支持	服务效果
大数据风控模型	丰富客户触达和连接途径、提升贷前信用评估、贷中身份识别和行为监控以及贷后催收等多方面的能力
身份验证服务	采用语音识别、人脸识别、OCR识别等技术,其中人脸识别技术的响应速度只有几十毫秒,准确率可以达到98%
账款催收业务	催收机器人可节约50%左右的催收人力,并使回款率提高3%~5%
巨型关联网络和多头监控系统	提高全流程的风险控制,降低贷款人的欺诈风险

二、借助联盟资源,弥补自身短板

构建城市商业银行之间的合作联盟,是同类银行实现资源共享的有效途径。

---

① 资料来源:https://baijiahao.baidu.com/s?id=1615395378991687074&wfr=spider&for=pc.

利用城市商业银行合作联盟平台的力量更好地应用金融科技，有助于构建跨行信用数据合作机制，增强行际金融合作的协同性，能够在一定程度上解决各自消费金融业务场景和风控等方面的难题。山东省城市商业银行合作联盟、南京银行"鑫云+"互联网金融平台是典型的城市商业银行合作联盟。山东省城市商业银行合作联盟本身是一家持有金融牌照的中小银行金融科技服务公司，其为联盟内成员行提供互联网金融系统、大数据分析等金融科技服务。南京银行"鑫云+"互联网金融平台，致力解决中小规模城市商业银行的技术架构无法应对互联网业务高并发、大流量应用的痛点。上述合作联盟均期望通过金融科技服务外包，替代各自开发系统和运营维护，以较少的科技创新投入和人力成本，有效解决成员行在发展消费金融业务面临的场景短缺、大数据支撑不足、风控能力较弱的共性难题。

消费金融业务的信用风险，在很大程度上与金融机构之间的客户信用数据信息不共享有关（如由于缺乏客户跨行、跨平台贷款信息，难以及时察觉客户多平台借款造成的共债风险）。城市商业银行合作联盟建立跨行信用数据共享机制，不仅有助于成员行之间合作开发消费金融产品，也有助于防范消费金融的信用风险。合作联盟将客户在各成员行的信用数据进行整合汇总，再建立信用监控反应机制，一旦消费者同时在多行申请的消费信贷金额超过其实际偿还能力，联盟信息平台即刻将信息共享给各成员行，同时对其借贷行为进行一定限制，通过提前止损防范风险。

消费金融业务欺诈风险的防范同样需要银行间进行信息联通。借款人可能以小团体形式合作进行消费信贷申请，导致获得的借款额度超过借款人偿还能力。防范团体合作形式进行的消费信贷欺诈，可以从两个方面入手，一是需要调查了解用户的借贷状况，二是需要对用户之间的社会关联进行挖掘，来识别团体形式的消费信贷欺诈风险。银行间展开合作，共享用户的借贷状况信息，可以在贷前和贷中对于客户在其他机构的贷款情况保持监测，来确定是否对该客户放款或限制其进一步贷款。防范团体形式的消费信贷欺诈需要大量的客户数据信息和前沿的数据处理手段。通过银行间的合作，首先共享客户信息，扩充数据体系，再通过算法设计进行数据处理，挖掘出用户间可能存在的社交关系，识别团体。目前，百融金服已经在提供这样的团体识别反欺诈服务，其使用的是动态社团分割 AGM 算法以及社团检测算法 Bigclam。城市商业银行可以在组建联盟的基础上，利用联盟的数据优势和联盟平台的金融科技优势来展开对团伙欺诈行为的识别。

三、挖掘信用卡客户潜力，促进消费信贷再升级

2003年上海银行发行信用卡，拉开了城市商业银行信用卡业务的序幕，之后南京银行、宁波银行、包商银行、北京银行等陆续开展信用卡业务。但由于城市商业银行受到业务市场规模、地域性等条件的限制，处于经济发达地区的城市商业银行，受到大中型商业银行的挤压，处于经济相对落后地区的城市商业银行，信用卡消费用户和银行签约商户有限。加上大中型商业银行的信用卡市场份额基本达到饱和状态，城市商业银行开展信用卡业务的难度非常大。绝大多数的城市商业银行只能在所在地经营，而随着地区经济和金融一体化的发展，资金的跨地区流动日益频繁，客户需要商业银行跨区域为其提供金融服务，而这恰恰是城市商业银行的软肋。尽管ATM机均可实现跨行通用，使城市商业银行发行的信用卡可以拓展到更多地区使用。但是，出于成本和方便的考虑，消费者仍倾向选择在全国各地都有分支机构的大中型商业银行的信用卡。没有异地网点或异地网点很少的城市商业银行，发展信用卡业务的条件先天不足。由于区域限制，城市商业银行的信用卡业务无法规模化经营，开发成本和运营风险难以分摊；城市商业银行的专业人才储备不足，信用卡业务创新不够，进一步限制了其发展信用卡业务的能力和积极性。在已发卡的城市商业银行中，各行的差距很大。北京银行、上海银行等大型城市商业银行的发卡量已经达到了200万～300万张，而大多数已发卡的城市商业银行平均发卡量只有几十万张。为了促进城市商业银行信用卡业务的发展，并同时带动新兴消费金融业务的快速增长，应盘活信用卡客户存量，将互联网资源和金融科技手段引入信用卡业务，充分挖掘这部分存量客户背后的行为信息，延展消费信贷的深度和广度，促进消费信贷扩容和升级。具体而言，应同时在以下几个方面发力：

（一）利用存量客户粘性，线下线上协力创新

城市商业银行应借助信用卡存量客户的口碑，通过MGM（Member Get Member，客户推荐客户）渠道拓展新客户，并充分利用存量信用卡客户的黏性，改进消费信贷产品设计，增加信用卡的消费场景，在挖掘消费金融新客户的同时，提升对老客户的消费金融服务。为了应对互联网金融通过现金贷、分期购及其他个性化消费信贷产品抢占市场份额，城市商业银行也可利用自身信用卡业务

的优势推出类似的消费金融产品（如针对信用卡持卡客户推出纯信用、无抵押、无担保的小额分期消费信贷，又如开发校园版信用卡挤出非法的互联网"校园贷"）。鉴于中国互联网普及率在50%以上，手机网民有6亿人以上的现实状况，城市商业银行必须将线下直销与线上获客有机融合，对线上获取的用户信息进行加工筛选，导出潜在客户名单并分配给相应的销售经理，继而为客户提供上门办卡的精准营销。

（二）加强银商联动，借力培育品牌

城市商业银行培育信用卡品牌大致有3条路径：第一条路径是搭载知名品牌开发联名卡或主题卡。在充分整合相关社会资源的基础上，城市商业银行可以通过与知名品牌企业共同开发联名卡（Co-Branded-Card）或主题卡（Subject Credit Card），做深做透信用卡细分市场，既让客户享受联名信用卡或主题信用卡特约商户的积分、打折等优惠，也能借助联名企业品牌或相关主题的影响力，提升城市商业银行的知名度和信誉度。如青岛银行2018年11月与美团联合推出联名信用卡，通过"场景+金融"双向赋能，将美团在渠道、科技、场景等方面的能力和美誉度，与青岛银行在资金、风控、网点等方面的经验进行优势互补，共同为客户提供"本地客户+本地生活+本地金融"的特色化、差异化的金融服务品牌。第二条路径是信用卡应用APP的创新。通过开发信用卡APP，在APP内为客户提供信息查阅、还款、积分兑换等多方面线上服务，并根据客户需求及时感知客户需求变化，不断改进APP的应用，既能提高客户黏性和使用频率，又能提升线上营销的品牌效应。例如北京银行的"京彩生活"APP，不仅通过线上营销扩充客户行为信息，还在APP内对数据挖掘技术进行封装，根据客户特征为其提供个性化的服务，形成了良好的品牌效应。第三条路径是开辟便民的用卡场景。在连锁超市、餐饮、加油站以及购物中心等日常高频消费领域，开辟大众化的用卡场景，既能大幅增加特约商户，又能塑造便民的口碑。

（三）充分利用地缘人缘，发挥体制灵活优势

尽管规模、地域、技术、人才等因素对城市商业银行发展信用卡消费金融形成某些制约，但由于其与所在地政府、企业、居民的关系更为密切，在获取信息方面具有地缘优势和时效优势，对当地消费金融客户的资信状况、需求偏好了解得更为详尽。同时，城市商业银行经营地域集中，信息传递快捷、决策链条较短，对市场变化反应快、决策效率较高。在发展信用卡业务及其关联的

消费金融业务方面，城市商业银行应充分发挥其地缘人缘、体制灵活等优势，制订出符合自己特点的战略目标，扬长避短开展差异化经营。城市商业银行要立足本地，设计出符合当地市场特点的信用卡服务吸引用户，不盲目追求发卡量及市场规模，而以单卡收益率最大化和追求边际效益为核心。对于处在经济不甚发达地区的大多数城市商业银行而言，宜根据当地持卡人的消费能力和消费习惯改进信用卡增值服务（如与当地知名商业企业合作，开发更多提供消费折扣的特约商户，将刷卡积分换领日常必须消费品，甚至直接使用积分抵扣消费付款等），并将信用卡与客户的其他金融产品进行恰当的捆绑。

（四）摒弃"小而全"模式，外包非核心业务

大中型商业银行一般都建有完备的信用卡中心系统，而大多数城市商业银行的资本、人才、技术等资源有限，在发展信用卡消费信贷时不宜走"小而全"的路子。除了抓住战略规划、授信审批、风险管理等核心业务外，对于信用卡消费信贷业务中所涉及的产品设计、市场营销、制卡管理、数据处理、账单审核、贷款催收、分期商城、积分兑换等非核心业务，均可外包给专业的信用卡服务机构，由其根据合作目标负责日常管理和维护，以降低运营维护成本。

四、另设消费金融公司，相对独立拓展业务

除了应用金融科技工具和联盟合作以外，发起成立消费金融公司将部分消费金融业务相对独立出去，也可直接或间接促进城市商业银行消费金融业务发展。城市商业银行依托消费金融公司发展消费金融业务有以下几个方面的好处。其一，消费金融产品营销更精准。消费金融公司的机制灵活便捷，产品从研发到投放迅速，能够有针对性地锁定目标客户群体高效开展消费金融产品营销。其二，便于为不同信用等级的客户提供差异化服务。出于防控风险的考虑，城市商业银行在开展某些消费金融业务时相对审慎。发起成立消费金融公司后，城市商业银行可依据客户的信用等级，为其提供差异化的消费金融产品和服务，部分原本不符合城市商业银行风控要求的客户，转换为下属消费金融公司的客户，有利于扩大目标客户群体。其三，有利于降低系统性信贷风险。无担保、无抵押的小额消费信贷业务本身存在一定风险，发起设立相对独立的消费金融公司，可将城市商业银行其他业务与部分消费信贷隔离开来，降低其系统性风险。其四，有助于城市商业银行突破地域限制。除了极少数头部的大型城市商

业银行之外,目前监管部门严格限制中小规模的城市商业银行跨域经营,发起设立消费金融公司,可以帮助城市商业银行突破地域限制发展消费金融业务,提高市场竞争力。

目前,已获得牌照并已开始经营的消费金融公司有 24 家①,城市商业银行系的消费金融公司有 16 家,是消费金融公司群体的主力军(见表 3-4)。之所以形成如此格局,主要是因为城市商业银行有开展消费金融业务的经验和业务基础,可以接入央行征信系统进行风控,且能够通过同业拆借帮助下属消费金融公司获得成本较低的资金。当然,突破地域限制也是城市商业银行积极发起设立消费金融公司的重要原因。

表 3-4　　　　　　成立消费金融公司的城市商业银行

城市商业银行名称	消费金融公司	开业时间
成都银行	四川锦城消费金融	2010 年 2 月
北京银行	北银消费金融	2010 年 2 月
湖北银行	湖北消费金融	2015 年 4 月
杭州银行	杭银消费金融	2015 年 12 月
盛京银行	盛银消费金融	2016 年 2 月
晋商银行	晋商消费金融	2016 年 2 月
长安银行	陕西长银消费金融	2016 年 11 月
哈尔滨银行	哈银消费金融	2017 年 2 月
中原银行	中原消费金融	2016 年 12 月
包商银行	包银消费金融	2016 年 12 月
长沙银行	长银五八消费金融	2017 年 1 月
南京银行	苏宁消费金融	2016 年 11 月
上海银行	尚诚消费金融	2017 年 8 月
张家口银行	河北幸福消费金融	2017 年 6 月
重庆银行	马上消费金融有限公司	2014 年 12 月
富滇银行	云南富滇银行消费金融	2016 年 1 月

如何推动城市商业银行系消费金融公司有序发展,我们的建议如下:一是

---

① 获批消费金融牌照的公司共有 29 家,其中 5 家尚未开业,分别是富银消费金融、冀银消费金融、易生华通消费金融、小米消费金融和平安消费金融。

扬长避短合理定位。由于消费金融市场蕴含巨大机遇，近年来民间资本蜂拥而至，互联网金融平台以"高利率、零风控、广撒网"的方式抢占市场。城市商业银行系消费金融公司尽管风险管理体系相对成熟，资金成本低，且金融链上的资源整合能力强。但互联网金融平台的机制更灵活，在消费场景以及客户体验方面具有相对优势。因此，城市商业银行系消费金融公司应根据自身的比较优势进行合理定位，有所为有所不为。既要与互联网平台合作弥补场景不丰富、客户体验不佳的短板，更要充分发挥其同业拆借资金成本低以及整合金融链资源的优势，形成差异化服务的竞争力。二是有效协调与母行之间的关系。城市商业银行系消费金融公司与母行之间既存在协同效应，也存在竞争关系。要激发消费金融公司的创新活力，必须理顺其与母行之间竞合的体制机制。从母行而言，应在不损害母行声誉的前提下适当放宽对消费金融公司的管束，变"圈养"为"放养"，让其独立搭建新平台自主经营。对银行系消费金融公司而言，应更多向外拓宽市场，在营销渠道、技术手段等方面上加强与外部企业或机构合作，借力整合外部资源丰富消费场景和强化技术支撑。三是守住底线稳健经营。消费金融业务所面临的风险主要有信用风险、IT 风险和欺诈风险，目前这三类风险的大致占比分别为 10%、20% 和 70%。城市商业银行系消费金融公司必须守住不发生系统性风险的底线，合法合规稳健发展，防范母行出现投资风险和声誉风险。

【案例 3-2】

晋商消费金融公司的喜与忧[①]

晋商消费金融公司是晋商银行发起设立的银行系消费金融公司，截至 2018 年 9 月末，晋商银行持有晋商消费金融公司 40% 的股权。晋商银行于 2018 年下半年启动 H 股上市计划，2019 年 2 月向港交所递交了主板上市申请。据晋商银行招股说明书披露，零售业务是晋商银行的核心战略之一，而消费金融业务是其零售业务的重要组成部分。尽管晋商银行自身所开展的消费贷款业务徘徊不前，但其控股的晋商消费金融公司的消费贷款业务增长迅猛。

创新"B2B2C"模式，业绩实现百倍增长

近年来，晋商消费金融公司的业绩表现优异，相较于同期成立的消费金融

---

① 晋商消费金融公司成立于 2016 年 2 月 23 日，是经中国银监会批准成立的全国第 14 家消费金融公司，由晋商银行作为发起人，与 360 旗下公司联合成立，晋商银行持股 40%。

公司位列前茅。据晋商银行招股说明书披露，2016年、2017年及2018年的前三个季度，晋商银行应分得的晋商消费金融公司的利润分别为40万元、1810万元、4180万元，按照40%的持股比例推算，晋商消费金融公司同期的利润分别为100万元、4525万元、1.05亿元，短短三年时间晋商消费金融公司的业绩实现了百倍的增长。晋商消费金融公司的业绩成绩与其发展消费金融业务的"B2B2C"模式有很大的关系，该模式中第一个B是晋商消费金融公司，第二个B是提供消费场景的合作方，C是最后拿到消费贷款的消费者，晋商消费金融公司将获客与引流任务交给合作方。2016年，晋商消费金融公司与360金融、万表网、跟谁学、智慧汽车网等14家互联网或电商企业达成战略合作意向，加速布局线上消费场景。2017年，晋商消费金融公司与什马金融合作，在推进普惠金融的过程中挖掘农村消费金融市场。借助合作机构整合外部相关资源，晋商消费金融公司获客能力大幅提升，消费金融的服务范围得以较快扩展。

合作伙伴频频失信，风控能力亟待提高

值得关注的是，在业绩迅速增长的同时，因合作方资金断裂，晋商消费金融公司也屡次遭遇消费贷款回收困难的风险。仅2018年，该公司就遭遇了4起合作方资金链断裂，其中三起为"租金贷"业务，一起为车贷相关的分期业务[①]。"租金贷"业务是由晋商消费金融公司作为资金提供方，为租客垫付资金给长租公寓平台，长租公寓平台资金链一旦断裂，会导致房东无法及时收到租金，而未收到租金的房东将租客赶出，无房居住的租客遂不愿偿还消费贷款。合作方资金链断裂或失信事件，导致外界对晋商消费金融公司的风控能力以及筛选合作商户能力产生怀疑，使其声誉受到损害。合作方屡次出现资金链断裂的原因，在一定程度上反映晋商消费金融公司的"B2B2C"模式不甚成熟。城市商业银行系消费金融公司一般只擅长对C端的风控，对B端的风控则是其短板。正因为如此，晋商消费金融公司必须尽快提升B端风险防范能力，避免在"B2B2C"模式下快速扩张的消费金融业务出现信用危机。

---

① 四家资金链断裂的合作方分别为上海歆禹房屋租赁有限公司、上海小寓信息科技有限公司、北京昊园恒业房地产经纪有限公司以及可可家里（北京）信息技术有限公司。

第四章 城市商业银行服务区域经济的科技金融创新

党的十九大提出,"深化科技体制改革,建立以企业为主体、市场为导向、产学研深度融合的技术创新体系"。全国金融工作会议强调,加强对中小企业科技金融服务的支持。中国经济进入换挡、提质的新时代,随着创新驱动发展战略的提出,供给侧结构性改革方针的确立,科技金融在促进科技型中小企业成长和科技产业发展中的核心作用得以加强。科技金融作为解决科技型中小企业融资难的金融创新,将发挥金融创新与科技创新的叠加效应,加快科技成果转化,培育战略性新兴产业。随着科技体制改革和金融体制改革的不断深化,科技金融的内涵与外延不断深化扩展,形成了多要素、多层面、多维度的科技金融体系,风险投资、科技贷款、科技保险、科技担保等金融主体以及多层次资本市场对拓宽科技型中小企业融资渠道发挥了日益重要的作用。近年来,一些商业银行不仅为科技型中小企业提供多种形式的科技贷款服务,而且还探索投贷联动等方式的科技金融创新。城市商业银行利用其对地方科技型中小企业比较熟悉的优势,与地方政府政策性科技金融支持相配合,在科技金融创新方面更为灵活和主动,以期通过金融创新与科技创新的融合促进地方产业转型升级,并在此基础上提升城市商业银行自身的市场竞争力。

第一节 科技金融的特点及发展趋势

一、科技金融及其创新的特点

(一)科技金融的内涵

从广义上说,科技金融是促进科技开发、成果转化和科技产业发展的一系列金融工具、金融服务、金融制度、金融政策的系统性安排，是参与科技创新创业投融资的企业、金融机构、金融市场、政府部门等主体的一系列金融行为，是科技和金融深度融合发展到一定阶段的产物。从狭义上说，科技金融是指各类金融机构和金融市场根据科技型企业的特点，运用各种融资工具对科技型企业发展提供金融支持。科技金融的重点功能在于支持处于生命周期不同阶段尤其是孵化期、种子期、创业早中期阶段的科技型中小企业发展。

（二）科技金融创新的特点

科技金融是由科技和金融这两个相互联系的系统构成的旨在支持科技创新创业的有机整体，是科技创新和金融创新的耦合。这种耦合使得科技金融具有协同创新风险性、创新行为多样性、自组织性与动态适应性等特点。

1. 协同创新风险性

由于合作动机、收益分配、非对称信息等因素的影响，科技金融的协同创新表现出风险性与不确定性。首先，科技金融协同创新的资源互补效应形成了"政策（政府）—资金（金融机构）—技术（企业）—成果转化（中介组织）"多重委托代理关系，每一个环节中创新主体的道德风险与逆向选择行为都将影响协同创新的稳定性。例如，金融机构出于资金安全性与收益性的考虑，对具有市场需求延迟或较长投资回报期的科技创新项目形成投资误判，由此产生投资短视的逆向选择行为。各类企业间的协同创新使知识共享与技术溢出产生合作风险，企业间的技术模仿和过度的技术保护等都不利于形成稳定的合作关系。其次，协同创新是多主体参与的群体决策与利益分配过程，要求企业、金融机构、政府等保持大致相同创新节拍，才能及时响应环境与市场变化，当创新资源的异质性程度降低时，创新能力强的参与方将选择新的合作伙伴并破坏原有的创新合作。例如科技型中小企业在得不到政府、银行及时的资金支持时，会选择寻求风险投资等作为为其规模扩张的主要资金来源。又如，商业银行在外部投贷联动模式下，可能放弃对已获得风险投资但成长性达不到预期目标的科技型中小企业后续的信贷支持。

2. 创新行为多样性

科技金融的协同创新是资金链与技术链的结合过程，金融在科技创新、成果转化等方面发挥要素保障功能。其中，政府的产业政策、各类金融机构的产品与服务、企业能力与技术特性等以科技创新项目为载体，在多方互动下衍生出多种创新活动。例如，行业领导型企业的技术标准化与技术平台创新，中小型企业围绕产业平台核心技术实施的配套性创新，行业追随者实施的渐进式创新等，都需要政府、金融机构、中介组织等提供差异性的创新资源配套。企业创新行为的多样性倒逼科技金融不断创新。

3. 创新的自组织性与动态适应性

科技金融创新是企业、金融机构、政府等在技术、机制、产品与服务等方面不断适应外部环境变化的合作过程。技术、资金、政策等创新资源配置，是基于市场规律由创新主体的自组织性而逐渐形成的，并在产业生命周期上表现出动态适应性。例如，当科技型中小企业处于初创期时，由于实力相对薄弱且市场占有率很低，融资较为困难，此时政府政策性资金扶持、风险投资等方面的资金支持比较有利于促进该阶段的科技型中小企业成长。当科技型中小企业进入快速成长期之后，由于其行业地位上升和利润相对稳定，其资金来源选择以银行信贷与公开资本市场融资为主。因此，科技金融的协同创新是一种动态平衡过程，当影响创新的内外环境发生改变时，导致技术、资金、政策等创新资源的配置失衡并进入非稳定状态。为适应产业发展，投融资双方的创新都会动态适应内外环境变化而调整创新资源的配置。

二、科技金融的典型模式及其在我国的发展趋势

（一）科技金融的典型模式

随着全球经济迎来新一轮科技革命和产业变革的快速发展，各国在科技金融领域纷纷开展创新的探索与实践，以进一步优化金融资源在科技领域的配置。但受制于科技发展水平、金融体系的成熟程度、法律体系的透明程度、诚信体系的完善程度以及社会文化环境等多种因素的影响，世界各国的科技金融运行模式与创新实践各不相同。各国呈现出来的发展模式主要有资本市场主导型、银行主导型、政府主导型（参见表4-1）：

表4-1 科技金融发展典型模式

科技金融模式	资本市场主导型	银行主导型	政府主导型
资金供给主体	资本市场	金融机构	政府部门
主要特征	风险投资活跃，多层次资本市场体系完善，资本证券化率高	银行体系和信用担保体系完善，商业银行能合法开展股权投资	政府主导科技金融资源配置，发挥财政科技投入引导作用；政府直接介入风险较高的科技领域

续表

科技金融模式	资本市场主导型	银行主导型	政府主导型
金融服务	天使投资，风险投资，众筹，投贷联动，多层次资本市场股票或债券融资	商业银行贷款，政策性银行贷款，融资租赁，保理，担保与再担保	财政直接或间接支持（如科技补贴、政府采购等），政府信用担保，政府直接投资，政策性金融
代表国家	美国、英国	德国、日本	中国（以往）、韩国、印度

（二）我国科技金融的发展历程

我国科技金融的发展历程，实际上是科技体制改革与金融体制改革交互影响、协同改革、彼此助推的过程。作为促进科技创新和科技创业的关键要素，科技金融在探索中逐步丰富、强化并自成体系。从经济和金融体制机制渐进式改革的脉络来梳理，我国科技金融发展历程可分为以下六个阶段（参见表4-2）：

表4-2　　　　　　　　我国科技金融发展历程

供给制财政拨款阶段（1978—1984年）	开始实行经济体制改革，但科技金融内容单一，基本上是计划经济主导下的政府科技投入，国家科技计划采取财政专项资金拨款的形式
科技贷款介入阶段（1985—1987年）	在有计划的商品经济体制下，探索金融体系市场化改革。科技信贷改变了以往单纯依靠财政拨款的模式，探索科技与金融相互融合的新机制
市场机制介入阶段（1988—1992年）	经济体制基本完成了向商品经济的过渡，通过基本金融制度创新，初步形成金融市场框架。以高新技术开发区为载体推进市场化的科技金融
风险投资介入阶段（1993—1998年）	对市场化的金融体系框架进行调整，外资风险投资机构开始进入中国，启发和鼓舞了本国风险投资行业的兴起
资本市场介入阶段（1999—2005年）	规划利用资本市场推进科技金融。在创业板久呼未出的情况下推出了中小企业板，一批科技企业成功上市融资
全面深化和融合阶段（2006年至今）	商业银行科技金融制度进一步创新，科技金融工具日渐丰富。创业板和"新三板"拓宽了科技企业的股权融资渠道和风险投资的退出渠道。探索科技保险、投贷联动试点，设立科创板，金融科技与金融深度融合

（三）我国科技金融创新的趋势

由于我国的多层次资本市场体系尚不完善，与科技金融配套的科创板、新三板等适合科技型中小企业股权融资的资本市场尚在探索中，风险投资缺乏健全的退出机制，尚不具备"资本市场主导型"科技金融的发展基础。同时，我国征信体系不完善，担保机制不健全，商业银行对科技型小微企业发放信用贷款和知识产权质押贷款等仍旧面临较高违约风险，"银行主导型"的科技金融大面积推广也遇到瓶颈。正因为我国的资本市场和商业银行体系开展科技金融存在上述制约因素，故在以往较长一段时期，我国的科技金融发展模式属于"政府主导式"。按照党的十九大以来的各项重大政策的要求，未来我国将进一步发挥市场机制对要素资源配置的调节作用，在金融领域也将更多利用资本市场和商业银行的作用，发挥它们对科技金融资源配置的作用。在多层次资本市场体系尚不可能作为科技型中小企业融资主渠道的情况下，以商业银行与多层次资本市场协同支持为主，政府政策性金融为补充，将是我国未来较长时期开展科技金融发展的大趋势。

第二节　城市商业银行服务区域小微企业的科技金融

一、城市商业银行服务区域小微企业的科技金融现状

我国城市商业银行科技金融业务主要在国家和地方政府的引导下，贯彻落实创新驱动发展战略，通过体制机制、组织架构、产品体系、盈利模式的创新，为科技型中小企业提供全方位、全覆盖、全流程的金融服务。不少城市商业银行还形成了专业化的科技金融经营体系，培养了职业化的科技金融团队，优化了科技信贷的流程，针对科技型中小企业制订特别风险容忍政策，建立了符合科技金融特殊规律的风险控制管理模式。在一些科技产业集群所在地，城市商业银行的科技金融业务发展比较迅速。如北京银行截至2018年末累计为2.5万家科技中小微企业提供信贷资金超5000亿元。上海银行截至2018年末，在"上海中小微企业政策性融资担保基金"担保项下的科技型中小企业贷款余额逾20亿元，科技企业贷款余额较年初增长38%，大幅超过一般贷款平均增速。

二、城市商业银行针对区域小微企业科技金融创新的主要方式

尽管城市商业银行的科技金融专营机构或部门的名称有所差异，科技金融

业务侧重点各有不同，但是在运营模式、组织架构、盈利模式和风险管控上大同小异，没有本质的区别。从运营模式来看，大多是在本地政府相关部门的支持下，采取"政府引导+特定机构担保+科技支行或科技金融专营机构提供贷款"的模式，为科技型中小企业提供融资及相关服务；从组织架构来看，通常是在城市商业银行的总行、分行、支行三个层次分别设立科技金融部门，或成立科技支行；从盈利模式来看，基本上以利息收入为主要收入来源，并积极与第三方机构合作探索股权投资，以期通过"利息收入+股权收入"扩大收入来源；从风险管控模式来看，一般是与当地政府及保险公司、担保公司合作，形成"银政保"或"银政保保"联动的风险共担机制。

（一）科技金融组织创新

美国硅谷银行的经验给我国的商业银行开展科技金融创新许多启示，一些商业银行纷纷设立专门的科技支行。自 2009 年我国诞生了第一家城市商业银行科技支行以来，不少城市商业银行逐渐探索设立科技分行、科技支行等形式的科技金融专营机构。然而，我国商业银行科技金融专营机构的营商环境与硅谷银行有较大的差异，且支持商业银行科技金融创新的制度不甚配套，不能生搬硬套硅谷银行的经验。在改革实践中，一些城市商业银行结合我国国情探索了若干科技金融的创新路径。以下以 5 家城市商业银行为代表，介绍它们科技金融组织创新的做法。

1. 北京银行的方式

我国最早开展科技金融业务的城市商业银行是北京银行，20 世纪末中关村科技园区的蓬勃发展为北京银行探索科技金融专营机构提供了机遇，该行 2010 年率先在中关村设立首家科技型中小企业专营支行——中关村海淀园支行，后续在全国范围内设立了 15 家科技专营支行，并借鉴"信贷工厂"模式的国际经验，通过"批量化营销、标准化审贷、差异化贷后、特色化激励"实现科技金融产品的流水作业。北京银行在总行层面设立小企业事业部，建立科技金融业务、审批、贷后三个中心，分别在前、中、后台集约化管理全行的科技金融业务，在分行层面的小企业事业部之下，设立统筹管理辖内科技金融业务的产品中心、营销中心、风控中心、创客中心，对辖区内的科技金融业务进行统一管理。通过上述总分支三级科技金融管理体系，大幅提高了科技金融服务地方经济和科技型中小企业的力度。同时，北京银行在加强银政合作的基础上搭建起科技金融合作平台（如参与由银监会、科技部主导，银行业协会开发的首个科技专家公共服务平台——"科技专家选聘系统"），积极参与科技金融信用体系建设（如参与发起了中关村企业信用促进会），改善开展科技金融业务的生态环境。2018年北京银行成立科技金融创新中心，与中关村管委会签署新一轮战略合作协议支持全国科技创新中心建设。

2. 上海银行的方式

上海银行近年来加快培育特色科技金融机构，通过总结浦东科技支行的试点经验，在上海地区6家分行以及北京、深圳分行设立科创金融特色业务支行。为更好地服务科技型小微企业，上海银行结合自身优势加强跨界合作，致力构建科创金融服务生态圈，联合政府及公共服务平台、科研院校、产业园区、孵化器和创投机构、科技中介服务机构等，打造"上海银行+"大平台，为科技型小微企业提供开户、结算、投融资、咨询顾问等一站式、系统化的科技金融服务。

3. 成都银行的方式

成都银行于2009年成立中小企业部，统领全行科技型中小企业的科技金融业务，并在组建了全国首家城市商业银行科技支行之后又陆续在10多家直属支行设立中小银行部，将科技型中小企业金融业务作为全行的战略重点业务，建立一支百余人的客户经理队伍专职服务科技型中小企业。除了科技支行专营科技金融以外，成都银行还根据不同支行所在地的产业特征，形成针对性更强的科技金融服务体系。

4. 杭州银行的方式

杭州银行2009年设立了全国首批、浙江首家城市商业银行科技支行，并从2011年开始在其北京、上海、南京、合肥、宁波、深圳等地分行大力推广科技金融业务。2014年，总行科技文创金融部的成立，标志着杭州银行科技金融的组织框架基本成型。2016年3月，为达到整合重点城市科技金融创新资源的目的，并实现管理体制的专业化、扁平化，杭州银行成立科技金融事业部，并由总行创新管理委员会统领全行科技金融工作，形成总行直属科技金融事业部处于核心位置，分行相关特设机构、专营机构分居两翼，特色支行精准为所在地科技型中小企业提供金融服务的格局。

5. 汉口银行的方式

汉口银行2009年9月在东湖高新区设立光谷支行，成为全国首批、湖北省首家城市商业银行科技支行。2010年12月，依托光谷支行设立科技金融服务中心，聚合风投、券商、担保、评估等相关机构的资源，建成全国首家科技企业

"一站式"服务平台,自 2011 年起陆续在北京、上海、深圳、重庆、宜昌、襄阳等地设立科技金融服务分中心。2011 年 9 月,光谷科技支行升格为光谷科技分行,科技金融服务面和科技信贷的审批权限进一步扩大。

(二)科技金融产品创新

城市商业银行在深入市场调研的基础上,针对科技型中小企业的痛点和难点,对症下药进行科技金融产品创新。表 4-3 整理了具有代表性的城市商业银行的科技金融产品,尽管名目繁多,但归纳起来大致可分为以下几类:

表 4-3　　若干城市商业银行科技金融产品名目梳理

针对不同阶段科技型中小企业的金融产品	北京银行:创融通(初创期)、腾飞宝(成长期)
	南京银行:鑫微力、鑫智力、鑫活力
	江苏银行:孵化贷、成长之星
	上海银行:投贷保、远期共赢利息(初创期和成长期)
	成都银行:科创贷、成长贷、壮大贷
	汉口银行:萌芽贷、创融通、银融通
不同担保、质押、抵押的科技金融产品	北京银行:知识产权质押贷款、股权质押贷款
	南京银行:鑫科保、鑫智力、专利权质押贷款、软件著作权质押贷款
	江苏银行:投贷之星、科技之星、三板之星
	杭州银行:风险池贷款、银投联贷、股权质押贷款、新三板诚信贷、订单融资
	上海银行:担保基金担保贷款、知识产权保、履约保证保险贷款、银税保一体化
	西安银行:担保贷、权益贷、贸易贷
	汉口银行:政融通、三板通、股权质押贷款、订单融资贷款、科技担保贷款、供应链融资、贸易信用保险贷款
特色科技贷款	北京银行:瞪羚计划贷款、"小巨人"融信宝、集成电路设计贷款、前沿科技贷
	江苏银行:人才之星
	成都银行:科票通

资料来源:各城市商业银行官方网站。

1. 根据企业生命周期各阶段特征进行科技金融产品创新

处于种子期、初创期、成长期和成熟期的科技型中小微企业,其风险承受能力及对资金的需求有所不同,城市商业银行根据不同发展阶段科技型小微企业的特点和差别化融资需求,开发相应的科技金融产品。如汉口银行根据科技型小微企业生命周期各阶段的特征,设计了以"投融通"为总品牌,包括"萌芽贷""创融通""投联贷""三板通"等20项产品的科技金融产品库,以适应种子期、初创期、成长期和成熟期的科技型中小微企业的融资需求。

2. 通过银、政、保、园合作进行科技金融产品创新

一些城市商业银行积极与地方政府、担保公司、股权投资机构、高新产业园区合作,搭建了"政府+银行+担保+保险+创投+园区"的银政企、银投企、银保企、银园企等多方联动模式,在有效分散相关金融风险的基础上,开展科技金融产品创新。如上海银行与地方政府担保基金、就业促进中心三方合作,推出上海市创业担保贷款项下专项产品"双创e贷",利用"互联网+风险大数据"机制,通过与社保、银税行外数据联动,整合人行征信、工商、司法、百融第三方征信等风险大数据,为小微企业提供"结算+信贷支持+政府政策性扶持"综合金融服务。上海银行还与"上海中小微企业政策性融资担保基金"对接,共同探索风险容忍度较大的科技信贷业务(如针对销售规模不超过1000万元的初创科技企业推出科技"微贷通",针对销售规模在1000万元至1.5亿元的成长期早中期科技企业推出科技"履约贷")。截至2018年12月末,上海银行在上述基金担保项下的科技型中小企业贷款余额逾20亿元。又如宁波银行2018年为上海市科技型中小企业提供5000万元的履约保证保险专项贷款,该项履约保证保险贷款采取"政府、银行、保险公司、园区"共担风险的合作模式,为科技型中小企业提供单笔最高不超过500万元的贷款。

3. 质押、抵押、保证保险贷款创新

科技型小微企业一般具有轻资产特征,一些城市商业银行针对这一特征积极探索知识产权质押贷款、股权质押贷款,为缺乏抵押资产的高成长性科技型小微企业提供融资服务。如上海银行首创知识产权质押融资银保合作,推出"知识产权融资宝"业务,借助上海市专利保险联盟技术支撑,引入风险共担机制,有效解决科技型小企业知识产权质押融资评估难、质押难、处置难问题。又如2016年全国中小企业股转系统(新三板)对挂牌公司实施分层管理后,大连银行、重庆银行、潍坊银行、上海银行、南京银行等城市商业银行迅速开展起针对新三板创新层科技型中小企业的股权质押贷业务。

4. "投贷联动"的选择权贷款

一些城市商业银行通过与外部股权投资机构合作探索"投贷联动",将科技贷款与股权投资相结合。按照选择权贷款协议的约定,如果所支持的科技型中小企业实现了较高的成长性,城市商业银行可以在未来通过合作的股权投资机构获得客户的部分股权,享受远远高于贷款利息的溢价收益。如汉口银行早在2009年就提出"股权+债权"的综合服务,并对投贷联动进行初步尝试,专门设计了"投联贷"产品。在联想控股成为汉口银行大股东后,汉口银行与联想旗下弘毅投资、君联资本等股权投资公司加强合作,开展了一系列外部投贷联动业务。后期又与深创投、硅谷天堂、湖北省高新投等省内外知名股权投资机构建立投贷联动合作关系,对一批科技性中小企业提供了"股权+债权"的综合金融服务。截至2017年末,累计为136家科技企业(其中科技型中小企业98家)引入股权资金近30亿元,累计提供配套信贷资金20多亿元。

5. 供应链融资产品创新

供应链融资的1.0版采取"1+N"模式,即由核心企业凭借其良好的经营状况和商誉作担保,城市商业银行对上下游N个科技型小微企业进行融资。供应链融资的2.0版将传统的线下供应链金融搬到了线上,城市商业银行与核心企业"1"的数据对接,使其随时能获取核心企业和产业链上下游科技型中小企业的仓储、付款等各种真实的经营信息,高效完成多方在线协同。如江苏银行与上海财经大学、中国科学院计算技术研究所、江苏众达供应链科技有限公司合作开展银、学、研、产合作,通过科技赋能供应链金融,为科技型中小企业提供以"e融"系列为代表的供应链金融综合服务解决方案。江苏银行还将物联网技术创新推广运用于"存货E融",与大宗商品交易中心系统进行在线交互,形成出质审查、融资申请、提货还款等流程的全线上化,逐个击破动产质押融资"分不清、管不住、卖不掉"的痛点。

6. 其他特色科技贷款

如江苏银行等城市商业银行为提高科技研发水平和科研成果转化率,针对各级政府认定的高端科技人才(国家千人计划、万人计划入选者、省市科技企业家、省双创计划等专家)设计了人才专项贷款。成都银行与中国人民银行成都分行合作开发了基于再贴现定向支持科技型小微企业的"科票通",通过优惠利率贴现、优先再贴现,打通央行政策性资金通过城市商业银行定向直达科技型小微企业的快速通道。北京银行的集成电路设计贷款、瞪羚计划贷款、小巨人、融信宝、前沿科技贷等产品，对接中关村科技园区的绿色融资通道，破解科技型中小企业融资难。

（三）科技金融盈利模式创新

1. 利率差别定价的盈利模式

随着我国利率市场化改革的不断深化，我国商业银行的贷款定价可以在一个更为宽松的范围内进行浮动，城市商业银行可以参考信用评级机构的评估结果，判断科技型中小企业在不同发展阶段的经营风险，制订差别化的贷款利率。差别化定价要考虑目标企业所处发展阶段，初创企业面临的不确定性远大于成熟企业，故针对其设置较高的贷款利率。

2. 资产证券化的盈利模式

资产证券化（ABS）业务是将在未来可预见产生稳定现金流入但是目前缺乏流动性的资产，通过结构化设计进行信用增级，转化为证券并在金融市场上出售。我国真正意义上资产证券化业务开始于2005年，2008年受美国次贷危机影响一度被搁置，直到2012年中国人民银行、银监会和财政部联合发布《关于进一步扩大信贷资产证券化试点有关事项的通知》，ABS业务才被重启。截至2017年底ABS市场规模已经达到14347亿元，其中信贷ABS产品发行规模达到5966亿元。随着ABS市场的逐渐成熟，ABS业务模式成为城市商业银行增加中间业务收入、改善资产负债表结构、缓解流动性风险一举多得的盈利模式。继第一批ABS业务试点在2016年公布之后，2017年中国人民银行公布了北京银行、江苏银行和杭州银行3家城市商业银行在内的第二批12家商业银行试点。

3. 与高新技术产业园区合作的盈利模式

各地不同层次的高新技术开发区作为中小高新技术企业集群，对于优化地方创新创业环境、拉动地方经济发展的作用比较明显。这些高新技术开发区所在地的城市商业银行纷纷与园区管委会合作，充分利用集群内丰富的高成长性中小科技企业资源，在为它们提供科技金融服务的同时，形成了"银园企互动"的盈利模式。北京银行中关村支行采取这一盈利模式的成效最为突出，北京银行伴随着中关村中小高新技术企业的发展探索科技金融创新，2002年与中关村科技园区管委会签订了合作协议，向科技型中小企业以及园区建设给予300亿元的授信额度，2007年再次与中关村科技园区管委会签署深化战略合作的协议。2014年，北京银行决定未来4年向中关村科技园区科技型中小企业提供800亿元授信额度。北京银行在支持中关村科技产业园区发展的同时，也实现了自身科技金融业务的快速发展和良性循环。

4. 投贷联动的盈利模式

2016 年，银监会发文批准 10 家银行开展首批投贷联动试点，除了国家开发银行、中国银行以及恒丰银行（全国性股份制商业银行）、上海华瑞银行（民营银行）、浦发硅谷银行（中外合资银行）之外，其他 5 家均为城市商业银行（即北京银行、上海银行、天津银行、汉口银行、西安银行）。目前，我国商业银行开展投贷联动业务的模式，分内部投贷联动和外部投贷联动两种，内部投贷联动是指商业银行在投资过程中借助拥有股权投资资格的子公司和自有资金进行投资，而外部投贷联动则是通过与 VC/PE 或者其他金融机构之间开展合作进行投资。按照我国现行的《商业银行法》，没有股权投资子公司的城市商业银行不能采用内部投贷联动的模式。北京银行 2016 年之前就已经设立了股权投资子公司，故其既可采取外部投贷联动模式也可通过内部投贷联动模式开展改革试点工作，而其他获批开展投贷联动试点的城市商业银行，只能采取外部投贷联动的模式。如上海银行的投贷联动主要采用"远期共赢利息"的方式，并联合上海张江国家自主创新示范区组建"投贷联动合作联盟"，充分利用国家自主创新示范区和上海自贸区的优惠政策"双自联动"推进相关改革。汉口银行在引入联想集团作为第一大控股股东后，借助后者控股的"弘毅""君联"两家股权投资公司以及其他 VC/PE 投资机构进行投贷联动合作，为企业提供"股权 + 债券"的综合融资服务，以及"先投后贷、先贷后投"的创新融资模式。

【案例 4－1】

北京银行的投贷联动

北京银行早在 2006 年就开始了投贷联动业务的探索与发展，当时的政策决定了北京银行的投贷联动模式只能是外部投贷联动。2013 年，探索将"先投后贷"与"先贷后投"两种投贷联动模式相结合；2015 年，联合中投保、中加基金、启迪科服等签订投贷保联动协议，同年 6 月又成立与投贷联动配套的创客中心；2016 年银监会批准北京银行等 5 家城市商业银行作为首批投贷联动试点银行之后，积极探索投贷联动的新路径，并推出了"投贷通"产品；2018 年 12 月，牵头设立"中关村投贷联动共同体"，拟在债转股、股转债、认股权 + 贷款、直投+贷款、投资基金+贷款等方面探索更多的创新产品。北京银行的投贷联动大体上有以下三种运行模式，即股权直投、认股权贷款和股权投资子公司。

股权直投模式

股权直投模式具体有定向增发和股权投资基金两种模式。定向增发模式属于内部投贷联动，北京银行借助子公司"中加基金管理有限公司"的力量，在投贷联动过程中负责对目标企业进行股权投资，而另一家子公司"北银丰业资产管理有限公司"则负责对上市公司提供直接股权投资，完成"定向增发"的业务。如北京银行在银监会、科技部、中国人民银行联合发布《关于支持银行业金融机构加大创新力度开展科技企业投贷联动试点的指导意见》之后，第一笔投贷联动业务的客户为新三板挂牌公司北京广厦网络技术股份公司，北银丰业资产管理有限公司通过股票定增业务为该公司提供专项资产管理计划。

股权投资基金模式属于外部投贷联动的范畴，北京银行作为优先级LP，与外部股权投资机构共同发起股权投资基金。2015年，北京银行与启迪科技服务公司、中国投融资担保有限公司联合成立了股权投资基金，专门面向未上市的科技型中小企业进行股权投资并提供相关的增值服务。

认股权贷款模式

认股权贷款模式是商业银行和股权投资机构合作，同被投企业建立起选择权交易关系的前提下继而开展科技贷款的模式。合作股权投资机构在投资之前先与企业签订协议，约定在投资时将贷款资金换算成相应份额的股权或者期权，待被投资企业上市或被并购之后，股权投资机构售出或者转让所持有上述股份，并与商业银行按之前的协议进行利益分配。北京银行先后与多家股权投资机构（如中技华软、中信建投、中科招商等）建立这种合作关系，共同开展认股权贷款模式的科技金融服务。

股权投资子公司模式

根据银监会关于投贷联动试点的相关规定，北京银行为了争取开展内部投贷联动模式，于2016年向银监会申请成立具有股权投资职能的股权投资子公司——北银金融科技投资有限责任公司，该公司于2019年8月9日核准设立，由北京银行子公司北银置业有限公司全资控股，主要从事创业投资、资产管理、投资管理、投资咨询、金融信息服务等。自此，北京银行的投贷联动体系进一步得到了巩固和提升，科技型中小企业股权融资服务模式实现了深层次优化。

第三节　城市商业银行开展小微企业科技金融服务的瓶颈

一、科技金融风险分担机制不甚完善

我国科技金融体系的服务主体一般由地方政府、科技专营机构或科技支行、创业投资基金、科技担保机构等组成。地方政府主要发挥引导、协调以及相关风险损失补偿的作用，科技金融专营机构或科技支行主要为科技型中小企业提供信贷融资服务，创业投资基金主要为科技型中小企业提供股权投资服务，科技担保公司主要为科技企业提供增信服务。地方政府、创业投资基金、科技担保机构共同介入科技金融服务有助于分散风险，但目前城市商业银行仍由于以下风险分担机制不完善的问题，难以在科技金融业务方面迈开大步。

（一）风险分担机制不平衡

科技金融风险分担过程中的相关主体（政府、银行、创业投资引导基金、担保公司、风投机构等）对待科技金融业务的态度不一致，无论是从利益回报还是风险承担上都或多或少有一定的主观性。例如，政府在领导科技金融工作的过程中，要做到面面俱到比较困难，在政策实施上可能会缺乏系统性和平衡性，长此以往会导致各参与主体的联系日益松散，削弱风险分担机制的作用。

（二）未能充分利用资本市场进行风险分担

目前，城市商业银行在开展科技金融业务时，并未充分考虑资本市场对于风险分担的作用，主要是因为多层次资本市场不甚发达，风险投资的退出渠道不够顺畅，与城市商业银行合作开展科技金融的各相关主体对利用资本市场分担风险的作用不够重视。因此，城市商业银行开展科技金融业务依然没有跳出传统的银行思维，缺乏充分利用资本市场分担风险的投行思维。

（三）风险补偿的周期较长覆盖面较窄

各地在引导城市商业银行发展科技金融业务的过程中，地方政府除了引导和协调各相关主体积极参与之外，往往还建立信贷风险补偿资金池，这样的做法在一定程度上分担了科技型中小企业面临的风险,也使得城市商业银行发放的中小企业科技贷款损失能够得到部分补偿。但是,由于地方财政对于科技贷款损失的政策性补偿管理比较谨慎,审查和处理相关事宜的周期较长,风险补偿的覆盖面较窄,使得城市商业银行及其他科技金融业务的合作主体的积极性受到不同程度的影响。

二、缺乏熟悉高新科技的复合型金融人才

与城市商业银行传统的信贷业务相比,从事科技金融业务的人员的素质要求更高。具体而言,适合开展科技金融业务的复合型人才应该达到如下条件:一是不仅要有丰富的银行信贷业务知识和实际金融工作经验,又要对前沿技术、科技行业和企业有较为深入地了解。在科技发展日新月异的今天,科技行业所涉细分领域不断增加,不同技术领域的科技型中小企业的技术、产品特点各异,因此需要科技金融从业人员能够准确地理解企业的需求,把握不同发展阶段企业的特征,为科技型中小企业开发适当的科技金融产品。二是既要具备创新思维,又要具有丰富的实践能力。科技金融业务需要适应瞬息万变的市场环境进行创新,相关从业人员除应具备专业基础知识和技能外,还要有快速的"干中学"的能力,并将这些新知识与业务实践有机结合。三是既要有创新驱动的业务拓展能力,又要具备合规思维和风控意识。科技型中小企业由于资产规模小、缺乏抵押物、不确定性因素多等特点,往往容易受到商业银行传统信贷评价标准的排斥。科技金融从业人员需要结合科技型中小企业的现实状况,降低对财务指标的关注,结合自己对行业的理解和把握,以发展的眼光审视其未来价值,以投行的评判标准对客户进行前瞻性的价值判断。同时,也要具备有效管控科技型中小企业经营风险的能力。然而,复合型金融人才对于大多数城市商业银行是最为稀缺的资源,这在很大程度上制约其科技金融业务的全方位推进。

三、科技信贷风控模式比较落后

随着各地城市商业银行对科技型中小企业的贷款规模不断扩大,相关的风险管理日益复杂,目前面临的科技信贷风险管控主要存在以下几个问题:一是科技信贷风险管控经验不足。大多数城市商业银行成立只有 10~20 年的时间,其开展

科技金融业务的时间更短。虽然城市商业银行在普通信贷风险管理上有一定的经验，但是对科技金融业务的风险管理水平远远不能适应业务发展的需要，往往因为风险管控手段单一、风险管理水平低下、生搬硬套大型商业银行风控模式，而使科技金融业务面临较大的风险。二是风险分析技术背景落后。大多数城市商业银行在开展科技金融过程中，强调定性分析而疏于定量分析，科技信贷投向往往带有较强的政策性金融色彩，尽管目前风险计量技术日臻成熟，但一些城市商业银行依然未能在风险管控中合理应用量化分析方法进行管理。三是应对科技信贷违约比较被动。科技型小微企业通常具有轻资产特征，商业银行认可的抵押物较少，很难获得外部担保。一些城市商业银行所开发的无抵押小额科技信贷，往往因科技型小微企业经营陷入困难而形成坏账。在既未设抵押或担保，又缺乏其他分散风险手段的情况下，城市商业银行处置科技信贷违约时间比较被动。

四、开展"投贷联动"仍受一定限制

2016 年，银监会、科技部和人民银行联合发布了《关于支持银行业金融机构加大创新力度开展科创企业投贷联动试点的指导意见》，正式开启了我国银行业开展投贷联动的征程，首批试点的北京银行、上海银行、天津银行、汉口银行和西安银行由于以下原因使得业务创新仍然受到一定限制：一是监管部门至今尚未批复城市商业银行新设股权投资子公司。上述《指导意见》提到试点银行可以申请设立具有投资功能的子公司，但目前除了北京银行拥有中加基金、北银丰业、北银金融等具有投资职能的子公司，其他城市商业银行设立股权投资子公司的申请还在等待批复。另外，监管部门对于如何制订股权投资子公司的管理制度、监督制度也处于探索阶段，即便股权投资子公司的申请获批也面临合规经营边界不清晰的难题。二是投贷联动收益与风险损失不匹配。由于在现有《商业银行法》之下城市商业银行不能投资非自用的不动产、非银行金融机构和企业，而目前大多数城市商业银行尚未正式获准成立股权投资子公司，只能与外部股权投资机构合作开展投贷联动，导致其投资收益与其承担的风险不相匹配。三是在多层次资本市场不甚完善的条件下股权退出难度较大。即便是拥有股权投资子公司的城市商业银行，其投入科技型中小企业的风险投资，通过 IPO 方式退出的成功案例只占少数，通过场外交易市场（包括新三板、四板等）溢价退出也有诸多不确定因素，通过回购、股权转让等方式退出获得高额收益也非易事。

五、中小科技企业的信用体系建设不甚完善

科技型中小企业通常具有资产轻、缺乏金融机构认可的抵押或担保、知识产权等无形资产占比较高的特点，对其发放无形资产质押贷款或信用贷款有较高的风险，城市商业银行为了防范信贷风险，需要在贷前对其信用状况进行系统的调查。我国企业征信机构发展始于1993年，目前呈现出以中国人民银行金融信用信息基础数据库为主导，市场化征信机构为辅的格局。然而，经过20余年的发展，中国人民银行基础数据库信息仍不能满足现时征信需求，市场化征信机构整体发展水平良莠不齐，同质化倾向严重，在提供系统化的企业征信信息服务层面还存在相当大的局限性。另外，我国个人征信机构于2015年才正式开始起步，目前市场仅审批通过第一批包括芝麻信用、腾讯征信和前海征信在内的8家个人征信机构，还有待于更多主体参与到个人征信市场的建设中来。囿于目前我国尚未建立成熟且完备的包括中小企业及企业主在内的社会信用体系，城市商业银行贷前难以获得目标企业翔实准确的信用信息，不得不通过自身力量去调查核实相关的信用状况，不仅增加了尽职调查成本，也降低了科技金融服务的效率。

第四节　城市商业银行深化区域小微企业科技金融创新的对策

一、完善风险分担机制

（一）深化与政府之间的合作

城市商业银行在开展科技金融业务的过程中必须牢牢把握住政府大力支持科技金融产业发展的机会，借助政府的力量分担和化解风险，实现科技金融业务的可持续发展。地方政府在科技金融风险分担中占据着极为重要的领导者、协调者和支持者的地位，应从整体上设计和制定科技金融相关政策，在市场信心不足的

情况下发挥财政资金引导作用,建立和完善风险补偿资金池制度,对失败项目投资总额按比例给予补偿。处理好城市商业银行与政府之间的关系,是深化银政合作和发展科技金融的重要环节。如上海银行在"上海中小微企业政策性融资担保基金"担保项下的科技型中小企业贷款若出现坏账,上海财政专项资金将对不良贷款净损失给予一定比例的风险损失补偿。

(二)加强与各金融主体的联系

城市商业银行与担保机构、保险机构和风投机构合作开展科技金融,可以建立专项机制分担风险。城市商业银行向缺乏抵押和质押物的科技型中小企业发放科技贷款,担保机构是分担贷款风险最主要的主体;科技型中小企业投保信贷保证保险,则是为分担科技金融风险加入了新的承担主体;城市商业银行与风投机构合作开展投贷联动业务,也可实现利益共享和风险共担。

二、培养引进科技与金融有机融合的复合型人才

(一)拓宽招聘通道,选拔复合型人才

科技金融业务涉及的行业纷繁复杂,城市商业银行该类业务人员的知识结构和工作经验最好具有复合型背景。考虑到每个个体的知识结构和工作经验的宽度和深度都是有限的,在科技支行或科技金融业务团队中,应注意一专多能的业务人员之间在知识、经验上的互补性,从整体上形成一支能够提供科技金融全面解决方案的复合型人才队伍。城市商业银行原有的人才在传统信贷领域有较多的经验,而开展科技金融业务需要更多的创新气质和战略眼光,需要一定的投行思维。股权投资机构、证券公司等集中了大批熟悉高新科技的金融从业人员,城市商业银行可以考虑适当引进该类优秀人才。值得注意的是,该类人才的市场薪酬水平较高,与商业银行现有的薪酬体系不完全匹配,故需要制订更加开放、更加灵活的人才吸引和使用机制,确保优秀的科技金融人才引得进、用得好、留得住。

(二)搭建专业化培训体系,建立轮岗培训交流机制

科技金融队伍的培训体系要深入结合业务实际,通过沙盘演练、沙龙分享、客户复盘等一系列实战演练和分享,来提升队伍能力。一是坚持"干中学",拓宽知识面。科技金融条线的从业人员要积极通过"干中学"跟踪科技前沿动态,看清相关行业发展趋势,把握科技金融创新的规律,做最懂科技型中小企业的

银行从业人员，通过与客户精准沟通提高尽职调查的效率。采用OJT（在岗培训）方法，由熟悉业务的老员工和领导对新员工、普通员工进行培训，在工作中边进行知识性内容的讲解，边开展实践和检验，如有问题可以立即纠正，通过这种"干中学"的方式实现员工知识、技能和工作方法的全面提升。二是树立换位思考理念，提高贴心服务力度。要学会从客户的角度思考合作共赢的问题，要善于跨界整合资源，帮助科技型中小企业找寻超常规发展的路径，并在此基础上探讨具体的科技金融服务模式。三是加强典型案例研讨，提升行业穿透分析能力。通过定期开展典型案例研讨，帮助科技金融服务团队深入研究重点行业和重点科技型中小企业，充分了解行业的实际状况和痛点、难点问题，提升整个团队对重点行业及重点科技型中小企业的穿透分析能力，从而有效地筛选目标客户和把控风险。四是建立在职教育组织，实施精准化职业培训。北京银行、重庆银行、汉口银行等设立了教育培训中心。泰隆银行和宁波银行开办了企业大学。在专职化培训的框架下，可以为城市商业银行员工提供针对科技金融业务的专业培训讲师、培训教材、培训课程，实现对银行员工的特殊职能进行强化培养。五是建立横向交流机制，加强轮岗培训。由于科技金融业务对从业人员的要求相对较高，既要懂科技型企业，又要熟悉信贷产品、掌握风险管控的要求，同时对于行业要有一定深度的研究。通过岗位之间的轮岗（如在业务部门工作一段时间后，到风险审批条线、管理条线训练），从而实现风险、管理与业务的深度交互式协作，多维度的横向交流机制有利于培养和储备复合型人才。

三、全方位加强科技信贷风险管控

我国城市商业银行的前身是城市信用社，曾经由于管理水平较低、监管力度不足以及内控机制不成熟等诸多原因，形成了大量的不良资产。大多数城市商业银行股改后经过多年的努力，不良贷款率已经降到较低的水平，但科技金融业务对其风险管控能力又提出新的挑战。借鉴硅谷银行等开展科技金融过程中风险管控的国际经验，结合我国国情打造流程科学化、技术先进化、体系健全化、架构清晰化的科技信贷风险管理体系，应关注以下几点：

（一）严格实施科技信贷审查制度

在为科技型中小企业提供融资之前，应对企业展开严格的尽职调查，尽可能掌握企业的详细状况，对管理层人员诚信档案、背景资料、专业化水平做适当调查和评估，并与合作开展科技金融服务的风险投资机构、担保公司、保险公司等建立长效沟通机制，从整体上把握企业的发展前景和内部经营管理状况。聘请专业的独立第三方法律顾问、财务顾问等进行交流，深入调查企业是否存在法律风险、财务是否规范透明。汉口银行在科技信贷审查方面建立了"九项单独"机制，其中的独立科技型企业准入门槛机制、独立信贷审批机制、独立科技金融审贷投票机制、风险容忍机制、风险专项拨备机制、业务风险定价机制六项机制，既有一定的风险容忍度，又有较强的科技信贷风险防范实效。

（二）借助风投机构择善而从

城市商业银行可以根据科技型中小企业是否获得风险投资作为选择标的企业的参考，以降低筛选成本和控制风险。获得了风险投资的科技型中小企业，在一定程度上说明其具有较好发展前景，且风险相较于未获得风险投资的科技型中小企业更小一些。城市商业银行也可在合规的前提下成为风险投资基金 LP。2018 年 1 月中国基金业协会发布《私募投资基金备案须知》，停止了债权类基金的备案，银行理财与私募基金合作流入实体经济，只能通过私募股权基金及其他类基金。2018 年 3 月，中央全面深化改革委员会第一次会议审议通过了《关于规范金融机构资产管理业务的指导意见》，在资管新规下，银行理财资金应在不违反多层嵌套有关规定的前提下投资私募股权基金。

（三）建设科技企业专家库强化客户风险评价

科技型中小企业普遍具有高成长、高风险、轻资产等特点，不适用于银行现有的客户风险评价体系。且科技领域的专业性和技术壁垒较强，行外人较难对科技型中小企业未来成长性及盈利能力进行充分客观地预判。城市商业银行应组建科技专家库，为其科技金融业务决策给予专业指导，以强化客户科技风险评价。

（四）在一定的条件下开展知识产权和股权质押贷款

科技型中小企业普遍具有固定资产轻、可用抵押物少的特点，缺乏抵押担保资产使得科技贷款存在巨大的风险。同时，也要看到其通过技术创新和知识产权转化具有潜在的高成长性。对于科技含量较高、知识产权转化应用市场前景良好的项目，城市商业银行可以探索将专利权、著作权等作为质押担保物，向科技型中小企业发放知识产权质押贷款。对于高成长性得到部分验证、特别是拟通过多层次资本市场挂牌的科技型中小企业，城市商业银行也可尝试开展股权质押贷款。

四、争取政策推广投贷联动业务

城市商业银行应持续关注处于早期、成长期的"四新"企业（即具有"新产业、新技术、新业态、新模式"特征的高成长性中小企业），尝试"创投型信贷"的金融服务模式。建立银政投多方参与的风险共担机制，探索"股权+债权"综合融资模式。

（一）精准定位投贷联动对象

城市商业银行过去没有股权投资的资格，投行业务方面的经验严重不足，无论采取外部投贷联动，还是在获批设立股权投资子公司之后开展内部投贷联动，城市商业银行都应选择自身熟悉的行业，关注国家重点支持的高新技术领域（如生物和医药技术、新能源开发、电子信息技术等），密切跟踪当地高新科技产业园区的优势企业。

（二）因企而异设计差别化的方案

投贷联动业务具有极强的针对性，应对处于不同发展阶段的科技型中小企业设计差别化的方案。对于初创期期的企业，可运用知识产权质押贷款、著作权抵押贷款等工具解决其融资难题；对于成长期的科技型中小企业，则提供选择权贷款的融资方案；对于成熟期的科技型中小企业，城市商业银行应扮演商业银行+投资银行的双重角色，为科技企业提供信贷、资产管理、咨询顾问一体化的科技金融服务。

（三）完善投贷联动流程风控机制

投贷联动作为城市商业银行的创新金融业务，应设置比传统信贷业务更为严格的风险防控机制。首先要突破"信息孤岛"的障碍，获得可靠的科技型中小企业信用信息，探索建立专门针对科技型中小企业的信用评级模型；其次要加强科技企业的资金账户监管，密切监视其结算账户资金流动情况；再次，积极探索"投贷保"联动、"投贷保保"联动等新模式，给贷款风险筑上一道防火墙；最后，应努力争取当地政府的政策扶持（如投贷联动贷款风险补偿基金），通过银政合作的强化有效缓释风险。

（四）优化投贷联动内控机制

投贷流程的优化，首先要建立完整的"防火墙"体系，协调投贷联动相关业务部门之间的关系，明晰各自的职责和权利。其次要建立投贷联动股权投资与贷款业务之间的"隔离墙",保持各自相对的独立性,避免股权投资业务出现过大风险而引致整个银行遭遇危机。最后是根据投贷联动业务的自身特点来调整业务流程(如审慎的尽职调查、独立的审批、业务适当隔离等)。

五、协助政府完善科技型中小企业信用体系建设

(一)培养科技型中小企业的信用意识

信息缺失、信息不对称问题在科技型中小企业中普遍存在,导致金融机构对科技型企业的支持力度下降、融资服务价格升高。建设科技型中小企业的征信体系,应从培养企业的信用意识开始着手。首先,城市商业银行应督促其所服务的科技型中小企业树立诚信意识,展现企业良好的信用形象;其次,引导科技型中小企业按照征信系统的要求,真实、准确、完整和及时地披露企业相关信用信息;最后,对拥有良好信用记录的科技型中小企业给予一定利率优惠或其他增值服务。

(二)参与征信体系建设,实现信用信息共享

在人民银行的管理下全面放开企业征信业务,标志着我国征信业法制化发展进入新阶段,尽管我国企业征信业务与发达国家成熟的征信服务相比仍有较大的差距,但是,根据2019年11月8日中国人民银行征信管理局最新数据显示,我国共有21个省(市)的134家企业征信机构完成备案,8家个人征信平台运行效果突出、情况良好,显示出我国征信体系建设取得阶段性成效,系统化的征信平台建设已初具规模。城市商业银行作为社会信用制度体系的建设主体之一,应充分发挥自身作用积极参与地方社会信用制度建设(如参与制订公共信用平台的征信标准、提供自身相关数据库、平台同盟成员共享等),联合地方税务、工商等部门实现信用数据信息跨部门共享,在人民银行征信系统基础上进一步叠加企业各种技术认证、科技奖补等信息,实现企业和金融机构信息的有效传递和对接。

【案例4-2】

北京银行中关村科技支行的科技金融创新

1999年,我国为发展科技创新试验田和先行区,开始加快建设中关村科技园区,并鼓励银行设立专门为科技型中小企业服务的科技支行,北京银行就在

这个时期设立了中关村科技园区支行和管理部，随后成立了中关村海淀园支行，这一支行也是北京首家以服务中小企业为重心的科技企业专营支行，2009年3月，北京银行成立中关村科技型中小企业信贷专营机构，并且在2011年又设立了北京银行中关村分行，这也是中关村地区首家分行级别的科技金融专营机构。由此北京银行完成了在中关村地区的总分支三级管理体系。如前文所述，总行为领导机关，对科技金融的全过程实行集约化管理，分行则统筹管理辖区内的科技金融业务，并设立小企业事业部，最后支行层面通过推广"信贷工厂"模式来提高服务效率，简化贷款流程和时间。中关村地区是我国最具创新特色的科创中心，在国务院和北京市政府的大力支持下，培育了一批又一批创新型领军企业。北京银行作为中关村发展的先行者，10多年里先行先试、攻坚克难、创新实践，破解中小企业的发展难题，为我国城市商业银行的发展指明了一条特色化、差异化道路。这也是由于北京银行多年以来坚持"服务中小企业，服务市民百姓"的自身定位，始终把科技金融工作放在所有工作的中心位置，通过组织架构的搭建、人才队伍的培养、产品的更新迭代、盈利模式的开拓以及体制机制创新等，打造出了一个极具科技金融特色的城市商业银行。以下简要介绍北京银行的创新之处：

建立丰富的科技金融产品库

北京银行自其成立之初就把工作的重心放在了服务科技型中小企业上，通过多年的研发目前已经形成了一套完整的面向科技型中小企业服务的科技金融产品体系，为达到提供差异化服务的目的，根据其金融资源的配置和风险收益的不同，开发了50余种涵盖科技企业所面临的各个阶段所对应的产品，即"小巨人"产品体系。针对初创型的小微企业，北京银行配合着政府专项资金，对其提供小额信用贷款，知识产权质押贷款质物品种加入了软件著作权等；还与政府、担保公司、创投企业、保险公司等各方携手合作，推出了专门面向成长期企业的融资方案，如"腾飞宝""智权贷""节能贷""创意贷"等特色产品；而对于成熟期的企业，主要的融资方式则是通过应收账款质押、无形资产质押、股权质押贷款等方式来实现其融资需求；除了上述针对科技企业不同时期的金融产品之外，还有一些其他特色产品，在2003年北京中关村管委会出台了"瞪羚计划"政策后，北京银行与担保公司进行合作共同推出"瞪羚计划贷款""留学人员创业贷款""软件外包贷款""集成电路贷款"等一系列极具针对性的产品；2007年，中关村科技园区的信用体系日趋成熟，北京银行在"信用贷款试点工作方案"的指示下大胆放开束缚，开发"信用贷"产品；2013年以来又推出了针对科技型中小企业的"创业贷""科技贷""成长贷"等产品。

银证合作打破传统融资模式

科技金融服务的模式目前来讲大致有三种，首先是以美国、英国为代表的资本市场主导型，这也是由于英美等国的资本市场体系较为健全和完善，而且管理监督机制也相当到位的原因；其次是以德国、日本为代表的银行主导型，这些国家的中央银行享有很大的自主权，科技企业主要基于中央银行的引导和支持，辅以各商业银行的配合来进行融资；最后就是以我国为代表的政府主导型，这种模式是通过政府资金的高效引导，高度契合了当前我国需要在科技金融领域快速发展的目标。北京银行积极参与政府合作，通过政府这一强有力的媒介来充分放大银政合作的效应。2002年，北京银行通过与中关村科技园区管委会达成合作协议，对园区内科技型中小企业和园区的开发建设提供了200亿元的授信额度；2007年，北京银行为了进一步深化与中关村的战略合作关系，又与中关村科技园区管委会签订战略合作协议；2014年，与北京市科技委员会签订全面战略合作协议，为未来四年北京市的所有科技型中小企业提供1000亿元的授信额度，与此同时，把未来三年面向中关村园区内科技型中小企业的授信额度提高至800亿元，还联合北京市多家融资租赁公司开发"银租通"产品。最后，根据中小科技企业贷款风险较大的特点，北京银行与科技部门以及政府联合建立了一套贷款风险补偿机制，一旦发生违约事件，则由之前政府出资设立的贷款风险补偿金来偿还，这使得北京银行的科技金融贷款风险实现了分散。

探索"1+N"的科技金融模式

科技型企业一旦脱离了初创期进入成长期或者成熟期，则自身的需求就会逐渐地由单一的资金需求转向多元的需求。北京银行在完成科技信贷支持的基础上，对那些日益发展壮大的企业提供更为切合自身发展的金融服务。一方面推出授信融资、债券发行、私募债、集合票据、私人银行、家族信托等方式进行表外融资，另一方面则是通过与政府部门、投资银行、券商、担保公司、各级孵化器等合作，形成了"1+N"的科技金融模式。北京银行为了适应市场需求不断推陈出新，先后推出创新产品创业贷、创业保、成长贷以及"小巨人"系列科技金融产品，这些产品对于各个发展阶段的科技型中小企业具有很强的针对性，不仅从信用贷款、债券融资、并购重组等方面提供了多元化的金融服务，而且协调了政府相关部门、投资机构发挥联动作用提供金融支持。北京银行还探索利用新的服务场景，体现了北京银行支持科技型中小企业发展的多样化服务，2013年与车库咖啡签订了全面战略合作协议，通过在咖啡店里设置"银行角"，为创业团队提供公司注册、结算、理财等综合性较强的金融服务，这种"保姆式"的服务强有力地支持了这些初创的科技企业的成长。又如2015年成立国内首家创客中心，为创客提供集投、贷、孵一体化的服务，并出资1000亿元用于创客中心内项目的孵化。

第五章　城市商业银行服务区域经济的绿色金融创新

党的十八届三中全会以来,生态可持续发展理念上升到国家战略高度,绿色金融制度框架日渐完善。作为推动绿色金融发展的市场主体之一,城市商业银行应不断创新绿色金融产品与服务,将绿色金融与普惠金融有机融合,实现区域经济和社会及其自身的可持续发展。

第一节　绿色金融及其产品种类

习近平总书记在"十九大"报告中提出,将污染防治攻坚战作为决胜全面建成小康社会的三大攻坚战之一,2017年,国务院正式决定开展绿色金融创新试点工作。据中国环境与发展国际合作委员会课题组估算,我国发展绿色经济的融资需求,2015—2020年为15万亿~30万亿元,2015~2030年为40万亿~123万亿元[①]。充分利用绿色信贷、绿色债券、绿色保险以及绿色担保基金、绿色产业基金、合同能源管理、绿色ETF、碳金融等绿色金融产品和服务,加强环境保护和治理,促进产业转型升级,助力经济高质量发展,是我国金融业未来相当长一段时期的重要使命。

---

① 资料来源:《中国环境与发展国际合作委员会课题报告》,http://www.ccicd.net/zcyj/yjbg/zcyjbg/2015/201607/P020160708359643584244.pdf。

一、绿色金融的含义及特点

（一）绿色金融的含义

按照 2016 年 8 月中国人民银行、财政部等七部委联合印发的《关于构建绿色金融体系的指导意见》给出的官方定义，绿色金融（Green Finance）是指为支持环境改善、应对气候变化、资源节约和高效利用领域（如环保、节能、清洁能源、绿色交通、绿色建筑等）的经济活动的项目投融资、项目运营、风险管理所提供的金融服务，其含义有两层：一是行业自律，对绿色发展提出要求；二是引导发展，将社会资本向利于环境保护的项目引导，促进整体生态水平提高。

（二）绿色金融的特点

首先，绿色金融具有社会性。绿色金融以保护环境、生态可持续发展为使命，要求经济效益与社会效益相统一。其次，绿色金融有较强的政策导向性。有效推进绿色金融业务，既要以国家政策为导向，又在一定程度上依靠国家政策的支持。再次，绿色金融产品体系具有结构性。近几年，随着绿色金融改革不断深化，逐渐形成品种丰富、结构较为合理的绿色金融产品体系。最后，绿色金融具有长期性。绿色金融相关的绿色项目资金投入量较大、技术要求较高，投资周期往往较长。

二、我国绿色金融主要政策法规

"十一五"至"十三五"期间，我国逐渐在零散的绿色金融政策基础上，形成了相对完整的绿色金融体系。银监会 2012 年 1 月出台的《绿色信贷指引》，标志着我国成为全球第三个建立绿色信贷指标的国家。2015 年 9 月中共中央、国务院出台的《生态文明体制改革总体方案》，为建立完善的绿色金融体系指明了方向。2016 年 9 月，国家发改委等七部委联合发布《关于构建绿色金融体系的指导意见》将绿色金融上升至国家战略，是迄今最为全面的绿色金融顶层设计（参见表 5-1）。

表 5-1　　我国发展绿色金融的主要政策法规

发文时间	发文机构	政策文件名称	绿色金融相关内容
2004 年 4 月	人民银行、发改委、银监会	《关于进一步加强产业政策和信贷政策协调配合控制信贷风险有关问题的通知》	调整信贷投向，停止对环境污染严重、产能过剩项目新增授信
2007 年 7 月	环保总局、人民银行、银监会	《关于落实环境保护政策法规防范信贷风险的意见》《节能减排授信工作指导意见》	强化信贷安全，加强对企业环境违法行为的经济制约和监督
2009 年 6 月	环保总局、人民银行	《关于全面落实绿色信贷政策进一步完善信息共享工作的通知》	进一步发挥行业信用体系作用，增加绿色信贷政策的可操作性
2012 年 1 月	银监会	《绿色信贷指引》	完善环境风险信息披露，监督检查绿色信贷执行情况
2015 年 1 月	银监会、发改委	《能效信贷指引》	防范能效信贷风险，加强能效融资能力建设和正向激励
2016 年 8 月	人民银行、发改委、财政部、环保总局、银监会、证监会、保监会	《关于构建绿色金融体系的指导意见》	绿色金融体系的内涵和外延、目标和措施等，将绿色金融上升至国家战略层面
2017 年 6 月	同上	分别发布浙江、广东、江西、贵州、新疆五省（区）《建设绿色金融改革创新试验区总体方案》	湖州、花都、赣江新区、贵安新区、克拉玛依、哈密等五省八地绿色金融试点改革与创新方案
2017 年 1 月	人民银行	《关于建立绿色贷款专项统计制度的通知》	加强绿色信贷基础统计能力，完善绿色信贷考核评价体系
2018 年 7 月	人民银行	《银行业存款类金融机构绿色信贷业绩评价方案（试行）》	定量和定性绿色信贷业绩评价指标权重分别为 80% 和 20%

三、绿色金融产品种类

（一）绿色信贷

绿色信贷（Green Credit）是指银行投向达到环境保护准入门槛的绿色项目的贷款。绿色信贷是中国语境的概念，国外相近的概念为可持续融资（Sustainable Finance）或环境融资（Environment Finance）。2012 年，银监会下发《绿色信贷指引》之后，特别是 2016 年 8 月中国人民银行等七部委联合印发《关于构建绿色金融体系的指导意见》以来，我国商业银行探索绿色信贷步伐加快。

（二）绿色债券

绿色债券是指所募资金用于支持符合环境保护规定之绿色项目的债券，包括绿色金融债、非金融企业绿色债券、绿色资产证券化产品以及境外发行的绿色债券。截至 2018 年，我国是世界第二大绿色债券发行国，贴标绿债总发行量达 2826 亿元，占同期全球绿色债券的 18%。

（三）绿色保险

绿色保险，从狭义来讲是指以被保险人因污染自然环境依法承担赔偿责任为保险对象的商业保险，也称"环境责任保险"；从广义来讲，绿色保险属于可持续金融的范畴，除了狭义的环境责任保险之外，还涵盖气候灾害保险及低碳保险（前者可被动分散和转移气候变化所带来的危害，后者则以主动干预的措施减缓气候变化的负面影响）。2013 年，环保部和保监会联合发布《关于开展环境污染强制责任保险试点工作的指导意见》，推动环境污染责任保险试点。2007 年，国家环保总局和保监会联合发布《关于环境污染责任保险工作的指导意见》，扩大环境污染责任保险试点地区的范围。

除上述几种主要的绿色金融产品之外，近 10 余年来还出现了绿色担保基金、绿色产业基金、合同能源管理、碳排放权、碳期货、碳基金、绿色 ETF 等。日益丰富的绿色金融产品，拓宽了改善和治理环境的多样化融资需求，也扩大了商业银行等金融机构的绿色金融服务领域。

第二节　我国商业银行绿色金融发展的现状

商业银行的绿色金融业务包括绿色信贷及创新性绿色金融产品。据中国环境与发展国际合作委员会课题组估算，我国发展绿色经济的融资需求，2015—2020 年为 15 万亿~30 万亿元，2015—2030 年为 40 万亿~123 万亿元[①]。因而必须增加商业银行绿色金融供给，支持绿色经济发展。

一、大中型商业银行开展绿色金融的状况

国有商业银行和全国性股份制商业银行已全面开展了绿色信贷业务截至 2017 年 6 月末，21 家国内主要银行（其中包括 3 家政策性银行）的绿色贷款余额为 241.7 亿元[②]，包括城市商业银行在内的中小商业银行则大多处于起步阶段。

在国有商业银行中，建设银行开展绿色金融的业绩最为显著。近年来，建设银行将"绿色信贷发展战略"写入公司章程，并制订了绿色金融资源配置、考核评价、风险控制、激励约束在内的一系列配套政策措施，探索多样化的绿色金融产品和服务。截至 2018 年 6 月末，建设银行绿色贷款余额 10308 亿元，有力支持工业节能减排、综合环境治理、清洁能源利用等绿色项目（参见图 5-1）。

在全国性股份制商业银行中，兴业银行是首家采纳赤道原则的商业银行，也是我国整个商业银行体系开展绿色金融业务的标杆。兴业银行的绿色金融产品体系包括 10 项通用产品、7 大特色产品、5 类融资模式、7 种解决方案。截至 2018 年 12 月底，兴业银行已经累计为 14621 家企业提供绿色金融融资

---

① 资料来源：《中国环境与发展国际合作委员会课题报告》，http://www.cciced.net/zcyj/yjbg/zcyjbg/2015/201607/P020160708359643584244.pdf。
② 21 家主要银行机构包括：国家开发银行、中国进出口银行、中国农业发展银行、中国工商银行、中国农业银行、中国银行、中国建设银行、交通银行、中国邮政储蓄银行、中信银行、中国光大银行、华夏银行、广东发展银行、平安银行、招商银行、浦东发展银行、兴业银行、民生银行、恒丰银行、浙商银行、渤海银行。

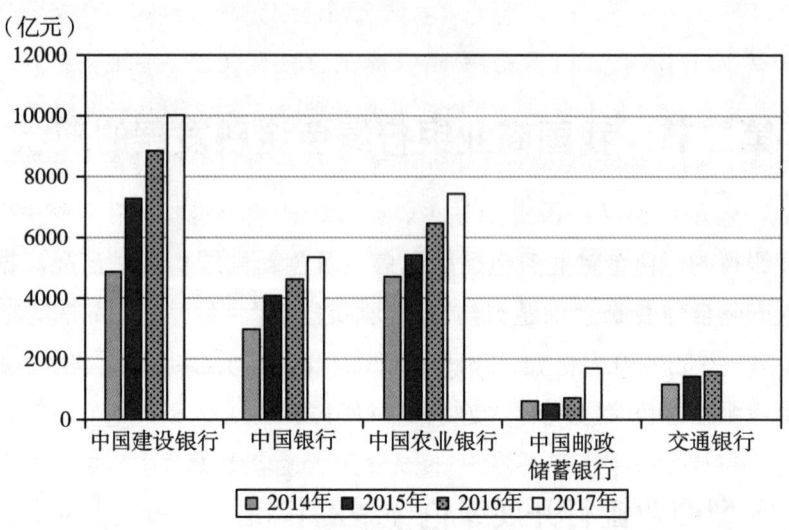

图 5-1 主要国有商业银行绿色信贷余额

资料来源：国泰安研究数据服务中心。

14836 亿元，为绿色金融创新试点地区累计投放 2800 亿元。兴业银行也是绿色债券市场最主要的参与者之一，继 2016 年境内发行绿色金融债后，又于 2018 年又在境内境外两个市场发行绿色金融债，存量绿色金融债规模超过 1100 亿元（参见图 5-2）。

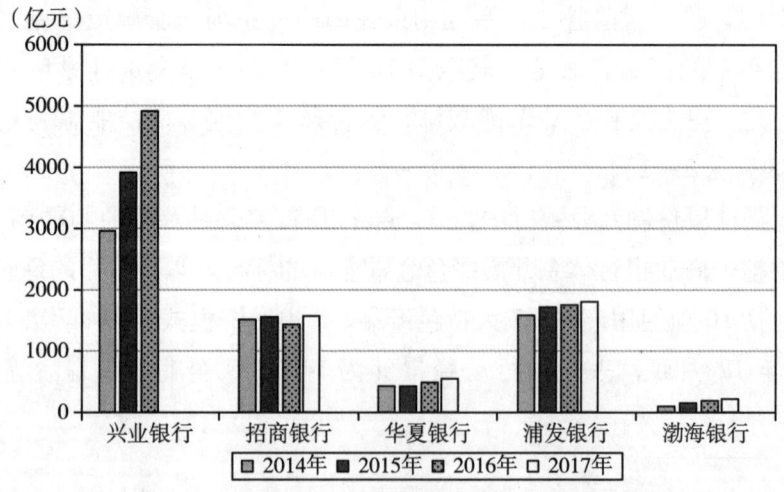

图 5-2 全国股份制商业银行绿色信贷余额

资料来源：国泰安研究数据服务中心。

二、我国城市商业银行服务区域经济的绿色金融状况

近年来,在产业结构调整的背景下,一些城市商业银行通过开展绿色金融业务,加快自身业务转型升级,更好地服务地方经济高质量发展。目前,大部分城市商业银行还未构建比较健全的绿色金融体系,从整体上看与大中型商业银行还有很大的差距。少数比较激进的城市商业银行(如江苏银行、北京银行、上海银行、湖州银行、贵阳银行、青岛银行等)的绿色信贷余额,已经接近甚至超过相近规模的全国性股份制商业银行(参见表5-2)。另外,近30家城市商业银行2016—2018年在银行间市场共发行绿色金融债1335亿元,其中2016年、2017年和2018年分别发行175亿元、631亿元和529亿元(参见表5-3)。

表5-2　　2016—2017部分城市商业银行绿色信贷规模　　单位:亿元

银　行	2016年	2017年
江苏银行	467.00	670.00
北京银行	389.00	500.00
上海银行	130.61	183.56
湖州银行	217.59	114.49
贵阳银行	33.45	82.99
青岛银行	62.62	73.17

表5-3　　2016—2018年境内发行绿色金融债的城市商业银行　　单位:亿元

年份	2016	2017	2018
发行主体	青岛银行、江西银行、乌鲁木齐银行、华兴银行	乌海银行、哈尔滨银行、北京银行、南京银行、洛阳银行、长沙银行、甘肃银行、乐山银行、郑州银行、东莞银行、兰州银行、烟台银行、泰隆商业银行、昆仑银行	河北银行、贵阳银行、富滇银行、东莞银行、九江银行、华兴银行、稠州银行、徽商银行、昆仑银行、中原银行、湘江银行、湖州银行
发行总额	175	631	529

资料来源:根据中国金融信息网和相关城市商业银行各年度年报整理。

第三节 城市商业银行开展区域绿色金融创新的主要做法

2017年,人民银行等七部委分别发布浙江、广东、江西、贵州、新疆五省(区)《建设绿色金融改革创新试验区总体方案》后,五大试点地区绿色金融创新进展较快,形成了一批绿色金融创新的成功案例。不少非试点地区的城市商业银行也超前规划,积极探索加快部署绿色金融。以下分别从制度创新、产品创新、经营管理创新、跨界合作创新等方面,观察各地城市商业银行绿色金融创新的做法。

一、从制度创新来看

自2017年五大试点地区绿色金融工作全面展开后,所在地区的城市商业银行根据当地特色纷纷制订绿色金融发展规划和相应的管理办法。例如,湖州银行参与制订《绿色融资项目评价规范》《绿色融资企业评价规范》《绿色银行评价规范》《绿色金融专营机构建设规范》4项绿色金融地方标准,制订了本行《绿色金融三年战略规划》《绿色信贷授信管理办法》和《绿色信贷行业营销指引》。贵州银行参与制订《关于支持绿色信贷产品和抵质押品创新的指导意见》《贵安新区绿色金融风险预警工作方案》和《贵安新区绿色金融风险监测和评估办法》。广州银行参与制订《广州市绿色金融同业自律机制公约》。在非试点地区一些探索绿色金融改革比较激进的城市商业银行,也分别制订了相关制度和管理办法。如江苏银行制订了《绿色信贷营销指引》,上海银行制订《绿色金融建设实施纲要》,北京银行制订了《绿色金融行动计划》和《绿色金融债券募集资金管理办法》等。总体来看,试点地区城市商业银行比较重视绿色金融战略的顶层设计,加强相关的制度建设,形成了较好的绿色金融创新软环境。但与国内外绿色金融标杆银行相比,试点地区城市商业银行绿色金融制度体系仍然不够健全。

二、从产品创新来看

试点地区城市商业银行绿色金融产品创新主要体现在开发个性化绿色贷款、

发行绿色金融债券、设立具有地方特色的绿色基金等方面。如湖州银行针对绿色产业园区建设推出"园区贷",针对新能源产业退出"光能贷",针对环境治理推出"五水共治贷""排污权质押贷",针对科技型中小企业推出"知识产权贷",针对节能减排推出"排污权质押贷""合同能源管理贷",针对改善乡村环境和促进土地集约化经营推出"美丽乡村贷""农村土地开发贷",针对当地特色产业牵头设立"白茶产业基金"。湖州银行还积极探索绿色资产证券化,发行中长期绿色金融债,探索绿色科技型中小企业的投贷联动业务,试图建立全方位的绿色金融产品体系。贵州银行和贵阳银行开发了"爽绿贷""爽绿债""爽绿投"等品牌的系列绿色金融专属产品,推出了支持当地绿色林农产业的"林权抵押贷""林权收储贷""爽农订单贷",支持节能减排的"合同能源管理授信",围绕城市垃圾治理、节水节能、环境治理等方面的绿色项目分别申请发行 80 亿元、50 亿元的绿色金融债。

  试点地区的其他城市商业银行在产品创新上也比较积极,对缓解绿色小微企业融资难以及推动当地绿色产业发展均发挥了一定的作用。如泰隆银行坚守服务小微企业的市场定位,发行了小微企业绿色金融债,针对无抵押物、无担保的小微环保设施企业推出"环保贷"(在符合一定信贷准入标准的情况下,可凭信用或"道义"担保给予授信,最高额度可达 300 万元)。为支持当地特色的生态种植业发展推出了"桔隆贷"等产品。又如东莞银行为支持地方可再生能源产业发展开展了绿色非标债权投资业务,为居民提供购买家用太阳能发电设备的非循环分期业务,并探索绿色信贷资产抵押再贷款,形成了包括若干业务条线、30 类产品的绿色金融产品体系。再如稠州银行生态循环农业企业提供"转型升级贷",为园林花卉种植企业提供"林权抵押贷",为美丽乡村的农家乐企业打包提供"整村授信"。

  总的来看,城市商业银行在开展绿色金融产品创新对支持当地绿色产业发展、保护生态环境、帮助中小企业解决绿色项目融资难等方面都有显著的推动效应,特别是具有当地特色的个性化绿色金融服务,在帮助绿色小微企业发展的同时,也提升了城市商业银行自身的差异化竞争能力。当然,与大中型商业银行比较,大多数城市商业银行在绿色金融产品创新方面的目标不够清晰,体系不够完善,占金融资产总规模的比重也较小。

【案例 5-1】

湖州银行：绿色金融试验区的"排头兵"

湖州银行作为绿色金融创新试点地区的城市商业银行，积极拓展绿色金融业务。2019 年 7 月，湖州银行正式宣布采纳赤道原则，成为继兴业银行、江苏银行后的第三家赤道银行。截至 2019 年 6 月末，全行绿色贷款余额 88.13 亿元，占比 28.26%。湖州银行充分利用中国人民银行湖州市中心支行的"央行再贷款资金对接商业性银行绿色金融产品"的政策，争取了 5 亿元再贷款扩大绿色信贷规模，使"绿色园区贷"等 3 个绿色信贷产品得以良性循环。湖州银行在完善绿色信贷配套机制，制定绿色信贷定价政策，扶持小微绿色经济主体等方面的改革实践卓有成效，成为小型城市商业银行绿色金融的标杆和全国绿色金融试验区的"排头兵"。

完善风险评估机制，制订差异定价策略

湖州银行绿色信贷规模扩大和质量提升，得益于该行根据绿色金融业务特征进行风险管理模式和定价机制的创新。湖州银行推出了"四色分类"的绿色信贷评价模型（四色分类是按照信贷客户对环境影响的优劣，从高到低分为绿色、蓝色、黄色、红色四类），利用企业环境效益和风险计量因子进行绿色信贷经济增加值测算，结合企业所处行业和具体表现进行分类，建立绿色评分模型，从总体上把握绿色信贷的投放方向和规模。对归属绿色、蓝色类别的环保企业实施信贷资源倾斜并给予给予优惠利率，对归属黄色、红色类别的企业压缩信贷规模甚至不予贷款。湖州银行建立绿色信贷定价机制，从内部资金转移定价和审批授权两方面优化绿色信贷定价机制：一是在拟定内部资金转移价格（FTP）后，绿色信贷利率可按同类项目信贷利率的 95 折执行；二是下放绿色信贷定价审批权限，授予分支行绿色信贷利率下浮的审批权。

坚持服务地方经济，从"小"发展绿色信贷

湖州银行坚持服务地方经济、服务中小企业、服务居民的定位，加大绿色信贷投入帮助地方企业、农民和园区进行绿色化升级改造。一是推出"房票贷"。"房票贷"业务已覆盖 45 个村、拆迁农户 1.6 万户，已累计向 2945 位拆迁户发放"房票贷"22.05 亿元，余额 20.47 亿元，助力农村节约集约用地；二是推出"五水共治贷"。全行累计向湖州市吴兴区、南浔区 100 多个经济合作社发放"五水共治贷"2.3 亿元，贷款户均约为 200 万元，助力美丽乡村发展。三是推出"园区贷"。截至2018年5月,累计发放砂洗城、联东U谷产业园、中节能产业园等多个节能升级产业园相关贷款约3.7亿元,帮助园区绿色升级改造。四是推出"农村土地开发贷"。截至2018年5月,湖州银行投放"农村土地开发贷"9.94亿元,覆盖湖州市三县两区21个农村土地复垦和废矿整治项目,加强农村土地综合整治。五是推出"光能贷"。截至2018年5月,湖州银行已向545户发放3618.5万元贷款,助力新能源发展。尤其是"园区贷",不仅帮助园区实现了统一供能和污染排放处理,也促进了绿色转型升级。另外,湖州银行是继江苏银行之后第二家申请加入"赤道原则"的城市商业银行,该行未来将进一步探索针对小微企业和普惠金与绿色金融有机融合度,践行城市商业银行的社会责任。

非试点地区的一些城市商业银行的绿色金融产品创新,也有许多亮点。如北京银行发行全国首单水务类绿色债券,推出中国核证自愿减排量CCER质押贷款,致力打造绿色金融特色服务品牌,于2017年4月发行了150亿元绿色金融债券。江苏银行作为首家践行"赤道原则"的城市商业银行,与IFC合作为节能减排项目提供绿色能效贷款,为合同能源管理公司提供合同能源管理项目贷款,为光伏发电项目提供光伏贷款、固废贷款、脱硫贷款、排污权抵押贷款、碳配额质押贷款等度身打造的绿色金融产品。2019年4月,江苏银行成功发行100亿元AAA级绿色金融债,用于支持绿色产业项目的贷款。不仅如此,江苏银行与财政部清洁机制发展基金共同创新推出"绿色创新投资项目"用于支持改善江苏省气候变化的产业活动,独具创新价值。上海银行陆续推出"IFC能效贷""合同能源贷""中国核证自愿减排量质押贷"以及探索绿色熊猫债等产品。南京银行2017年成功发行50亿元绿色金融债券投资于环保项目,并对PPP项目的污水处理服务收益权提供质押贷款。截至2019年4月,南京银行绿色信贷余额337亿元,收益权质押贷款、排污权质押贷款、合同能源管理贷款、光伏项目贷款等特色产品的出台推动南京银行产品不断创新发展。

另外,为了增加绿色金融的资金来源,加大绿色信贷投放,近30家城市商业银行2016—2018年期间在银行间市场发行了绿色金融债,其中华兴银行等少数城市商业银行发行了两期绿色金融债(参见表5-3)。但有些城市商业银行没有将绿色金融债所募集的资金完全投向绿色项目,以致央行出台《中国人民银行关于加强绿色金融债券存续期监督管理有关事宜的通知》(银发〔2018〕29

号),完善绿色金融债券存续期的监督管理,提升相关信息披露的透明度,推动发行人真正将所募资金贷放到绿色项目上。

三、从经营管理创新来看

在绿色金融的经营管理方面,少部分城市商业银行形成"自上而下"推动与鼓励"自下而上"探索相结合的管理模式。如湖州银行明确了发展绿色金融的战略定位,设立了全国首个董事会层面的绿色金融委员会,建立"一把手"负责的绿色金融领导小组,从董事会、经营层到分支行"自上而下"有序推动,并完善相应的组织架构,设立绿色金融事业部,推出绿色信贷评价标准(推出"四色"分类标准,并通过大数据竞争分析信贷资产的"绿色化"程度),实施"环保一票否决制",改进绿色信贷管理流程,强化绿色信贷风险管控,在信贷审查过程中充分融入绿色理念,优化配置信贷资源。同时,也建立相应的绿色金融激励机制,明确分支机构开展绿色金融业务的权责利关系,鼓励基层"自下而上"探索绿色金融创新。在绿色信贷定价机制方面,湖州银行优化内部资金转移定价和审批授权管理,在拟定内部资金转移价格(FTP)后,绿色信贷利率可按同类项目信贷利率的 95 折执行,并授予分支行绿色信贷利率下浮的审批权(一级支行行长可签批 10% 的下浮幅度,超过 10% 的由总行审批)。除湖州银行外,泰隆银行、哈密市商业银行等城市商业银行也成立绿色专营支行,为绿色企业贷款审批开通"绿色通道",提高了绿色金融业务的服务效率。北京银行、南京银行、宁波银行等上市银行在其社会责任报告中规范披露绿色信贷信息。从整体来看,大部分城市商业银行尚未针对绿色金融业务发展调整经营管理战略,在推动相关业务创新方面显得比较被动。

四、从跨界合作创新来看

少数比较激进的城市商业银行在践行绿色金融业务的过程中,仿效兴业银行进行跨界、跨领域的合作。湖州银行、九江银行与兴业银行签署《绿色金融合作协议》,新疆哈密市商业银行与试验区内的工商银行、中国银行、农业银行等 14 家金融机构签署战略合作协议,共同为试验区内的绿色项目注入资金力量。上海银行、北京银行和江苏银行等与世界银行国际金融公司(IFC)合作开展节能减排相关的绿色信贷,长沙银行与长沙市环境资源交易所合作开展排污权抵押贷款。南京银行向外寻求绿色金融合作伙伴,于 2019 年 5 月与法国开发署签署国内首笔非主权贷款合作协议,定向支持绿色项目。上海银行与上海市节能减排中心和中投保上海分公司联合推出分布式光伏发电"阳光贷"专项融资产品,支持上海地区小型企业分布式光伏发电项目,与上海环境能源交易所合作设计核证自愿减排量质押贷款操作流程。一些省市的城市商业银行积极与当地政府合作建立信贷风险分担及贷款损失补偿机制,如江苏银行与当地政府和第三方担保机构共同建立环保项目信贷风险分担机制(合作担保机构所担保的 1000 万元以下的绿色贷款出现损失,按照季均余额给予不高于 1% 的风险补偿),厦门银行与当地政府达成绿色信贷风险损失补偿合作框架(政府对绿色贷款本金实际损失给予 50% 的补偿)。目前,国家级绿色金融试验区所在地的城市商业银行,大多于利用当地政府建立的绿色项目库和绿色金融综合信息平台(如湖州利用金融科技搭建了线上绿色产融对接平台——"绿贷通")。与政府、其他金融机构、第三方服务机构等合作,既有助于规模较小的城市商业银行巧借外力拓展绿色金融领域,也有利于其在金融创新的过程中分散风险。

【案例 5-2】

上海银行:跨界合作推广绿色信贷

上海银行通过 5 大举措推进绿色金融:一是在制度层面,该行成立绿色金融工作领导小组,包括分管行和部门负责人,共同制订绿色金融发展战略、规划,并监督、报告。二是出台绿色金融相关文件,制订《绿色金融建设实施纲要》等文件。三是将绿色理念贯彻信贷全流程,严格执行信贷准入和审批,控制信贷风险,加强预警。四是开展绿色金融产品创新,加强特色产品服务建设。五是健全绿色金融信息披露,主动接受监督。

丰富的绿色信贷产品系列,是上海银行绿色金融创新最为突出的亮点。近年来,上海银行陆续推出"IFC 能效贷""合同能源贷""中国核证自愿减排量质押贷"等产品,支持符合绿色发展条件的节能环保、新能源、可再生能源项目、能源效率项目及绿色建筑等项目发展。2012 年,上海银行在业内率先推出"小企业合同能源贷",解决小型合同能源管理公司的融资难题,以未来收益权为基本担保方式,按照企业回款现金流匹配中长期项目贷款,更好地践行了城市商业银行为地区经济服务的定位。2014年，上海银行首创中国核证自愿减排量质押贷款，帮助企业盘活碳资产。上海银行跨界联合上海环境能源交易所设计了中国核证自愿减排量质押贷款相关操作流程，并在国内7个环境能源交易所推广这一规范的操作流程。上海银行与上海市发改委、市财政局、市节能减排中心和中投保上海分公司联合推出分布式光伏发电"阳光贷"，支持上海地区小型企业分布式光伏发电项目。上海银行还参与世界银行"上海低碳城市示范项目"，对绿色建筑、零碳建筑等项目提供中长期贷款等。综合来看，上海银行在绿色信贷产品创新成效显著，不仅与地方政府深度合作，也积极开展国际合作，是绿色信贷产品系列最丰富的城市商业银行之一。

第四节　城市商业银行拓展区域绿色金融服务的瓶颈

目前，由于内部顶层设计不完善、外部基础设施欠配套、绿色信贷风控机制不健全、缺乏优秀人才组建专门的业务团队、激励约束制度尚未落实等原因，大部分城市商业银行的绿色金融业务难以迈开大步。

一、内部顶层设计不完善，外部基础设施欠配套

有序推进绿色金融，城市商业银行内部需要有完善的顶层制度设计，外部需要有配套的基础设施。从内部顶层制度设计来看，目前除了少数标杆银行之外，大部分城市商业银行内部的绿色金融顶层制度设计不完善。例如，大部分城市商业银行尚未"自上而下"建立规范的绿色金融制度体系，绿色金融发展战略不甚明晰，少有将绿色金融写入自身的公司章程，没有将绿色经营理念贯彻到全行的各项业务活动中，不重视绿色金融的业绩考评，难以激发绿色金融创新的内生动力。正是绿色金融的顶层制度设计不甚完善，大部分城市商业银行的绿色金融组织体系也不健全，例如，绿色金融事业部的架构并未在城市商业银行中全面推广，内部各相关部门对于绿色金融业务的横向交流与协作并不顺畅。

从外部的基础设施配套来看，目前尽管在国家层面出台了一系列绿色金融政策和法规，但在地方政府层面（特别是非试点改革地区）还缺乏配套的地方性政

策法规以及相关制度的实施细则。某些省市未能建立完善的绿色金融风险分担机制（即相关风险由当地政府、担保机构、保险公司和贷款银行合理分担的制度），某些省市的地方性污染物排放等交易机制、绿色产业或项目的统计监测体系、绿色项目评级体系、环境信息披露机制等缺失或不甚完善，某些省市的绿色产业财政补贴没有惠及申请绿色贷款的小微企业，某些省市的银行监管部门对于符合条件的绿色信贷仍然比照一般信贷业务进行存贷比考核，某些省市涉及绿色金融的多个政府部门之间跨部门协调效率较低，某些省市对绿色贷款申请央行再贷款以及绿色金融风险补偿的政策未落实到位。上述外部基础设施不配套的问题，在一定程度上影响了城市商业银行扩大绿色金融业务规模的积极性。

二、环境风险识别不易，绿色信贷风控更难

绿色信贷是城市商业银行开展绿色金融的主要业务。与传统信贷不同，绿色信贷必须投向达到环境保护准入门槛的绿色项目，将金融资源导入环境友好型的产业和项目，控制城市商业银行对"两高一剩"产业和项目的信贷投放。虽然说符合国家产业政策和环境保护法规的绿色信贷有助于规避投向落后产能的企业，但由于绝大部分绿色金融支持的企业未来收益具有不确定性，大多数城市商业银行尚无成熟的绿色金融风险收益评估模型，对环境风险的识别和把控经验不足。在缺乏健全的绿色金融风控机制的情况下，加上绿色企业的真实环保信息很难获取，城市商业银行推广绿色金融可能会导致不良贷款率上升。2017年末城市商业银行整体不良贷款余额和不良贷款率较2016年末出现"双升"（尤其是73家城市商业银行不良贷款率高于商业银行平均水平），2018年第二季度城市商业银行整体不良贷款余额（2089亿元）较2017年末增加266亿元。在大部分城市商业银行不良贷款率较高的情况下，若不尽快改善绿色信贷风控机制，将会在一定程度上制约其绿色金融业务的快速推进。

三、落后地区人才奇缺，难建绿色金融团队

从国内外成功经验来看，绿色金融业务涉及的知识面较广，有效推进该项业务，有赖于一批熟悉金融业务和环境保护政策法规，深谙绿色产业运行规律，善于跨界整合相关资源的复合型人才。特别是在经济不发达的中西部地区，城

市商业银行更难引进和培养胜任绿色金融业务的复合型人才。如在试点地区贵州的贵安新区，近年来虽然因差异化发展大数据产业吸引了一批金融科技人才，但仍然缺乏高素质的绿色金融人才（也正是因为如此，贵州省金融办和人社厅专门制定了《关于支持贵安新区引进和培育绿色金融专业人才的意见》，举全省之力帮助贵安新区发展绿色金融引进和培育相关专业人才）。落后地区绿色金融人才本来奇缺，加上地区的城市商业银行的人才政策的吸引力往往弱于大中型商业银行，因而城市商业银行更难组建胜任力较强的绿色金融经营团队。

四、激励措施不力，约束机制软化

从银行外部来看，由于绿色金融业务具有较强的外部性和公益性，尽管目前国家政府出台系列政策激励金融机构加快推进绿色金融，但某些地方政府的政策支持力度不足（如地方政府的财税优惠政策跟进不及时或落实不到位），无法充分激发城市商业银行开展绿色金融的内在动力。同时，由于缺乏有针对性、可操作性的环境保护标准和规范，市场主体的环境责任不明，各监管机构的权责不清，对环保过失的当事人处罚偏轻，导致环境保护政策的执行力较弱，难以形成对包括城市商业银行在内的市场主体保护生态环境的硬约束。

从银行内部来看，按照银监会发布的《绿色信贷实施情况关键评价指标》的要求，"银行机构董事会或理事会负责确定绿色信贷发展战略，审批高级管理层制订的绿色信贷目标和提交的绿色信贷报告，监督、评估本机构绿色信贷发展战略执行情况"。而大部分城市商业银行缺乏的绿色金融发展战略，绿色信贷业务目标不甚明确，对于开展绿色信贷的资源（如专门人才、专项营销费用等）配置偏少，差异化授权不充分（如分支行的绿色授信额度较少、审批权限较小等），未设绿色信贷业务专项绩效奖励，难以激发分支行开展绿色金融业务的积极性。同时，相应的目标分解、落实、检查、考核机制也不完善，督促分支行开展绿色金融业务的要求往往成为软约束。

第五节　城市商业银行深化区域绿色金融创新的对策

城市商业银行深化绿色金融创新和扩大相应的业务规模，必须明确绿色金融的战略目标，尽快完善相应的顶层设计，优化绿色信贷风控模式，有针对性地强化激励与约束，引进和培养胜任该领域业务的复合型人才，跨界合作建立风险分担机制，将更多的信贷资金重点投放到低碳经济、循环经济、生态经济等领域，促进地方经济高质量发展。

一、明确绿色金融战略，加强内部顶层设计

国内外经验表明，明确绿色金融战略和加强内部顶层设计，是推进该项业务最为关键的步骤。以江苏银行为例，该行董事会确立了以绿色金融为引领的可持续发展战略，通过设立绿色金融专营事业部和优化相关业务流程，履行在环境保护前提下为地方经济发展提供金融支持的社会责任。2017年，江苏银行宣布正式采纳"赤道原则"，对标G20《金融机构能源效率声明》等高标准要求，完善环境与社会风险管理框架。在内部的顶层制度设计上，江苏银行以"赤道原则"作为行动指南，建立了较为完善的绿色金融管理体制，出台了《绿色信贷营销指引》等绿色信贷业务规范。目前，大部分城市商业银行的上述工作相对滞后，跟不上地方经济高质量发展需求，达不到监管部门相关政策的要求。未来，大部分城市商业银行应借鉴江苏银行的经验，明确绿色金融发展战略，规划绿色金融顶层设计，构建包括基本政策、组织架构、产品体系、流程管理、风险管控、信息披露、企业文化等要素的绿色金融制度体系，将绿色经营理念融入城市商业银行的战略整个业务流程中，覆盖全部分支机构、业务条线和员工，确保其资本配置、资金投向、风险管控等符合绿色金融的发展方向和监管要求。

二、优化风险管理模式，确保绿金资产质量

传统产业绿色改造往往面临着一定的环境风险，聚焦于绿色技术、绿色新兴产业的项目也常常面临着投资回报期较长、盈利能力不确定性等市场风险。绿色金融风险管理是否有效，直接影响城市商业银行信贷资产的质量，因此必须以强化风险管理为前提推进绿色金融全方位拓展。一是要主动适应供给侧结构性改革的要求优化产品结构。城市商业银行应针对地方经济特点因地制宜开展绿色金融创新，根据国家产业政策和环保法规的导向，瞄准新能源、新材料等各类战略新兴产业，以及节能环保、生态修复、资源循环利用、可再生能源、

智能制造、清洁生产、绿色交通、绿色建筑等绿色环保、循环经济、低碳节能等大类的项目，有选择地设计能效贷款、排放权质押贷款、知识产权质押贷款、林权质押贷款等绿色金融产品，并通过绿色金融债扩大资金来源。二是要对环境和社会风险较高的客户实施动态风险评估。城市商业银行应将客户的环境和社会风险因素作为其主体评级、信贷准入、过程管理、退出方式的重要依据，在绿色贷款"三查"、资产定价和经济资本分配等方面，因企而异采取差别化的风险管理。三是科学制定风险应对预案和采取风险缓释措施。对已发现存在重大环境和社会风险隐患的客户，应根据风险的特点及时采取针对性的风险缓释措施，制定风险应对预案，并寻求可行的风险损失的补偿途径。四是要创新风险控制手段（如在能效融资业务方面，有的城市商业银行以节能服务公司提供的合同能源管理合同项下的未来收益权，作为质押或作为其他担保抵押物的补充；有的城市商业银行以合法拥有碳配额的控排企业所提供的可交易碳资产作为主要质押物；有的城市商业银行对从事绿色交通、集中供热、垃圾处理等市政环境基础设施项目建设的企业贷款时，以其提供的特许经营权作为质押）。五是要创新绿色金融风险管理技术。利用金融科技构建绿色金融业务支持的数据系统，在客户管理、业务管理、风险管理等方面提供精准的信息支持，不仅能够提升绿色金融服务效率，而且有助于减少信息不对称等导致的风险。近年来，江苏银行在绿色金融规模快速增长（绿色信贷余额从2013年末的65亿元增长为2017年末的670亿元）的同时，高度重视风险管理，整个银行的贷款质量不仅没有因为绿色信贷规模扩张而下降（截至2018年6月末，其整个贷款的不良率为1.40%），该行的经验值得大多数城市商业银行借鉴。

三、因地制宜培养人才，跨界打造创新团队

优秀的人才和团队，是有效推进绿色金融最重要的资源。真正能够胜任绿色金融业务的人才，需要较宽的知识面较广和相关领域丰富的实务经验，城市商业银行要通过整合资源，培养一批绿色金融产品创新、环境和社会风险管理等方面的专业化人才。应通过跨条线、跨层级、跨部门的组织模式创新形成更具胜任力的绿色金融创新团队，有效识别开展绿色金融的商业机会，准确把握市场和客户定位，快速响应个性化的市场需求，及时开发多元化的绿色金融产品和服务。城市商业银行在人才争夺战中并不具备优势，应主要通过"干中学"

的方式培养一批适应各行各业环境和社会风险管理的复合型人才，采取差异化的人力资源管理策略打造实用型绿色金融人才队伍。应对员工定期进行绿色金融、环境和社会风险管理等方面的知识和技能培训，训练员工养成环保思维，提高绿色金融风险的警惕性。湖州银行设立常态化的"绿色金融讲习所"、北京银行、上海银行与 IFC（国际金融公司）合作开展的节能减排能效融资项目，聘请 IFC 的专家开展能效融资、水务、固废处理、碳交易等方面的业务知识培训。江苏银行绿色金融与 PPP 事业部根据当地新能源产业的特色，邀请外部专家进行光伏等绿色新能源产业知识培训。另外，一些城市商业银行与高校、研究机构、互联网公司建立了绿色金融产学研合作平台，这种跨界整合资源打造绿色金融创新团队的先进经验，值得广大城市商业银行借鉴。

四、激励约束并举，增强内在动力

为了增强城市商业银行及其所有层级、条线、部门和员工推动绿色金融的内在动力，需要内外双向强化激励约束机制。从银行外部来看，城市商业银行应积极与地方政府沟通协调，要求国家政府支持绿色产业和绿色金融发展的政策能够在当地贯彻落实，并争取地方政府出台符合当地特殊情况的实施细则（如要求地方政府在绿色金融的投融资双方给予必要的财税优惠支持、出台相关管理办法明确各部门、各市场主体的环境责任等），以充分调动城市商业银行开展绿色金融业务的热情。从银行内部来看，应在绿色金融发展总体战略下，明确各项绿色金融业务的具体目标，并将其合理分解到所有的责任主体。要根据各责任主体承担的目标任务配置相应的资源（如专门人才、专项营销费用等），对分支行的绿色金融业务进行合理的授权（如一定额度内的绿色贷款分支行有权自主审批等）。要出台绿色金融业务专项奖励办法，奖金与分支行、部门、员工的绿色金融业务绩效紧密挂钩。要对绿色金融业务目标执行情况定期进行监督检查，对考核不达标的分支行、部门、员工进行必要的处罚。对于开展绿色金融业务成绩突出的分支行、部门、员工，及时总结他们的成功经验，并在全行范围加以表彰和推广。同时，鼓励全体员工对绿色金融产品、服务模式、管理制度的创新建言献策，成绩突出者优先晋升职级。湖州银行借助当地银监、环保部门共同建立的信息共享平台，完善绿色信贷监测机制，将绿色金融评级结果与高管人员履职评价和奖罚挂钩；江苏银行在推进绿色金融过程中以 KPI（关键业绩指标）模式对分支行和员工进行考核，充分调动了各责任主体的积极性；贵阳银行主动对接贵安新区政府的绿色发展专项资金，使开展绿色金融绩效突出的分支行和员工在获得行内奖励的同时，享受政府给予的叠加奖励及补贴；湖州银行、江苏银行和贵阳银行激励约束并举，调动各方资源增强分支行和员工开展绿色金融内在动力的做法，值得各地城市商业银行借鉴。

五、广泛开展跨界合作，完善风险分担机制

由于对新兴的绿色产业不熟悉，原有的风险管控手段也不完全适用。在完善的绿色金融风控体系建立之前，城市商业银行独立运作的风险比较高。因此，需要与政府、担保机构、保险公司、其他机构等开展跨界合作，建立完善的绿色金融风险分担机制。广州银行主动对接《广州市花都区支持绿色金融和绿色产业专项资金管理办法》，下属分支行投向政府规定的绿色产业的贷款损失，可以获得政府 20% 的风险补偿。江苏银行与当地财政厅和环保厅合作，通过"环保贷"风险补偿资金池（首期 4 亿元）形成风险分担机制，专项用于环保企业开展污染防治、环保基础设施建设、生态保护修复及环保产业发展等方面的贷款出现损失，由贷款银行与风险补偿资金池按照差别化风险分担比例共同承担。江苏银行与 IFC（国际金融公司）合作开展的"中国节能减排能效融资江苏项目"的能效贷款，由江苏银行与 IFC 共同承担风险。除了借鉴上述先进经验之外，城市商业银行还可探索与其他金融机构开展跨界合作，发挥各自在不同金融领域的优势，共同控制风险和分担损失（如与证券公司开展合作，分散绿色投行业务的风险；与保险公司开展合作，通过绿色贷款保证保险合理分担相关贷款风险）。

【案例 5-3】

江苏银行：践行"赤道原则"的标杆

江苏银行 2017 年宣布正式采纳赤道原则，成为国内首家践行这一原则的城市商业银行。多年来，江苏银行深耕绿色金融，自觉接受社会监督，紧紧围绕赤道原则理念开拓业务，创新产品，优化流程，防控风险，革故鼎新的稳步推

进绿色金融服务，取得了实质性成果。在绿色贷款业务方面，该行绿色信贷余额从 2013 年末的 65 亿元增长为 2017 年末的 670 亿元。在绿色投行业务方面，该行既自身发行了绿色金融债 200 亿元，也承销了 2 亿元规模的江苏首单绿色公司债；同时还通过城市发展基金、PPP 融资支持基金、绿色产业环保基金支持绿色企业发展，截至 2017 年末累计支持绿色项目 21 个，提供融资金额 76.1 亿元，促进了江苏经济和社会的高质量发展。

成立绿色金融事业部，拓宽专业化营销渠道

为了解决银行内绿色金融业务难以专业化运营的问题。江苏银行突破传统的部门架构，于 2016 年初组建了绿色金融与 PPP 事业部（这是继兴业银行之后第二家在总行层面构建的绿色金融专营部门）。在该事业部业务条线下，总行与分行的分工明确，自上而下协同开展绿色金融业务。总行绿色金融与 PPP 事业部的专业化产品研发队伍负责进行行业研究、产品研发、重要客户营销监理、打通批量获客渠道等，分行层面的绿色金融专营团队，负责销售和开拓市场、具体业务申报、批量化营销绿色金融业务。总行与分行分工合作的绿色金融事业部管理体制，不仅加强了绿色金融业务的专业性，也充分调动了两个层级开展绿色金融业务的积极性。

聚焦地方优势环保行业，细分领域开展产品创新

江苏银行在开展绿色金融业务之前，不是盲目对各个行业的所有细分领域进行撒网式搜索，而是在充分的市场调研基础上有针对性地进行产品创新。江苏银行对节能环保产业大类中的环保、节能、新能源、固体废弃物处理等细分领域的上市公司整体发展状况进行分析，发现节能环保行业整体收入和利润分别同比增长 32% 和 37%，现金流量处于较好状态，应收账款持续增长且结构改善。于是绿色金融业务向节能环保行业聚焦，并重点锁定清洁能源领域的光伏行业以及环保领域的水处理行业和固体废弃物处理行业，筛选优质客户和项目开展营销。在"光伏贷贷"方面，江苏银行截至 2016 年累计推出 50 亿元"光伏贷"系列产品，该类绿色信贷产品融资额度高、贷款期限长、担保方式灵活，且贷款可以在光伏设备抵押之外，辅以项目投产后并网发电形成的应收账款质押、股东股权质押以及有实力的公司保证作为担保，降低了不良贷款发生的可能性；在"固废贷"方面，江苏银行根据当地民营企业处理废弃物能力不足的实际情况，定向投放 10.4 亿元贷款扶持贷款企业建设固废回收项目，在精准控制风险的基础上取得了较好的经营绩效。

跨界合作分担风险，降低项目融资成本

为了引导企业符合国家产业政策和环保法规运作绿色项目以及降低客户融资成本，江苏银行制订了《绿色信贷营销指引》，明确对相关行业的绿色信贷授信政策和客户申请贷款的准入规则，根据政策倾斜对绿色金融业务进行差别定价。2012—2017年，江苏银行与IFC合作签署《中国节能减排融资江苏项目协议》，共同为节能项目、可再生能源项目及为生产节能和可再生能源设备的制造商发放31笔能效贷款（总额6.25亿元），该项目贷款风险由江苏银行与IFC分担，既为节能环保产业的中小企业提供了资金支持，又通过风险分担机制降低了江苏银行独家开展绿色金融业务的风险。2018年，江苏银行与财政部清洁机制发展基金、江苏省财政厅三方共同发起设立"绿色创新投资"项目，该项目计划首期投入100亿元，以债权方式进行投资，主要支持江苏省内应对气候变化效益比较明显的产业（如可再生能源和新能源开发利用，节能减排的先进技术开发与产业化生产，集中供热、热电联产和余热余压利用等项目）。该项目借助政府的优惠补贴政策，既能够降低企业融资成本，也增强了银行开展绿色金融业务的热情。江苏银行还与江苏省环保厅和环保厅合作开展"环保贷"，利用绿色信贷风险补偿池分散可能出现的贷款风险（支持省内节能环保产业的绿色贷款发生损失，由风险补偿池赔付65%～70%的本息）。通过对外合作，通过与当地政府和国内外金融机构的跨界合作，江苏银行建立了良好的绿色金融风险分担机制，在一定程度上降低了开展业务的风险和客户的融资成本。

第六章 城市商业银行服务区域经济发展的效应分析

前文从不同视角和领域对城市商业银行服务区域经济的情况做了定性分析，本章通过实证研究方法，量化分析城市商业银行对区域经济发展的影响。由于城市商业银行所在区域的经济发展水平差异较大，区域经济发展水平会影响城市商业银行服务区域经济的能力。故本章除了对符合研究要求的全国城市商业银行样本进行回归分析之外，还按地域将城市商业银行分为东部、中部和西部3组分别进行回归分析，研究不同地域的城市商业银行对当地经济发展的影响效应。

第一节 变量选择和假设提出

一、被解释变量

本章采集数据实证研究城市商业银行对区域经济发展产生的影响。地区生产总值可以全面反映一个区域某一时点的经济发展情况，因此本文选择城市商业银行总部所在城市的地区生产总值作为实证研究的被解释变量。在实证研究中地区生产总值以万元为单位，由于数值过大，对该变量进行取自然对数处理。

二、解释变量

1. 城市商业银行年末存款余额

城市商业银行年末存款余额可以反映其在所在区域内吸纳资金的能力。银行吸收存款是发放贷款的基础,通过将存款转化为贷款投入到实体经济建设中可推动地方的经济发展,因此可以通过分析城市商业银行存款余额来研究城市商业银行对于区域经济发展的促进作用。基于此,提出如下假设1。

H1:城市商业银行年末存款余额对区域经济发展起正向促进作用。

在实证研究过程中,由于存款余额数目过大,对其进行取自然对数处理。

2. 城市商业银行年末贷款总额

城市商业银行在地方经济发展中是资金融通的中介,通过存款业务充分吸收企业和居民的闲置资金,再将资金贷放给需要融资的市场主体,以助推地方经济发展。因此,可通过分析城市商业银行贷款总额来研究城市商业银行对区域经济发展的促进作用。基于此,提出如下假设2。

H2:城市商业银行年末贷款总额对区域经济发展起正向促进作用。

同样,由于贷款总额的数目过大,在实证研究中也对其进行取自然对数处理。

三、控制变量

1. 净资产收益率

理论上来说,城市商业银行与区域经济发展是相辅相成的关系,城市商业银行获得发展可以更好地服务地方经济,地方经济得到发展也为城市商业银行的进一步发展提供良好的经济基础。净资产收益率反映城市商业银行的盈利能力,可用来衡量城市商业银行的发展状况。通过分析净资产收益率与区域经济发展的关系,可探究城市商业银行自身发展对于区域经济发展的影响。

2. 资本充足率

资本充足率是银行资本总额与其风险加权资产的比率。资本充足率的高低,反映银行抵御经营风险能力的强弱。城市商业银行抵御风险能力的强弱,将影响其服务区域经济发展的能力,因此有必要考虑资本充足率对于区域经济发展的影响。

四、变量描述表

表6-1汇总了上述变量的名称、符号及解释。

表6-1　　　　　　　　　　变量描述表

变量名称	变量符号	变量解释
地方经济生产总值	lnGDP	城市商业银行总部所在城市的经济生产总值的自然对数。
城市商业银行年末存款余额	lnDeposit	城市商业银行年末存款余额的自然对数。
城市商业银行年末贷款总额	lnLoan	城市商业银行年末贷款总额的自然对数。
城市商业银行净资产收益率	ROE	城市商业银行净收入与平均净资产总额的比率。
城市商业银行资本充足率	CAR	城市商业银行资本总额对其风险加权资产的比率。

第二节　回归模型设计及变量的描述性统计分析

一、数据来源

本章相关数据来源于 wind 系统，笔者尽可能寻找较多的样本进行研究，但鉴于部分城市商业银行起步较晚，早些年份的部分信息披露不完全，故将数据的时间区间设定为 2009—2018 年。为了确保实证结果的严谨性和可靠性，在剔除部分数据缺失严重的城市商业银行后，最终选取了数据披露比较规范详尽的 44 家银行进行实证研究。

二、回归模型设计

下文将采用多元回归分析的方法来对所采集到的面板数据样本进行研究。具体的回归模型如下：

$$\ln GDP_{i,t} = \alpha + \beta_1 \ln Deposit_{i,t} + \beta_2 \ln Loan_{i,t} + \beta_3 ROE_{i,t} + \beta_4 CAR_{i,t} + \xi_{i,t}$$

由于区域经济生产总值、贷款余额和存款总额的数值较大，故对这三个变量进行取对数处理。其中 α 为回归模型的截距项，β_1、β_2、β_3、β_4 分别为存款余额、贷款总额、净资本收益率和资本充足率对区域经济生产总值的影响系数。

三、变量的描述性统计及相关性分析

1. 变量的描述性统计分析

在进行实证检验之前，先对变量进行描述性统计以初步了解样本数据的总体特征。在44家样本银行中，位于东部、中部、西部地区的城市商业银行分别有26家、9家和9家。样本银行各变量的描述性统计结果如表6-2所示。

首先观察被解释变量。各样本银行所在地的GDP均值为5574.483万亿元，最大值与最小值分别为287.97万亿元和32679.87万亿元，可看出不同城市商业银行总部所在地的区域经济发展水平之间存在较大差距，标准差为5408.013进一步验证了这一点。

其次观察解释变量。从表6-2的数据可以看出，不同样本银行之间的存款余额有较大差距。最大值和最小值分别为34120.24和115.332，这一方面是由于不同城市商业银行所在地的经济发展水平存在差异，经济发展水平限制了部分样本银行的存款吸收能力；另一方面，样本银行的规模体量和经营能力差异也会导致吸收存款的能力存在差异。

从表6-2的数据可以看出，不同城市商业银行贷款总额之间的差距也十分明显，一方面是由于城市商业银行所在地的经济状况不同，吸收存款数量的差异导致了投放贷款数量的差异；另一方面，不同地区经济发展水平不同，营商环境也不同，经济发达地区的资本需求更活跃。

最后观察控制变量。净资产收益率最大值和最小值分别为37.55%和-8.13%，均值为15.87%，说明不同城市商业银行的盈利能力存在较大差距。与净资产收益率6.492的标准差相比，城市商业银行资本充足率的标准差仅为2.22，说明样本银行的资本充足率差距总体来说不太大。

表6-2　　　　　　　　　变量描述性统计结果

Variable	Obs	Mean	Std. Dev.	Min	Max
GDP（万亿元）	440	5574.483	5408.013	287.97	32679.87
Loan（万亿元）	440	1156.577	1779.773	74.745	20440.31
Deposit（万亿元）	440	1775.799	2560.95	115.332	34120.24
ROE	440	15.867	6.492	-8.13	37.55
CAR	440	13.029	2.222	5.58	33.97

2. 变量的相关性分析

在描述性统计基础上,我们进一步对实证数据进行相关性分析,具体的分析结果如表6-3所示。从该表可以看出,贷款总额的自然对数与GDP自然对数的相关系数为0.731,两者正相关,初步验证本章的假设1。贷款余额的自然对数与GDP自然对数的相关系数为0.746,同样是正相关,初步验证本章的假设2。

与原本预期不同的是,城市商业银行的净资产收益率与资本充足率与GDP自然对数的相关系数都为负数,说明样本银行的ROE、CAR都与lnGDP负相关,在下面的实证中我们将进一步探究这两者与区域经济生产总值的关系。

表6-3 变量的相关性分析结果

Variables	(1)	(2)	(3)	(4)	(5)
(1) lnGDP	1.000				
(2) lnLoan	0.731	1.000			
(3) lnDeposit	0.746	0.981	1.000		
(4) ROE	-0.019	-0.164	-0.142	1.000	
(5) CAR	-0.187	-0.308	-0.298	0.019	1.000

第三节 实证结果及分析

多元回归分析分为两个部分进行,第一个部分对收集到的44家样本银行数据进行总体回归,第二个部分按东、中、西部的地域分布对城市商业银行分组,然后再进行回归分析。

一、全部城市商业银行样本实证回归结果与分析

1. 变量的单位根检验

一些非平稳的时间序列通常会表现出相同的时间趋势,而这些经济变量之间本身并不存在关联,对于这样的数据集进行回归,尽管结果是显著的,但并没有什么实际意义。为了避免出现这样的伪相关,有必要对于包含时间序列的

数据集进行单位根检验,来判断其是否平稳。本章的实证研究通过 Stata 软件进行回归分析,选择 LLC 法对单位根进行检验。

对各个变量进行单位根检验的结果如表 6-4 所示。从该表可以看出,所有变量都通过了单位根检验,表明样本数据平稳,可直接进行回归分析。

表 6-4 变量的单位根检验结果

变量	Adjusted t 值	P 值	是否平稳
lnGDP	-6.9722	0.0000	平稳
lnloan	-3.7763	0.0000	平稳
lndeposit	-8.0256	0.0000	平稳
ROE	-8.0456	0.0000	平稳
CAR	-5.8647	0.0000	平稳

2. 多元回归结果与回归结果分析

由于样本数据为面板数据,需要根据 Hausman 检验的结果来选择实证分析模型。Hausman 检验的原假设为应建立随机效应模型,备择假设为应建立固定效应模型,表 6-5 为 Hausman 检验的结果。

表 6-5 霍斯曼检验的结果

	Coef.
Chi-square test value	13.77
P-value	0.0171

表 6-5 中,Hausman 检验的 P 值为 0.0171,在 5% 的显著性水平下拒绝原假设,因此应该选择建立固定效应模型进行实证研究。表 6-6 的左列为采用固定效应模型进行回归分析得到的结果。

表 6-6 多元回归结果

	FE	RE
	lnGDP	lnGDP
lnLoan	0.200*** (0.061)	0.198*** (0.062)
lnDeposit	0.250*** (0.064)	0.260*** (0.065)

续表

	FE	RE
	lnGDP	lnGDP
ROE	0.001 (0.002)	0.002 (0.002)
CAR	0.008* (0.004)	0.009** (0.004)
_cons	10.118*** (0.302)	9.969*** (0.316)
Obs.	440	440
R – squared	0.724	.z

Standard errors are in parenthesis *** $p < 0.01$， ** $p < 0.05$， * $p < 0.1$

根据表6-6的回归结果，可作如下分析：

（1）城市商业银行贷款总额的增长对区域经济增长有正向支持作用。从回归结果来看，变量 lnLoan 的系数为0.200，在1%的水平下显著，这一结果验证了假设1。这表明城市商业银行贷款规模与其所在地的经济增长正相关。随着城市商业银行贷款规模提高，城市商业银行更好地满足了本地企业的融资需求，提高了地方经济活力；也更好地满足了地方居民的信贷需求，解放了居民的消费能力，刺激了当地消费，进而拉动当地经济增长。

（2）城市商业银行存款余额的增长对区域经济增长有正向支持作用。从回归结果来看，变量 lnDeposit 的系数为0.250，在1%的水平下显著，这一结果验证了假设2。表明城市商业银行存款规模与其所在地经济增长正相关。存款是贷款的基础，城市商业银行吸收的存款越多，可用于放贷的资金越多，越能满足地方企业和居民的资金需求，推动当地的实体经济发展。

（3）城市商业银行净资产收益率的增长对区域经济增长没有显著推动作用。从回归结果来看，城市商业银行净资产收益率与其所在地经济增长的回归系数为正值但不显著，这说明城市商业银行的净资产收益率对所在地的经济发展没有明显影响。可能的原因在于：一方面，随着城市商业银行的净资产收益率提高，城市商业银行的业务逐步从总部所在城市向周边城市辐射，不再只集中于总部所在城市；另一方面，利率提高会增加城市商业银行的盈利，但通过会降低融资者（企业或居民）的投资或消费积极性。

(4) 城市商业银行资本充足率的增长对区域经济增长有正向支持作用。从回归结果来看，变量 CAR 的系数为 0.008，其 P 值显示在 10% 的水平下显著。这表明城市商业银行资本充足率与地方经济增长正相关。在一定范围内，资本充足率增加能够提高银行抵御风险的能力，在保护存款人和债权人权益的同时，保证城市商业银行的正常运营和发展，进而更好的服务区域经济发展。

二、按地域分组的城市商业银行样本回归结果与分析

在对样本数据进行回归之前，同样要进行 Hausman 检验，以判断应当使用随机效用模型还是固定效用模型，Hausman 检验结果如表 6-7 所示。

表 6-7　　　　　　　　Hausman 检验结果

	全国	东部	中部	西部
P 值	0.0171	0.1159	0.9854	0.5490
适用模型	固定效应模型	随机效应模型	随机效应模型	随机效应模型

根据表 6-7 反映的检验结果可知，在全国层面上宜采用固定效应模型进行回归分析，在东、中、西部地区层面上应采用随机效应模型进行回归分析。

根据 Hausman 检验的结果选择回归模型所进行的多元回归分析结果如表 6-8 所示：

表 6-8　　　　　城市商业银行总体与分地域多元回归结果

VARIABLES	全国 lnGDP	东部 lnGDP	中部 lnGDP	西部 lnGDP
lnLoan	0.200*** (0.061)	0.371*** (0.075)	0.179 (0.125)	-0.149 (0.151)
lnDeposit	0.250*** (0.064)	0.091 (0.077)	0.232* (0.129)	0.653*** (0.167)
ROE	0.001 (0.002)	0.005*** (0.002)	-0.004 (0.004)	-0.009 (0.006)
CAR	0.008* (0.004)	0.018*** (0.006)	0.006 (0.011)	-0.002 (0.010)

续表

VARIABLES	全国 lnGDP	东部 lnGDP	中部 lnGDP	西部 lnGDP
_cons	10.118*** (0.302)	9.815*** (0.362)	11.061*** (0.541)	9.115*** (0.996)
Obs.	440	260	90	90
R – squared	0.724	.z	.z	.z

Standard errors are in parenthesis *** $p<0.01$, ** $p<0.05$, * $p<0.1$

根据表 6-8 的回归结果，可作如下分析：

（1）在全国层面上，城市商业银行贷款总额对区域经济增长起正向促进作用，但在不同区域上的作用有所差异。从表 6-8 中可以看出，全国层面上，城市商业银行贷款总额与区域经济发展状况表现出显著正相关，这表明总体上城商行的贷款总额能够显著促进经济发展。但是区域层面上的回归结果存在很大差异。

在东部地区，城商行的贷款总额对经济发展的促进作用最为显著，东部地区的回归系数为 0.371，显著高于全国层面的 0.200。导致这一结果的可能原因有以下几点：①相对于中西部地区来说，东部沿海地区经济更加发达，头部的城市商业银行大多聚集在东部地区，例如南京银行、宁波银行、江苏银行等，头部城商行无论是在传统的存贷业务，还是在新兴的创新业务上都有更多的话语权和主动性，因此能更有力地推动地方经济发展。②东部地区经济发达，法制环境也更为完善，其营商环境更利于中小企业发展，因此东部地区聚集了大量的创业企业，有更多的优质创业项目，能够调动起地方城市商业银行投资小微企业的热情，城商行通过满足小微企业的融资需求达到了推动地方经济发展的目的。

从回归结果看，在中、西部地区，城市商业银行的贷款总额与地方经济发展没有显著的相关关系。其中中部地区的回归系数为 0.179，这一回归系数虽不显著，但仍旧说明城市商业银行的贷款总额与地方经济正相关，而西部地区的回归系数为 -0.149，这一结果令人意外。可能的原因在于西部地区经济发展较为落后，产业经济并不发达，城市商业银行在地方吸收存款之后，并没有将贷款投放给本地的企业，而是跨区域投放给外地企业，这不利于推动当地的经济发展。

（2）在全国层面上，城市商业银行存款余额对区域经济增长起正向作用，但在不同区域上的作用有所差异。从回归结果来看，在全国以及中、西部地区层面上，城市商业银行存款余额都对区域经济发展具有显著的支持作用。在东部地区，存款余额对 lnGDP 的回归系数尽管为正，但不显著。在西部地区，存款余额对 lnGDP 的回归系数最大，说明在西部地区存款余额对区域经济发展的推动作用最明显。

导致这一结果的可能原因有以下几点：①东部地区经济相对发达，居民可支配收入高，理财观念也相对先进，银行存款已不再是东部居民理财的主要选择，而城市商业银行吸收的存款量是其开展贷款业务的基础，存款吸收能力下降会降低城市商业银行对地方经济发展的推动效应。②相反，在中西部地区，多数居民的理财首选还是银行储蓄，因此中西部地区的城市商业银行存款吸收能力更强，对地方经济发展的推动效应也更大。

（3）东部地区的净资产收益率对于区域经济发展有显著正向影响。在四组回归结果中，只有东部地区城市商业银行的净资产收益率对地方经济有明显推动作用。净资产收益率是城市商业银行的盈利指标，该指标越高说明城市商业银行的盈利能力越好。城市商业银行的战略定位是"服务地方经济、服务地方企业、服务地方居民"，城市商业银行自身发展越好，越有余力去进行创新实践，进一步推动地方经济发展。头部城市商业银行大多聚集在东部地区，这些银行在自身发展较好的同时，也确实在不断创新来更好地助力地方经济发展，例如北京银行不断发力科技金融领域，成立科技金融创新中心，南京银行牵头成立"鑫云+"互联网金融平台，通过联盟形式合作帮助区域内中小银行更好地使用金融科技工具，助推中小银行服务地方经济。

（4）在全国以及东部地区层面上，资本充足率对区域经济发展具有正向影响。从回归结果来看，全国以及东部地区层面上城市商业银行的资本充足率对地方经济发展具有正向影响；在西部地区，城市商业银行资本充足率的回归系数为负，但并不显著。可能的原因有以下几点：①一般情况下，资本充足率增加能够提高城市商业银行抵御风险的能力，在保护存款人和债权人权益的同时保证城市商业银行正常的运营和发展，进而更好的服务地方经济发展，全国层面上的实证结果验证了这一点。②东部地区的营商环境好，银行的资本充足率越高，越有实力将资金投放给地方企业，助推地方经济发展；而在西部地区，产业经济并不发达，出于盈利目的，即使银行的资本充足率很好，也可能会将从本地吸收的资金更多投向产业经济更为发达的区域，这显然不利于西部地区企业的发展。

第七章 城市商业银行服务区域经济发展面临的挑战

近年来,城市商业银行资产规模、税后利润以及营业网点数量均大规模增长,成为我国商业银行体系的重要一极。2018 年末,我国商业银行体系对小微企业发放的贷款余额为 25.22 万亿元,其中城市商业银行对小微企业发放的贷款余额为 6.26 万亿元(占比 24.82%),支持小微企业、服务地方经济等发挥了重要作用。值得关注的是,目前监管部门对城市商业银行跨省经营约束加强,在同业竞争日趋激烈的情况下,城市商业银行的净息差、资产利润率近年继续下滑,加之严监管环境下城市商业银行流动性偏紧、资产质量下滑、贷款集中度超过监管规定、各种潜在风险悄然聚集、公司治理结构不甚完善等现实难题,其服务区域经济发展的能力也面临挑战。

第一节 跨区经营约束考验城市商业银行省内市场深耕能力

我国监管当局对城市商业银行的跨区域经营,经历了"严格限制—分类管控—暂停审批—有限放开"四个阶段,城市商业银行的跨区域经营,随着监管政策的变化而不断进行战略调整。银监会曾在 2005 年表示,对于达到风险评级中等以上水准并满足监管要求的城市商业银行,可以申请跨区域设立分支机构。2006 年发布的《中资商业银行行政许可事项实施办法》,规定了城市商业银行设立异地分行的基本条件。同年,银监会发布《城市商业银行异地分支机构管理办法》,进一步明确城市商业银行设立异地分支机构的具体流程。2006 年 4 月,上海银行率先利用新政在宁波设立异地分行,随后不少城市商业银行相继部署跨区域经营的战略。2009年4月，银监会出台《关于中小商业银行分支机构市场准入政策的调整意见（试行）》，进一步放宽中小商业银行分支机构的市场准入条件，更多的城市商业银行受此政策鼓励加快跨区域经营的进程。截至2010年末，当时全国共有147家城市商业银行，其中78家城市商业银行实现了跨区域经营，共设立了异地分支机构286家。仅据统计，在2010年当年，就有62家城市商业银行设立了103家异地分支行。然而，这一跨区域设立分支机构的热潮很快就受到约束。城市商业银行信贷客户集中，异地经营成本高，抗风险能力低的不稳定因素引起了最高决策层和监管部门的关注，2011年之后逐渐加强城市商业银行跨省设立分支机构的管制。

一、监管政策限制跨省扩张，倒逼做深做透省内市场

2011年，国务院副总理王岐山在"两会"期间批评某些城市商业银行一味做大、按大银行模式发展的势头。随后银监会原则上暂停批复城市商业银行跨省新设分行，新支行的开设也仅限于已设立的分行范围之内。2013年初，银监会发布《中国银监会办公厅关于做好2013年农村金融服务工作的通知》，允许城市商业银行在辖区内和周边经济紧密区申设分支机构，但不得跨省区，抑制盲目扩张冲动。允许城市商业银行在上述有限的特定区域内设立分支机构，似乎期望在2011年"关门"禁令之后打开了一扇"小窗"，但限制城市商业银行跨省异地扩张的"紧箍咒"并未松动。2014年，银监会发布《关于做好2014年中小商业银行分支机构发展规划相关工作的通知》，对城市商业银行跨区经营再次适度"松闸"，但监管部门依然要求城市商业银行在摆正其市场定位的前提下有限开展跨区经营，且十分警惕之前快速跨区扩张所带来的负面效应。尽管监管部门并未完全"一刀切"地禁止城市商业银行跨省设立分行，但近年来只有第一阵营的极少数资本实力、资产规模、经营水平、风控能力、人才储备等接近甚至超过全国性股份制商业银行的"头部"城市商业银行跨省异地设立分行（近年来特批的个案为：2016年5月，天津银行石家庄分行获得开业批复；2017年，北京银行延安分行和赣州分行先后获得开业批复；2018年12月，上海银行温州分行获得开业批复）。

监管部门严厉限制城市商业银行跨省经营的政策，倒逼绝大多数城市商业银行回归"服务地方经济、服务中小企业、服务城市居民"的市场定位，弥补

商业银行体系缺乏区域小型社区银行的"短板"。因此，绝大部分中小城市商业银行必须审时度势，收敛盲目跨省扩张的冲动，按照监管部门的政策导向精心打造社区银行，通过做深做透省内市场形成差异化发展的优势。

二、向内下沉定力不足，战略布局仍需调整

尽管严厉限制城市商业银行跨省经营的政策倒逼其回归"服务地方经济、服务中小企业、服务城市居民"的市场定位，但如何倾心打造"小而精"的社区银行，对于缺乏足够定力和创新能力的城市商业银行而言，无论是在经营战略还是营销策略上都面临一系列挑战。当前，城市商业银行通过社区银行模式拓展省内市场在以下方面依然较为迷茫：

一是城市商业银行服务重点是否"下沉"到社区基层？城市商业银行大多是由城市信用社演变而来，其根基天然具有草根性，服务（市）县域经济是其固行之本。小额分散、短平快的金融需求，是草根经济融资的一般特征。要保持城市商业银行的草根性，就要有相当多的网络、人员和产品投入社区基层，贴近草根经济和草根阶层为其提供精准服务。然而，近些年不少城市商业银行对于是否应该将服务重点"下沉"到社区基层往往飘忽不定，市场定位不够清晰，不愿投入足够的人力财力服务草根经济，业务开拓没有把重心放在中小企业上，而是锁定在大中型企业，造成其贷款集中度偏高。这种情况不仅增加了经营风险和竞争压力，也削弱了其服务中小企业的资源与能力。

二是城市商业银行是否做精品化的"社区银行"？城市信用社转变为城市商业银行后，都在一定程度上改善了公司治理结构，一些城市商业银行试图在体制机制改革的基础上做大做强。为了快速实现做大的目标，一些城市商业银行热衷于跨省设立分支机构，期望凭借不断扩充资产规模与大中型商业银行争夺"地盘"。而按照监管当局的顶层设计，期望造就一批具有服务地方或区域经济之差异化优势的小型商业银行，解决我国银行体系大、中、小型商业银行结构不合理的矛盾。那么，究竟是采取迂回方式跨省扩张，还是踏踏实实将城市商业银行做成"社区银行"？主要是凭借规模扩张来增强同业竞争的实力，还是凭借社区微型金融领域的精细化服务获得利基市场？不少城市商业银行在发展模式的选择上摇摆不定。

三是城市商业银行是否因地制宜走集约化发展道路？一些城市商业银行效仿

全国性股份制商业银行"铺摊子",试图通过跨省经营扩大业务规模和服务领域,以期与大中型商业银行争夺市场份额。然而城市商业银行现有的人力、物力和财力等资源有限,过多过快追求跨省经营和全方位出击,既容易失去其在省内市场触角广、人脉通、信息多的优势,也常常导致其跨省开展业务捉襟见肘。是否有所为有所不为,是否结合社区金融需求和银行自身资源禀赋将草根经济和普通民众的专业化、差异化金融服务作为"主战场",是否因地制宜坚定不移走集约化发展道路?这些问题是考验城市商业银行拓展省内市场定力的"试金石"。

第二节　同业竞争日趋激烈考验城市商业银行零售业务拓展能力

近10年来,一些具有前瞻眼光的大中型商业银行积极谋求业务结构转型,拓展零售银行业务的战略正在稳步实施。一些战略布局清晰、产品创新能力较强、品牌影响力较大的大中型商业银行早已抢占零售银行业务高地,先发优势十分明显。受先天不足、后天投入有限、战略定位摇摆不定、缺乏差异化竞争优势等因素的影响,城市商业银行在零售业务转型的道路上可谓坎坎坷坷。尤其是在规模扩张情结的牵引下,零售业务在城市商业银行整体资源配置中处于弱势地位。在当前同业竞争日趋激烈的零售银行市场中,城市商业拓展零售业务面临严峻的挑战。

一、市场拓展进程缓慢,同业比较差距明显

近年来随着城乡居民收入水平的提高,消费已经成为拉动经济增长的强劲动力(2018年我国社会消费品零售总额达到38.1万亿元)。同时,消费结构升级及消费模式也发生显著的转变(从原来衣食住行为主的生存型消费,逐步转向包括医疗、卫生、教育、文化、旅游休闲等一些改善型的消费)。与此相应,我国个人金融服务的需求持续增长。以信用卡业务为例,据融360发布的《2018年信用卡市场调研分析报告》显示,截至2018年第二季度末,全国信用卡加借贷合一卡发卡数量共计6.38亿张,环比增长4.17%,同比增速为

22.69%。同时，信用卡授信总额达 13.98 万亿元，同比增速达 28.97%，是 2015 年一季度的两倍以上。目前，大型国有商业银行和许多全国性股份制商业银行都将发展零售金融业务作为业务转型的重点领域，实施广泛利用金融科技驱动，深化公私业务联动，积极挖掘各种消费场景，强化零售产品创新的"大零售"战略。相形之下，不少城市商业银行对银行业转型发展趋势有所误判，使其未能利用自身的差异化优势拓展较多的零售市场份额，目前零售业务大多依靠办理不需要取款手续费的借记卡和推销收益率较高的个人理财产品冲量，且主要依托线下铺设网点来拓展。据相关专家对我国统计口径一致的 33 家上市银行的数据来看，大型国有商业银行、全国性股份制商业银行、城市商业银行零售利润总和的占比分别是 79%、17%、3%[①]。显然，大型国有商业银行和全国性股份制商业银行抢占了以零售银行发展实现业务转型的先机。

二、战略定位摇摆不定，业务拓展比较被动

许多城市商业银行尽管提出了向零售业务转型的战略规划，但仍未摆脱以规模为导向、以产品为中心的落后理念，与发展对公业务和同业业务相比，拓展零售业务的内在动力较弱，且不太重视改善客户体验来增强客户"粘性"。转型战略定位的摇摆不定，使得大部分城市商业银行未能充分利用差异化的竞争优势挖掘零售业务增长的潜力。以城市商业银行的储蓄存款在存款总额中的占比为例，2013—2016 年，城市商业银行储蓄存款余额占比几乎没有增加，一直徘徊在 30% 左右，较全国银行业储蓄存款余额占比的平均水平约低 15 个百分点。众所周知，储蓄存款是商业银行成本较低的资金来源，是关键的核心负债，储蓄存款余额占比大大低于全国银行业平均水平，一定程度上折射出城市商业银行发展零售业务缺乏战略定力的被动局面。

三、零售业务模式单一，服务质量不容乐观

目前，大多数城市商业银行零售业务缺乏具有前瞻性、系统性的发展规划，

---

① 李奇霖，常娜. 从同业到零售：打造"新零售"银行 [J/OL]. 联讯证券，宏观专题研究. https：//www.sohu.com/a/212182108_4872762017-12-22.

不仅在基础服务层面与大中型商业银行差距较大，而且服务形式也较为传统和粗放，服务品种也没有区别于大中型商业银行的特色，零售业务依然以线下物理网点为主要渠道，通过传统的人力驱动模式来获客，基于移动互联网技术的线上渠道不甚完善甚至缺位（如某些城市商业银行目前尚未开发手机银行业务），服务质量跟不上消费升级和小微企业零售金融的多元化需求。对于经营区域受限的城市商业银行而言，仅凭线下有限的物理网点，提升获客效率日益艰难。即便是少数零售业务上线运行的城市商业银行，由于产品同质化、客户体验不佳、线上线下配合不甚协调等原因，零售业务发展的绩效也与先进的大中型商业银行存在一定差距。以财富管理、私人银行等零售业务为例，虽然一些城市商业银行也不断效仿大中型商业银行推出若干理财产品，但精准营销和精细化管理的意识不强，对于不同类型客户的辨识与分类管理比较粗放，通过综合化服务维护客户关系的手段较少，在一定程度上降低了客户黏性，也不利于优质客户价值的深度挖掘。在商业银行产品日益同质化的，提升零售服务质量成为增强城市商业银行零售业务竞争力的关键因素。随着互联网技术的不断升级和大中型商业银行线上直销业务的快速发展，客户对于零售银行产品的安全、便捷、实惠等要求越来越高，能否不断改善客户体验和的优化综合服务体系，在很大程度上影响城市商业银行零售业务转型发展的落地效应。

四、风险管控相对粗放，持续发展暗藏隐忧

商业银行开展零售业务可能出现内部管理差错、法律文书漏洞、银行内部监守自盗、外部欺诈、电子系统故障、客户信息被盗用、网络遭受攻击等操作风险。目前，我国大中型商业银行的零售业务普遍利用大数据、人工智能等金融科技手段，动态刻画客户、业务、抵押品等风险主体的立体风险视图和风险收益视图，打造大资信实时风险决策引擎，对资金流向进行动态监测，为零售业务风险管理提供精准的决策支持。而大多数城市商业银行普遍存在金融科技手段不够先进、客户数据搜集和分析能力薄弱、缺乏实时风控决策机制、线下人工风控管理流程效率低等问题，风险管理比较粗放，当零售业务快速扩张时难以有效控制成本和信用风险，不利于稳健推进城市商业银行零售业务持续发展。

第三节　存贷业务利差收窄考验城市商业
银行中间业务创值能力

利率市场化进程加快，导致商业银行同业之间对存贷款的竞争日趋激烈。加上各种类型的货币基金以及互联网金融对商业银行存款业务发展所形成的挑战，导致存款成本上升。由于贷款收益总体来看不升反降，我国商业银行体系的存贷款利差被大幅压缩（目前平均存贷利差已降到3%以内），城市商业银行的存贷利差更小（如2017年第三季度，城市商业银行平均净息差降至1.97%）。鉴于传统存贷业务收入呈下降趋势，商业银行纷纷扩大中间业务的比重。在争夺中间业务市场份额过程中，城市商业银行的形势不容乐观。

一、协同机制尚不完善，开发营销合力不足

一是中间业务管理制度不完善。目前，许多城市商业银行尚未就中间业务建立包括产品开发、成本核算、绩效评价、合规审查、风险控制等内容的完整制度体系。二是中间业务缺乏统筹协调。城市商业银行缺乏专门的机构对中间业务进行统筹规划、组织开发、跨界协调，业务分散在相关条线部门，彼此缺乏有效的沟通和协同配合，以致信息传递缓慢，流程管理效率较低，常常出现管理与业务、业务与市场在某种程度上脱节的现象，势必影响城市商业银行的整体效益。三是缺乏支撑中间业务发展的专业人才和金融科技。中间业务的开发与管理需要匹配一系列相关人才和技术，而大多数城市商业银行对中间业务专业人才培养和引进的力度较小，金融科技创新与运用能力较弱，在不同程度上影响了相应的产品研发和信息系统管理。四是中间业务的营销管理比较落后。一些城市商业银行缺乏跟踪市场主动创新的意识，对中间业务市场的调查、分析和预测能力较弱，难以快速响应市场需求适时推出产品，因而在营销中常常被动效仿同业，难以满足客户多层次、多元化金融服务的需求。

二、产品和服务结构单一，面临同业和互金挤压

商业银行中间业务的创新门槛不高，同业在产品开发上常常彼此效仿，市场上替代产品较多。城市商业银行中间业务产品创新和开发能力较弱，其产品和服务结构比较单一，在中间业务市场上往往处于弱势地位。一些规模较小及处于欠发达地区的城市商业银行，其中间业务主要集中在技术含量低、操作简单的支付结算和委托代理业务上，而对于投资融资业务、金融衍生品业务方面的产品很少。目前，城市商业银行中间业务产品创新能力普遍较弱，在与大中型商业银行同质化竞争过程中，往往采用价格竞争的方式，在普遍杀价的格局下，盈利利水平降低。从短期看，这种粗放型增长的中间业务发展模式尚能争夺一些市场份额。而从长期看，则可能在同质化竞争的"红海"中处于十分被动的地位。

城市商业银行发展中间业务不仅面对大中型商业银行的强势竞争，而且还面临互联网金融新业态的挤压。近年来，随着互联网金融的快速发展，第三方支付平台业务领域不断延伸，其便捷的服务体验、较低的服务成本快速赢得客户青睐，在很大程度上挤压了商业银行的银行卡支付功能。同时，第三方支付平台正在将其资源优势向线下延伸，通过开展线下收单、现金充值等业务，抢占商业银行的线下客户资源。因此，城市商业银行若不聚焦自身具有差异化优势的领域提供性价比较高的中间业务，不将中间业务与其他金融服务有机融合增强客户黏性，则难以防御互联网金融新业态抢夺其中间业务。

三、中间业务贡献较低，转型慢于大中银行

目前我国大部分城市商业银行的中间业务收入占总收入的比例在 15% 以下。即便是拓展中间业务比较激进的宁波银行、北京银行、上海银行和江苏银行，2017 年末中间业务收入占比也分别只有 23%、21%、19% 和 17%，远低于大部分全国性股份制商业银行。另据上市商业银行 2018 年中报披露的数据，中间业务排名最前列的兴业银行、光大银行、民生银行、平安银行、招商银行、中信银行、华夏银行和浦发银行 8 家全国性股份制商业银行，中间业务占总收入的比重在 38%~24% 之间；除农业银行之外的四大国有商业银行，中间业务占总

收入的比重在 20% 左右；而上市城市商业银行只有宁波银行、北京银行略高于 20%，郑州银行、哈尔滨银行、江苏银行、上海银行、天津银行、南京银行、重庆银行、微商银行、浙商银行、青岛银行 10 家上市城市商业银行中间业务占总收入的比重在 20%～10% 之间，贵阳银行、中原银行、常熟银行、江西银行、杭州银行、盛京银行、九江银行、锦州银行、张家港银行、无锡银行、成都银行、吴江银行、江阴银行 13 家城市商业银行中间业务占总收入的比重均在 10% 以下，排名最后的 5 家上市城市商业银行中间业务占总收入的比重甚至均低于 5%[①]。目前，城市商业银行的中间业务收入占总收入的比重不仅较少，且中间业务的效率也较低。据胡佩佩（2018）运用 BCC 模型对 25 家上市商业银行中间业务的效率所做实证研究，从总体效率来看，2016 年五大国有商业银行、8 家全国性股份制商业银行和 12 家城市商业银行的中间业务效率均值分别为 0.828、0.884 和 0.789，其中城市商业银行的中间业务效率均值最低[②]。

第四节　金融科技来势迅猛考验城市商业银行直销业务创新能力

直销银行（Direct Bank）与传统银行经营模式不同，它不依托实体网点，用户注册电子账户后即可通过线上渠道获得金融服务。2014 年 2 月正式上线的民生银行直销银行，是中国直销银行的始作俑者。为了应对互联网金融快速发展的挑战，国内越来越多的商业银行积极布局直销银行业务网络。在各类型的商业银行中，城市商业银行探索直销银行业务最为积极，据《2018 中国直销银行发展分析报告》，截至 2018 年 10 月，能够正常提供直销银行服务的商业银行为 96 家，其中 59 家是城市商业银行，占已经开展直销银行业务商业银行总数的 61%。但总的看来，城市商业银行在运用金融科技推进直销银行业务方面仍存在诸多"短板"。

[①] 资料来源：《中国 42 家上市银行各项指标大排名》，http://finance.sina.com.cn/money/fund/fundzmt/2018-09-03/doc-ihiqtcan0917751.shtml。

[②] 胡佩佩. 上市商业银行中间业务效率实证研究［J］. 中国集体经济，2018（32）.

一、缺乏复合人才支撑，技术升级依赖性强

金融科技竞争本质上是高端复合型人才的较量，大型商业银行凭借着平台、资源、投入等因素已经占领了科技人才的高地（如五大国有商业银行都拥有自身博士后流动站，能够为商业银行不断输出金融科技成果，而包括城市商业银行在内的中小商业银行建立博士后流动站的比例不足5%）。目前，五大国有商业银行分别与互联网巨头在金融科技领域展开"一对一"的战略合作，充分利用互联网公司的技术优势发展金融科技。

从实际情况来看，不同规模的城市商业银行应用金融科技开展直销业务创新的投入、运作方式、效率与效益的差异较大。一些资产规模较大、具备一定技术实力，创新文化浓厚的城市商业银行（如上海银行、徽商银行等），加大投入积极建设金融科技自主创新平台，并适当借助外部科技公司的技术支持，打造了技术层面、产品种类、客户体验较优的直销银行。而大部分中小规模的城市商业银行，金融科技研发或应用的投入不足（据不完全统计，城市商业银行研发投入占营业收入比重约为3%）。加之其极度缺乏既熟悉金融业务又精于应用技术开发的复合型人才，直销银行的技术支持高度依赖外部资源输入。即便是借助外力进行技术开发和技术升级，通常也难以与一流的科技公司平等合作。

二、线上线下联动乏力，渠道整合效应尚弱

直销银行是依托互联网、大数据等金融科技快速发展而产生的金融新业态（或新的经营模式），目前我国大中型商业银行普遍运用金融科技支撑综合性金融服务，其智能化、集约化、效能化的直销银行业务平台基本实现了线上线下业务融合与协同，能够满足客户的多元化金融服务需求，大大改善了客户体验，也在较大程度上降低了获客成本。而大部分城市商业银行缺乏直销银行业务对渠道转型与创新的统筹安排，且支撑科技创新的人力、财力不足，拓展直销银行业务所依托的金融科技大致处在1.0版本或1.0至2.0过渡版本的初级阶段，应用金融科技收集、整理、分析和挖掘数据的能力相对落后，目前其直销银行业务基本上只能算作传统银行的网上银行、手机银行部分销售功能的初步整合。

从总体上看，大部分城市商业银行缺乏具有独立运营能力的完整直销银行服务体系，加之体制机制不甚配套、本身缺乏海量数据沉淀等问题，难以运用大数据协同进行精准营销，纯线上的信贷业务占比很小，理财等的中间业务的品类也比较单一，难以匹配城市商业银行渠道转型的需要。正因为线上直销银行的基石不牢以及跨渠道整合资源存在诸多瓶颈，目前大部分城市商业银行的渠道建设仍然侧重线下发展，以人力密集型管理和资源投入型扩张为主，线上线下渠道缺少有机协调和密切联动，客户的体验未能得到有效改善，直销银行的获客成本偏高，渠道整合过程中的产出效能对城市商业银行整体业务发展的贡献不甚显著。

三、社会认知有限，功能评测欠佳

从社会认知度来看，目前人们对"直销银行"的了解还非常有限，在缺乏社会广泛认知和充分体验的情况下，扩大直销银行业务品种并非易事。据《2019年中国直销银行市场分析报告——市场调查与未来规划分析》，在覆盖全国31个省、直辖市、自治区的404份有效问卷里，81.1%的受访者并不了解直销银行；24%的受访者完全没听说过直销银行；而57.1%的受访者听说过"直销银行"概念但并未使用过；仅有6.4%的受访者对直销银行经常关注并使用。正因为如此，现有城市商业银行所推出的直销银行业务产品，大多以投资理财类（以宝宝类理财、银行理财、基金代销为主）和智能存款类产品为主，即便是搭载了某些缴费、娱乐购物、医院挂号、交通服务等日常生活类服务，对城市商业银行整体业务收入的贡献度也不高。

从功能评测来看，不少城市商业银行所开发的直销银行APP的功能存疑（如无法顺利通过他行借记卡进行开户）。一般情况下，客户在直销银行APP上完成注册，通过其持有的他行借记卡（Ⅰ类账户）生成一个直销银行账户（Ⅱ类账户），客户即可购买直销银行的产品（某些产品因监管要求可能需亲临柜台进行风险评估）或享受其他金融服务。而在2018年3月的"2018直销银行评测"活动中，新浪金融评测室通过初测、复测、交叉评测，发现12家城市商业银行的直销银行APP因各种问题无法顺利开户。客户通过他行卡开户是直销银行APP运用至关重要的步骤，若这一基本功能存疑，就更谈不上其他功能的有效应用。

四、金融科技"双刃剑",直销更需"防火墙"

城市商业银行开展直销银行业务大量应用金融科技,而金融科技的应用对于城市商业银行各项业务的发展是一把"双刃剑"。一方面,金融科技助推直销业务领域拓展、业务效率提升和风险管控技术加强。如百信银行借助金融科技手段建立一套基于大数据分析和先进算法的智能风控体系,对用户全生命周期进行管理,自开业至 2018 年 7 月末不到一年时间,该行已累计为超过 11 万家个体工商户和小微企业提供 40 多亿元的贷款。另一方面,金融科技应用于直销银行及其他业务的过程中,风险的复杂性和跨界传染性增加。从风险复杂性来看。随着金融价值链的拉长,金融服务参与主体增多,城市商业银行不仅要防范自身和客户风险,同时还要防范应用金融科技所叠加的风险(如金融科技技术稳定性和安全性测评、系统运维灾备、技术升级迭代的可持续性、个人隐私保护、与第三方机构合作过程中的金融交易数据泄露等),使得城市商业银行的风险管理升级为更为复杂的金融生态圈的风险管理。从风险的跨界传染来看。一方面,商业银行在金融科技支持下得以突破时空限制拓展业务领域;另一方面,金融科技的应用使得金融体系的关联性加大,风险隐蔽性更强,风险外溢范围更广且传导速度更快。对于缺乏复合型人才的城市商业银行来说,在其应用金融科技拓展直销银行业务的过程中,必将面临如何平衡技术创新与安全应用、试错风险与监管容忍等问题,风险管控难度大,更需要筑牢抵御复杂性风险的"防火墙"。

第五节 合规经营监管趋严考验城市商业银行公司治理改善能力

自 20 世纪 90 年代开始,立法和监管部门就着手推动商业银行改善公司治理。1995 年 9 月,全国人大常委会发布并实施《中华人民共和国商业银行法》;2002 年 5 月,中国人民银行公布《全国性股份制商业银行独立董事和外部监事制度指引》;2006 年 4 月,中国银监会印发《国有商业银行公司治理及相关监管指引》；2009年1月，中国银监会专门针对城市商业银行等中小银行制定了《关于进一步完善中小商业银行公司治理的指导意见》；2013年7月，中国银监会印发了《商业银行公司治理指引》。虽然各地城市商业银行成立伊始就进行了股份制改造，但与现代商业银行相适应的公司治理并未真正形成。在之后多年的改革与发展过程中，一些城市商业银行公司治理有所改善，但整体来看仍存在诸多问题。主要表现在董事会、监事会架构设置不完善，董、监、高之间职责边界不甚清晰，"三会一层"相互制衡、共同促进的格局尚未形成，高管任免和考核行政化导致激励约束机制扭曲，维护利益相关者的利益难以体现。目前，有关部门对金融企业依法守规经营的监管日益严格，城市商业银行改善公司治理面临由"形似"到"神似"的考验。

一、产权结构不甚合理，易受地方政府干预

在改组成立之初，中央政府就确定了城市商业银行的发展要大力依靠地方政府支持的战略，而且根据《城市商业银行暂行管理办法》的规定，城市商业银行的股东由当地企业、个体工商户、城市居民和地方财政入股资金构成，其中地方财政为最大股东，持股比例不得超过30%，单个企业入股不能超过总股本的10%，个人入股不能超过2%，城市商业银行内部职工持股比例合计不得超过20%，单个职工持股比例不得超过5%。按照上述规则安排股本结构，地方财政"一股独大"，城市商业银行难免受地方政府控制的影响。近年来，监管部门规定城市商业银行单一股东及其关联企业持股比例原则上不超过20%，地方财政所持有的城市商业银行股份逐渐稀释，但许多城市商业银行的第一大股东仍然是在一定程度上按照地方政府意志行事的地方国资企业。

地方财政或地方国资企业"一股独大"，使得城市商业银行的公司治理机制常常被扭曲。一是弱化了市场竞争机制对城市商业银行公司治理的压力。在地方政府控股的股权结构中，城市商业银行受地方政府干预为当地经济发展提供融资便利，使得其外部治理的市场机制失灵或效力减弱。在实行存贷比控制的信贷管制政策下，地方政府出于增加融资的目的，通常强令财政性存款、某些对公业务集中于当地城市商业银行，以支持其信贷规模扩张。得益于地方政府的保护，市场竞争机制对城市商业银行公司治理的压力大大弱化。且城市商业银行对地方政府的依附关系在过去行政依附的基础上，叠加了资本依附和资源

依附。二是难以形成真正意义上的职业经理人市场。在地方政府终极控股的股权结构中，董事长、行长甚至重要岗位的高级高级管理人员的人事安排一般由地方政府决定，《中华人民共和国公司法》和《中华人民共和国商业银行法》的相关规定在地方政府行政干预下失去事实上法律效力，使得城市商业银行的董事长、行长和高管们更倾向于按照地方官员的绩效考核机制行事，其职业经理人的市场化选拔和考核机制大打折扣。三是城市商业银行的并购市场部分失灵。虽然城市商业银行是在各地城市信用合作社基础上经过资产重组和股份制改造形成的，但几乎所有与此相关的重组行为都是在地方政府主导下实施的，这种行政力量主导的重组一开始就排挤掉市场上更有效率的潜在并购者，并购重组的市场机制未能完全发挥作用。四是外部治理的边缘化。在"一股独大"的格局下，作为外部公司治理机制的经理市场、资本市场、公司控制权市场也失去了有效运行的基础和环境。如果"一股独大"的局面长期维持不变，不仅会使商业银行对政府由过去的行政依附变成资本依附、资源依附，而且董事会会失去独立性和实际作用。在城市商业银行发展战略、运营管理和利益分配等问题上，也极易导致行政化主导、市场化原则淡漠、关联交易频发、独立董事成为摆设、存款人和其他利益相关者权益被忽视，甚至小股东权益受到侵害、公司控制权市场无法发挥作用等诸多问题。

二、"三会一层"权力配置失当，内外治理机制双重失衡

一方面，"三会一层"权力配置失当导致内部治理机制失衡。"三会一层"权责配置失当的具体表现是：在城市商业银行董事会权力加强的同时，股东大会和监事会的权力呈弱化的趋势。在地方财政一股独大的股权结构下，股东大会常常流于形式，其不少决策权事实上由董事会履行。大股东不仅可以影响股东大会的决议，也可以通过其派出的董事来控制董事会的运作，董事会可能失去独立性而成为大股东"一言堂"，在重大发展战略决策上极易导致行政化主导、关联交易频发等问题。我国有关法律法规规定商业银行董事会至少应当有2名独立董事、监事会中至少应当有2名外部监事，但仍有不少城市商业银行未聘请或未按规定的最少人数聘请独立董事和外部监事。由于城市商业银行往往没有专职执行监事，致使监事会很难履行对董事会和管理层的监督职能。而且，很多城市商业银行的稽核部门是直接对行长负责，且稽核报告不向监事会提供，

更加弱化了监事会的监督职责，监事会对董事会、管理层的监督机制几乎变成摆设。有些城市商业银行的独立董事管理制度不甚完善，独立董事的独立性和监督权很难保证。尽管在监事会下设立审计委员会更有利于监督职能发挥，但大多数城市商业银行选择在董事会下设立审计委员会，少数城市商业银行同时在监事会和董事会下设立审计委员会，但监事会的审计监督职能明显弱于董事会。另一方面，"三会一层"权力配置失当导致外部治理效力削弱。例如，大部分城市商业银行的董事会拥有聘用、解聘外部审计机构的权力，有些外部审计机构迫于银行董事会解聘的压力，可能违背职业操守放松审计，软化了社会第三方监督机制。

三、激励约束机制扭曲，多方利益难以顾及

在公司治理不完善、激励约束机制扭曲的情况下，常常出现以下问题：一是利益相关者的利益难以得到维护。如前所述，在"一股独大"的格局下，作为外部公司治理机制的资本市场、经理市场往往失去发挥作用的基础，城市商业银行按照市场化原则进行公司治理的意识淡漠，存款人和其他利益相关者权益往往被忽视，小股东的权益难以保证。加上城市商业银行主要高管任免既需要股东大会选举通过，更需要由地方政府批准，他们需面对"政府官员"和"企业高管"两种不同的考核机制的约束。究竟是全面考虑包括政府、股东、员工、客户和社会公众等所有的利益相关者的利益，还是侧重考虑少数利益相关者的利益？在地方政府直接或间接握有城市商业银行终极控股权的情况下，银行高管考核方式行政化，且考核内容突出城市商业银行对地方经济增长的贡献，这使得银行高管可能在一定程度上放弃为其他利益相关者争取利益，而倾向更多考虑地方政府的利益（如优先为地方政府投融资平台公司提供金融支持），有违《商业银行公司治理指引》（银监发〔2013〕34号）所规定的"保护存款人和其他利益相关者的合法权益""保护金融消费者的合法权益，持续为国家、股东、员工、客户和社会公众创造价值"。二是经营管理行政化、短期化明显。由于董事会对管理层缺乏行之有效的绩效考核体系，对管理团队和关键员工的长效激励约束机制不甚健全，内部人才选拔存在不同程度的行政化。另外，由于在绩效考核上往往重业务规模、轻资产质量，重短期增长速度、轻可持续发展，重绩效管理、轻合规管理，不少城市商业银行在经营管理上存在短期化行为。

三是责任约束机制难以为全面风险管理体系提供支撑。新时代对防范金融风险提出了更高要求，当前整个银行业不良资产管控的压力均比较大。而城市商业银行目前对信贷风险责任追究主要以贷款实际损失考量，容易导致重结果、轻过程的倾向，形式上的集体决策而事实上集体不负责的情况时有发生，责任追究存在不同程度的软约束。

第六节 金融生态变幻无常考验城市商业银行的风险防范能力

近年来城市商业银行资产规模和服务网络扩张较快，但部分城市商业银行尚未形成良好的风险管理机制，许多城市商业银行尚未在严格意义上使用国有商业银行、全国性股份制商业银行已广泛运用的风险计量和成本管理工具（如资金转移定价、经济资本管理、经济增加值考核、风险管理模型等）。一些城市商业银行靠垒大户、大业务、保证金存款、大量签发承兑汇票等手段拉动业务规模迅速膨胀，经营模式不具持续性。上述这些问题在经济下行时期加大了城市商业银行的经营风险，提升风险管理能力对其而言将是一场严峻的挑战。

一、经营风险悄然聚集，防范意识亟待增强

当今我国银行业普遍面临以下新变化的挑战，各种风险叠加和集聚，加剧了城市商业银行防范风险的压力：一是利率管制逐步放开以及存款保险制度推出后，存贷款利率管制对中小银行的保护逐步瓦解，城市商业银行应对利率风险、流动性风险的管控难度增大；二是银行业资本约束趋严、金融脱媒、互联网金融快速发展等外部环境的变化，迫使城市商业银行转向寻求高收益的资产配置，这对其战略定位、产品创新、研发及定价能力提出了新的挑战；三是随着跨界业务的增多，表内与表外之间、银行与其他金融机构之间，正规金融体系与民间融资之间的关联度提高，业务复杂程度上升，金融风险的隐蔽性、传染性增强，城市商业银行的风险特征正在悄然发生变化；四是前些年城市商业银行盛行的同业负债尤其是同业存单推动资产规模扩张的模式存在较大的流动

性风险（正因为如此，监管部门提出增设流动性指标、同业负债占总负债的比例、限制同业存单备案额度等要求进行"缩表"）；五是城市商业银行的贷款集中度偏高，从截至 2018 年一季度末公开披露 2017 年年报数据的 91 家城市商业银行观察，在披露单一客户贷款集中度的 75 家城市商业银行中，超过监管规定上限（10%）的有 4 家，最高为 19.85%；在披露前 10 大客户贷款集中度的 60 家城市商业银行中，超过监管规定上限（50%）的有 8 家，最高为 90.06%。贷款集中度偏高，意味着贷款组合的潜在风险较大；六是监管新规堵塞了城市商业银行美化信贷资产质量的渠道，以往被人为掩盖的不良贷款风险逐步暴露。

根据 Wind 资讯的数据，87 家纳入统计的城市商业银行中，2017 年末不良贷款率超过 2% 的有 14 家，不良贷款率上升的有 46 家。城市商业银行的不良贷款余额和不良贷款率均有上升：2016 年末不良贷款余额为 1498 亿元（同比增加 285 亿元），不良率 1.48%（同比上升 0.08 个百分点）；2017 年末不良贷款余额为 1823 亿元（同比增加 325 亿元），不良率 1.52%（同比上升 0.04 个百分点），2018 年二季度末不良贷款余额为 2089 亿元（比 2017 年末增加 266 亿元），不良率为 1.57%（比 2017 年末上升 0.05 个百分点）。不良贷款余额和不良贷款率"双升"，以及 2018 年二季度末 73 家城市商业银行不良贷款率高于整个商业银行平均水平，表明城市商业银行控制信贷风险的措施乏力。2019 年 5 月被央行、银保监会实施接管的包商银行，自 2017 年起不良贷款率至少为 3.25%，高于同期全国城商行不良率 1.5% 的平均水平。根据 2018 年财报披露的数据，中原银行、郑州银行、甘肃银行的不良贷款率也分别处于 2.4%、2.5%、2.3% 的较高水平。

根据中国工商银行授信审批部相关专家的分析，按银保监会最新监管要求，目前城市商业银行所披露的不良贷款率未真实反映其整体资产质量，原因在于：其一，逾期 90 天以上的贷款未全部纳入不良贷款范围。从截至 2018 年一季度末已披露逾期 90 天以上贷款信息的 78 家城市商业银行观察，2017 年末平均不良贷款率为 1.55%，逾期 90 天以上贷款占比 1.99%，若均按最新监管要求的逾期 90 天以上贷款与不良贷款余额孰高原则，则平均不良贷款率为 2.09%。不良贷款率超过 5% 的有 8 家，其中资产质量最差的一家高达 9.53%。其二，在信贷资产占总资产比重不高的情况下，不良贷款率不能全面反映城市商业银行的整体资产质量。从 91 家公开披露 2017 年年报数据的城市商业银行观察，有 82 家信贷资产占比低于50%，有45家投资类资产占比高于信贷资产占比，有14家投资类资产占比超过50%，有14家非标投资资产占比超过30%。由于所有城市商业银行均未公布非标投资资产质量和结构，且目前没有设置衡量非标投资资产质量的指标，因此难以把握非标投资资产质量，从而仅凭不良贷款率也很难反映城市商业银行的整体资产质量。其三，采取不良资产虚假出表、不良资产互持等手段，也在一定程度上掩盖了城市商业银行的真实信用风险。一些城市商业银行表外业务以创新之名行融资和规避监管之实，由于信息披露不规范，这些业务规模急剧扩张导致的潜在风险暂时未能表现出来。近年来监管部门严管影子银行和限制表内资产出表，规定"金融机构不得将资产管理产品资金直接或者间接投资于商业银行信贷资产""商业银行不得通过信托通道将表内资产虚假出表"以及"出让方银行不得通过本行理财资金直接或间接投资本行信贷资产收益权，不得以任何方式承担显性或隐性回购义务"，这些强监管的措施使得以往城市商业银行美化信贷资产质量的手法失效，某些潜在的不良贷款或将进一步暴露[1]。尽管近年来城市商业银行不良率拨备覆盖率指标优于整个商业银行的水平[2]，应对潜在的不良贷款风险也并非高枕无忧。

二、资本不甚充裕，御险意识略欠

近年来，由于城市商业银行资产规模增长速度快于商业银行平均水平，资本金补充渠道相对单一（大部分城市商业银行主要靠利润留存和增资扩股，只有少数城市商业银行通过公开上市和发行二级资本债补充资本金），资产快速扩张消耗大量资本等原因，大部分城市商业银行资本充足率持续低于商业银行平均水平。2016年底，83家城市商业银行一级资本的资本充足率低于商业银行平均水平；2017年底，89家城市商业银行一级资本的资本充足率低于商业银行平均水平。截至2017年底，城市商业银行一级资本的资本充足率为12.75%，低于整个商业银行平均水平0.9个百分点。从核心一级资本充足率来看，85家城市商业银行2017年底低于整个商业银行平均水平。另据2018年上市银行的中报

---

[1] 黄亮亮、蒋丽：《新形势下我国城市商业银行经营风险特点及发展趋势分析》，载《中国城市金融》，2019年第1期。
[2] 截至2018年一季度末，城市商业银行拨备覆盖率（213.54%）高于全国商业银行平均水平（191.28%）22个百分点，分别高于大型国有商业银行（198.96%）、全国性股份制银行（193.11%）和农村商业银行（158.94%）14.6、20.4和54.6个百分点。

披露的信息，以 10% 的核心一级资本充足率来看，共有 12 家银行上榜，江阴银行、张家港银行、吴江银行、成都银行、无锡银行、上海银行等 6 家上市城市商业银行的核心一级资本充足率也都在 10% 以上（分别为 13.61%、13.08%、11.76%、10.71%、10.64%、10.07%），反映其比较注重提高对存款人和债权人利益的保护能力。而杭州银行、南京银行、江苏银行、北京银行、宁波银行、贵阳银行、常熟银行 7 家上市城市商业银行的核心一级资本充足率均在 10% 以下（分别为 8.26%、8.44%、8.61%、8.65%、8.87%、9.54%、9.72%），反映其对提高存款人和债权人利益保护的能力和意识不够强。

三、新规严控影子银行，资管风险浮出水面

在互联网金融的冲击下，近年来城市商业银行普遍存在表内业务表外化、显性风险隐性化的问题，表外业务和影子银行迅猛发展。某些城市商业银行严重依靠影子银行业务来增加资产，如江西银行和九江银行向港交所递交的 IPO 申报文件显示，它们的应收账款类投资主要是影子贷款，大约占总资产的 1/4。近年来，城市商业银行委托贷款业务发展较快，虽然客观对服务实体经济发展发挥了积极作用，但由于缺乏统一的制度规范，也埋下了较大的风险隐患。

城市商业银行通过同业、理财、委外等表外业务创造利润的同时，相关风险也在集聚。部分存在信用风险的表内贷款、银行承兑汇票通过表外理财承接，但穿透来看隐性风险并未实质性化解。表外、同业业务种类繁多，其交易内容程序复杂，交易双方关联度较高。城市商业银行业务创新过程中的部分风险或源自外部合作机构的违规操作，或源自金融产品交易结构的复杂嵌套，通过传统的风险管理体系难以有效识别和监控此类隐性风险。加上跨界合作的综合化经营日益增加，潜在的风险可能通过资本运作、资金交易等跨行业、跨金融子市场相互渗透和交织传染，一旦金融生态链的某个环节出现风险，可能引起"多米诺骨牌效应"，使其影子银行业务遭受巨额亏损，严重影响其正常运行甚至导致其破产。而且，表外业务和影子银行业务比重过大，当市场环境发生变化，将导致城市商业银行资产负债严重失衡，容易引发系统性风险。资本金不够雄厚的城市商业银行，可能难以抵御由此产生的巨大经营风险。2019 年 5 月被央行、银保监会实施接管的包商银行，就是影子银行过度扩张而导致风险失控的典型。在其 2016 年的资产业务中，至少超过四成与影子银行有关，在其负

债结构中，对同业负债相当依赖（2014—2016 年末同业负债率分别为 31.70%、29.06%、37.37%，2017 年 9 月末和 2018 年 9 月末更是高达 48.04% 和 43.9%）。在这样的资产结构下，受资管新规和理财新规约束，无论是资产端还是负债端的波动，对其正常经营均可能形成巨大的负面影响。

2017 年底，中国银监会发布的《关于规范银信类业务的通知》。2018 年 1 月，中国银行保险监督管理委员会发布《商业银行委托贷款管理办法》（银监发〔2018〕2 号）。2018 年 4 月中国人民银行、中国银行保险监督管理委员会、中国证券监督管理委员会、国家外汇管理局联合发布《关于规范金融机构资产管理业务的指导意见》（银发〔2018〕106 号）。2018 年 4 月，中国银行保险监督管理委员会发布《商业银行大额风险暴露管理办法》（银保监会 2018 年 1 号令）。上述监管新规环环紧扣，对影子银行的资金来源和资金投向进行双向堵截：严禁通过委托贷款放松规避指标、资金投向等监管，严禁无贷款资格而行贷款之实的通道业务行为。在全方位严格监管委托贷款业务和通道业务的当下，城市商业银行某些既往的资管业务风险可能浮出水面。

四、利率市场化加快，御险能力待跟进

在利率市场化加快的趋势下，城市商业银行是否具有完善的御险机制？御险能力是否足够强大？如果不在防范这类风险上作出充分安排，城市商业银行可能处于比较被动的局面。一是利率市场化带来利率频繁波动，使得控制利率风险的难度加大，如果城市商业银行的资产和负债出现期限错配，其面临的利率风险可能难以抵御；二是利率频繁波动将导致存贷款客户频繁调整其存贷行为（例如，当利率下降时，存款客户可能会提前取出尚未到期的存款，转投收益率较高的股票或债券，贷款客户可能会提前偿还老贷款，并从新的渠道申请利率较低的新贷款），大大增加城市商业银行管控利率风险的难度；三是在利率市场化导致利差收窄的情况下，城市商业银行（特别是中间业务收入拓展较慢的城市商业银行）为了防止净息差和资产利润率利润下降，可能会放松审批标准扩大信贷规模，从而导致潜在的贷款风险增大；四是在经济下行时期，在较大的信用风险之上叠加变幻莫测的利率风险，对于规模较小、风险控制手段匮乏、风险抵抗能力较弱的城市商业银行而言，可能难以抵御骤然集聚的风险冲击。

五、互联网金融喜忧交加，新旧风险交织难管控

互联网金融的崛起，既拓展了传统银行业的业务范围，也使银行业在防范新旧两类风险上面临巨大的挑战。一方面，银行业传统的风险在"互联网+金融"条件下变得更加复杂。例如，与传统银行业务信用审查相比，线上信用审查可能因虚假信息增大道德风险。仅凭某些大数据，有时难以核验关联方交易，容易造成关联方过度融资。又如，互联网金融公司的高收益、高流动性理财产品层出不穷，使得相当多的银行零散客户流失，倒逼银行开发线上理财产品以应对存款流失压力。大量的储蓄资金从银行体系转向互联网金融进行理财，再由货币基金等流回银行体系，导致银行流动性风险增大。此外，源自互联网系统本身漏洞的风险（如不法分子通过WIFI的钓鱼站点窃取客户信息，可能追责银行承担损失）和源自互联网金融传导的风险（如第三方支付机构对POS机业务管理不严产生的信用卡套现风险，可能传导给银行）也使银行防不胜防。另一方面，银行通过互联网开发新业务也会带来一系列新的风险。首先是信息安全风险。包括源自大零售商的信息安全风险（如大型零售商绑定客户银行卡、电话、地址等信息，一旦受到黑客攻击，将会连累银行），源自第三方支付等金融机构的信息安全风险，源自计算机病毒感染的风险等。其次是网络诈骗风险（如持卡客户信息被不法分子骗取，银行承担连带责任）。

六、内控制度比较松弛，合规管理依然粗放

不少城市商业银行的管理模式比较粗放，重业务拓展、轻合规管理的现象比较普遍。以内部审计为例，其合规管理粗放的短板可略见一斑：一是内部审计与监管部门的联动不够紧密。在强监管的大背景下，相关部门各项监管新规频出，由于没有积极与监管部门沟通，一些城市商业银行对某些新政策缺乏准确的解读，开展内部审计时难以把握合规经营的审计尺度和评判标准，对某些新兴业务的内部审计更是拿捏不准。同时，由于一些城市商业银行没有及时从监管部门获得客户多头融资、交易对手资金跨行流转等方面的重要信息，使得内部审计难以发现客户隐性担保、过度融资、资金投向违约等问题。二是缺乏

熟悉创新业务审计的专业人才。新时代城市商业银行金融创新层出不穷，内部审计需要追踪日益多元、复杂的风险，而不少城市商业银行不太注重审计人员知识更新和技能提升，内审团队对新业务及其相应的管理规范不甚熟悉，难以高质量完成创新业务的内部审计。三是内审技术的改进滞后于业务发展。新时代，原有的内部审计技术越来越难以解决复杂的新问题。例如，仅仅通过传统的非现场审计技术从业务条线和操作流程来分析，难以发现委外理财多层嵌套、同业"抽屉协议"、劣后级理财产品超额收益的利益输送等方面的风险。

第八章　提升城市商业银行服务区域经济发展能力的对策

习近平在 2019 年 2 月 22 日中共中央政治局第十三次集体学习时强调：深化金融供给侧结构性改革，增强金融服务实体经济能力。"要构建多层次、广覆盖、有差异的银行体系，端正发展理念，坚持以市场需求为导向，积极开发个性化、差异化、定制化金融产品，增加中小金融机构数量和业务比重，改进小微企业和'三农'金融服务"。上述讲话精神对于大多数小型城市商业银行的转型发展极具指导意义。为了进一步提升城市商业银行服务区域经济的能力，必须根据小型法人商业银行的市场定位，顺应市场需求变化开展金融创新。

第一节　保持下沉定力：做精服务社区基层的微型金融

当前，城市商业银行跨省设立分支机构政策收紧，与国有商业银行及全国性股份制商业银行争夺大客户资源的竞争日趋白热化，处于"向外难出，向上难攀"的生态位。因此，大多数城市商业银行必须改变前些年粗放式扩张的发展战略，坚持服务区域经济、中小企业、城镇居民的市场定位，走特色化、精细化的内涵式发展道路。具体来说，一是要向内挖掘潜力。通过强化公司治理与管理能力，提高城市商业银行的经营质效；二是向下延伸服务触角。通过强化小微企业金融服务，打造贴近"草根经济"和服务社区居民的特色银行和精品银行；三是持续创新。通过借鉴国内外同业先进经验，充分利用金融科技手段，开发一系列客户体验较佳的产品和服务。四是知己知彼错位竞争。根据自身资源禀赋扬长避短，通过精细化的服务和特色产品，增强细分市场的客户黏性。

一、摆正市场定位，深耕社区基层

清晰的市场定位是城市商业银行可持续发展的基本前提。许多城市商业银行成立伊始就确立了服务地方经济、服务中小企业、服务城市居民的市场定位，并试图形成区别于大中型商业银行的差异化经营特色。但在后续的发展过程中，为了追求某些短期扩张目标，逐渐偏离正确的市场定位而出现"使命漂移"（Mission Drift）[①]，服务地方经济和中小客户的定力减弱。一些城市商业银行战略定位不清晰或摇摆不定的问题突出表现在以下几个方面：一是过于追求资产规模和发展速度，资源向大客户、大项目倾斜；二是针对中小微企业的金融产品比较单一，难以满足中小微企业日益多元化的融资需求；三是在金融产品开发上盲目效仿大中型商业银行搞"大而全"，缺乏具有小型商业银行特色的金融产品；四是忽视深挖服务地方经济的利基市场，难以巩固其在细分领域的差异化竞争优势。

2011年以来，监管部门调整城市商业银行跨区经营的监管政策，提高了跨区域扩张的准入门槛，仅接受在辖内和周边经济紧密的区域设立分支机构的申请，原则上不再允许城市商业银行跨省区设立分支机构。限制城市商业银行跨区域扩张的新政，倒逼城市商业银行重新审视自身的战略定位，保持服务地方经济的定力，做好"沉下来"踏踏实实为社区中小企业和居民服务的规划。对于大多数中小型城市商业银行来说，将自身打造成为真正意义上的社区银行，是其可持续发展的正确道路。未来，中小型城市商业银行应努力克服当前资金、人才、技术、商誉等瓶颈约束，坚持以客户和市场需求为导向的服务理念，因地制宜、因行而异、因势利导开展各具特色的金融创新，充分利用地缘、亲缘优势，有效满足社区的多元化、细分化的金融需求。按照"坚持朝内向下使力，扎根地方做精做细，贴近基层做深做强"的发展思路，与大中型商业银行进行错位竞争。

目前，某些国有商业银行和股份制商业银行的分支机构为了提高微型金融和零售业务的效率，也将设立社区银行作为基层网点转型发展的重要策略。值

---

① "使命漂移"理论是Mosley和Hulme等学者在研究微型金融机构发展时提出的一种"实际行动偏离最初目标"的理论。

得说明的是，国有商业银行和股份制商业银行只是将其有限的基层网点打造成社区银行，而大多数中小型城市商业银行①，则宜从总体战略上按照社区银行的模式进行重塑。正因为这种差别，城市商业银行向社区银行转型应该更加注重拓展社区内微型金融和零售业务的覆盖面、更加注重资金来源和资金运用在社区内的良性循环。

二、利用地缘人脉优势，打造精品社区银行

2011年以来，监管部门基本上没有放松城市商业银行跨省设立分支机构的管制，并引导它们打造与大中型商业银行错位竞争的"精品银行"。对于绝大多数中小规模的城市商业银行而言，应借鉴国际经验向社区银行转型。美国社区银行的市场定位是服务中小企业和社区家庭，通过差异化的服务满足细分市场客户的金融需求。由于规模的限制，社区银行提供的服务一般金额较小、周转期限较短，业务范围主要包括中小微企业信贷、消费信贷、理财产品、信用卡、网上银行业务等，并与保险公司、证券公司等非银行金融机构合作，提供社区中小企业和居民需要的中间业务。我国大多数中小规模的城市商业银行，应按照以下思路打造服务地方经济的社区银行：一是"沉下来"服务社区基层客户群。城市商业银行应利用自身植根于地方的地缘和人脉优势，挖掘具有潜在价值的中小客户群。二是"弯下腰"瞄准细分市场开展金融创新。城市商业银行应深耕所在城市的细分市场，在大中型商业银行不具服务优势的领域开展产品或服务创新，满足社区中小微企业和居民的多样化的小额金融需求；三是"伸进去"做精做透小微金融服务。城市商业银行应与所在城市小微企业和居民密切沟通，不断改进小微金融服务的客户体验，并通过便捷的综合金融服务增强客户黏性。四是"巧借力"开展线下线上互动的金融服务。城市商业银行应借助金融科技手段，开发适应互联网时代小微企业和居民金融需求的产品和服务，以期提高金融服务效率和强化风险控制。截至2018年6月末，城市商业银行的县域机构覆盖率已超过65%，小微企业贷款占比已经超过50%，未来应继续"下沉"县域拓宽"草根经济"和基层社区居民的服务面，进一步扩大小微企业贷款份额，建立完善小型银行与中小微企业的良性互动的金融生态。

---

① 此处所说的中小型城市商业银行，是指中等规模（资产规模5000亿—10000亿元之间，处于第二阵营）和小规模（资产规模5000亿元以下，处于第三阵营）的城市商业银行。

值得说明的是，鉴于我国城市商业银行资本实力和资产规模极度不平衡的格局，对于城市商业银行向社区银行转型，监管部门不宜采取"一刀切"的办法硬性管制，而应根据它们的实际发展状况分类指导和监管。我们认为，对于那些资产规模2万亿元左右的"头部"城市商业银行（如北京银行、上海银行），其实力接近某些规模较小的全国性股份制商业银行（如华夏银行、恒丰银行、渤海银行），且已经跨多省设立一级分行（如北京银行截至2018年一季度末已在上海、天津、西安、深圳、杭州、南京、济南、长沙、南昌、乌鲁木齐等地设立10家跨省一级分行和香港代表处；上海银行截至2018年一季度末已在北京、苏州、深圳、成都、天津、杭州、南京、宁波等地设立7家跨省一级分行），监管部门应引导其在巩固总部所在地社区银行的前提下，适度跨省设立分支机构扩张经营规模。并在防范跨区经营风险的基础上，稳步推进其转型为全国性股份制商业银行。

三、因地制宜植入场景，拓展社区银行边界

传统社区银行的优势在于个性化产品和线下服务经验，而当今的新型社区银行则必须充分借助互联网消费场景，通过线下线上的互动与融合，打造多业态、多层面、多场景、多供求、多客群的综合化智能金融服务平台，增强其服务社区的能效。城市社会学中的"场景理论"（The Theory of Scenes）认为，场景运用能够促成消费和创造商业利润。该理论引入经济学和管理学之后有了新的发展（如有的学者认为场景是新的经典生产要素之一，有的学者探索场景化价值驱动的协同营销模式）。事实上，将各种生活场景植入金融服务，或将金融服务融入生活场景，都能形成新的金融生态圈并引导客户需求，场景金融具有巨大的发展潜力[①]。近年来，随着互联网对金融业的深度渗透，越来越多的商业银行为了防范市场份额被侵蚀，主动探索金融服务与互联网及相关的金融科技对接，互联网场景金融俨然成为商业银行创新发展的必由之路。所谓互联网场景金融，简单来讲就是"金融+互联网+场景"的业务发展模式，通过"金融场景化"叠加"场景互联网化"，重构传统银行商业模式，通过线上线下互动

[①] 根据艾瑞咨询发布的关于中国场景金融市场分析预测报告，预计2019年我国社会消费品零售市场中将有13.8%销售额被场景金融覆盖，而在互联网消费金融领域，这一数字将达到95%，互联网场景已演变为金融领域的重要工具。随着各领域互联网平台以不同的方式嵌入金融服务，未来场景金融市场将更细化，用户群体更多元，金融模式更多样。

为客户提供更直观、更便捷、更有品质的体验，银行借此增强客户粘性和扩大营销，从而在这种新的生态圈中获得更大的商业价值（如中国银行的"海淘场景金融"、中国建设银行的"善融商城"、招商银行的"一网通"等业务的成功拓展）。

社区银行的互联网场景金融主要由社区金融生态圈、场景金融线上平台、场景金融线下服务平台等要素构成。如何因地制宜植入互联网场景？如何通过场景金融拓展社区银行的服务边界和服务深度？本书认为，城市商业银行拓展以场景金融为主要特征的社区银行业务，应采取以下策略：一是挖掘场景深度融合。利用场景金融拓展社区银行，先期的基础工作是进行场景挖掘，构建对银行展业有商业价值的系列场景。一般来讲，只有高频场景才能吸引稳定的客户群，社区银行的场景设计应按照"金融+互联网+场景"的总体思路，选择小微企业经营和社区居民生活中经常出现的行为，作为场景挖掘的切入点，同时借助大数据对客户进行深入分析，确定有商业价值的稳定场景，进而将场景互联网化。二是跟进场景创新产品。利用场景金融拓展社区银行，最关键的是产品创新。适应由场景所衍生的金融需求，就是要快速跟进开发系列金融产品。城市商业银行在这方面必须以小微企业经营和社区居民生活的需求为出发点，设计能够融入多样化场景、客户体验较佳的产品。在产品创新的初始阶段，应采取"简、快、小、整"的策略，快速将创新产品推向市场，通过小规模试点观察客户评价，再根据小微企业经营和社区居民反馈的建议进行改进，进而开发和营销系列场景金融产品。三是优化场景增值服务。利用场景金融做精做优社区银行，必须要将线下社区银行实体逐渐由营销型网点转型为线上线下互动的平台型网点，将传统商业银行的单纯金融服务升级为金融服务加基于场景的增值服务，增强客户黏性。四是扁平组织提高效率。利用场景金融提升社区银行的服务效能，要鉴互联网金融新业态的经验，去掉线下多余的层级，以金融科技为支撑，以保证业务流程高效运转为原则，搭建扁平化组织结构，以匹配场景金融"短平快"的运作模式。

四、探索网点转型新业态，拉长社区银行服务链

金融科技的发展、金融脱媒的加剧以及利率市场化的推进，大大改变了银行业基层网点的生存状态，为了有效拉长社区银行的服务链和促进经营活动降

本增效,社区银行的物理网点转型必须迎合"互联网+"时代小微企业和社区居民的行为习惯和需求特征。在这方面,国外超市式、咖啡馆式银行的经验,值得城市商业银行在探索社区银行网点转型中借鉴。从20世纪90年代,国外众多银行纷纷开始推动网点转型,力图将网点从处理基本业务调整为主要从事其他渠道无法替代的复杂、高附加值的业务,从而提高分销渠道的竞争力和效率。基于这种转型思路,新型网点业态层出不穷,比较受欢迎的新型网点有以下两种:一种是超市式银行网点。数据显示,美国超市式银行网点从1971年的50家发展到2004年的6500家。根据美国经验,在超市中设立的银行网点,经营成本只相当于传统银行网点10%~20%,而业绩比传统银行网点高3~4倍。另一种是咖啡馆式银行网点。例如,咖啡银行CapitalOne采取开放布局的设计,免费为所有人提供咨询服务的视频柜员机和自动柜员机,持有CapitalOne银行卡的客户手磨咖啡和点心等消费享受50%的优惠。城市商业银行探索社区银行网点转型,可在借鉴CapitalOne等机构经验的基础上,探索中国特色的银行网点新业态。例如将社区银行网点的营业终端设在商业写字楼、高新技术区等小微企业集聚区的咖啡馆,将城市商业银行的"数字银行"与咖啡馆融为一体,在线下对咖啡馆服务员进行基本业务培训,要求他们具备基本的金融业务服务能力,并在咖啡馆常设金融顾问为客户提供咨询服务,设立信贷申请电子终端。如此营造银行与客户线下线上亲密互动的愉悦场景,能够有效拉长城市商业银行社区金融服务链,有利于发展新客户并增强现有客户的黏性。

第二节 贴身小微企业:做透服务实体经济的普惠金融

中小微企业被普遍认为是推动经济增长、扩大社会就业和促进创新的重要驱动力,但它们长期以来为融资难融资贵问题却长期未能得到有效解决所困扰。据相关部门最新调查数据显示,我国2/3以上的小微企业将银行信贷作为首选融资渠道,而银行业金融机构的信贷供给远远不能满足小微企业的融资需求。另据2018年1月世界银行、中小企业融资论坛、国际金融公司联合发布的《中小微企业融资缺口》报告,我国约有41%的小微企业存在信贷困难,融资缺口高达近 12 万亿元，相当于 2017 年我国 GDP 的 14.5%。近年来我国不断引导商业银行加强普惠金融，重点扶持小微企业发展。2011 年以来，中国银监会先后发布《中国银监会关于支持商业银行进一步改进小企业金融服务的通知》（银监发〔2011〕59 号）、《中国银监会关于支持商业银行进一步改进小型微型企业金融服务的补充通知》（银监发〔2011〕94 号）、《中国银监会关于深化小微企业金融服务的意见》（银监发〔2013〕7 号）、《中国银监会关于进一步做好小微企业金融服务工作的指导意见》（银监发〔2013〕37 号）等一系列通知和规定，鼓励商业银行加大对单户授信总额 500 万元（含）以下小微企业的信贷支持，单列年度小微企业信贷计划，并在机构准入、资本补充、资本占用、不良贷款容忍度和贷款收费等方面，对银行业开展小微企业金融服务提出了具体的差别化监管和激励政策。发展普惠金融是国家战略，城市商业银行作为主要为区域城镇小微企业和居民服务的社区银行，应当担当区域内小微企业金融服务的大任。为此，城市商业银行应充分发挥自身优势，深入探索既区别于国有商业银行和股份制商业银行、又不同于农村商业银行的小微企业金融服务新途径。除了传统的存贷款业务之外，应借鉴小型社区银行发展的国际经验，在大额存单、可转换票据等方面积极开展融资工具创新，并打通小微企业融资缺乏增信手段的瓶颈。要合理设定小微企业流动资金贷款期限，以多种方式解决贷款期限与小微企业资金回流周期错配的问题。为了进一步在提升质效的基础上扩大小微企业金融服务规模，城市商业银行应在管理机制、业绩考核、金融创新、风险防控、降本增效等方面进行系统安排。

一、摈弃"垒大户"思维，保持"助草根"定力

城市商业银行成立的初衷就是支持地方经济发展，填补大银行留下的金融服务空白。鉴于城市商业银行"草根"金融的特点和规模小的现实，其与大中型商业银行相比在服务大企业方面可以说是无甚优势，但城市商业银行作为本土银行在服务当地中小微企业方面，具有较强的弹性和灵活性，在信息获取方面也具有优势，他们较为容易与所在地中小微企业建立良好的关系，为中小微企业提供灵活多样的金融信贷服务。共生理论认为，区域经济与区域金融存在一定的互动性与共生性，城市商业银行与当地经济发展具有明显的共生性。一方面，城市商业银行依靠地方政府和客户的支持，逐步扩大其经营规模和业务

范围，增强服务地方经济的实力。另一方面，城市商业银行在成长壮大中不断为中小微企业和社区居民提供多样化的金融服务，支持地方经济持续发展。城市商业银行应该坚守"服务中小企业、服务地方经济"的市场定位，摈弃盲目追求规模"垒大户"的做法，充分发挥其在地缘、效率、机制和企业文化等方面的特色与优势，无"微"不至，聚"小"成长，做支持地方经济发展最接"地气"的金融伙伴。如何才能持续"沉下去"为小微企业提供金融服务？重庆银行主要是从线下线上拓宽营销渠道、风险管理嵌入条线内部两个方面着力，打造具有地缘优势的"草根银行"。从营销渠道来看，重庆银行实行线下和线上渠道融合的策略，充分利用线上渠道效率高、成本低的优势，打造小微企业线上金融交易平台，授信、审批、放款等整个业务流程全部通过该平台操作完成。同时充分利用自身在当地的地缘和人脉优势，配置由400多名小微客户经理组成的普惠金融团队，以年均新增6家网点的速度持续扩大区县网点布局，并在线下将服务触角延伸到特定的商圈、专业市场、行业协会等领域，以最接"地气"的方式了解这些细分"圈子"中的真实客户信息（这恰恰是许多大中型商业银行所不具备的信息优势），在信息比较对称的情况下，开发小微企业迫切需要的产品，为客户提供贴心的服务。从风险管理来看，重庆银行成立专门的小企业信贷中心，在一定权限内授予风控团队对小微企业的信贷审批权，同时在小微企业银行部设立小微企业业务评审中心，统筹协调各分支行的风险管理，将风控嵌入各业务条线内部，赋予各业务条线全流程风险管理的职责，并对每个业务条线进行分类考核，在防范信贷风险的前提下保持扶助"草根"的定力。重庆银行还创新小微企业信贷评审方式，通过"三看一评"（看企业经营前景、看企业诚信度、看经营者人品素质，综合评估企业经营情况）的评审方式，降低对抵质押品的依赖，根据小微企业的财务、资信等评级发放更多的信用贷款。2016—2018年，重庆银行年均投放小微企业贷款超过400亿元，支持超过1.5万户小微企业发展，连续9年荣获"小微企业金融服务先进单位"[①]。

二、推广"信贷工厂"模式，提高小微企业授信规模

"信贷工厂"模式是仿照工厂"流水线"的作业方式，将小微企业贷款的产

---

① 重庆银行努力破解小微企业融资难、贵、慢困境[N].重庆日报，2018-11-15.

品设计、贷款申请、事前调查、审批发放、风险控制、内部管理等业务进行标准化和批量化操作，在既定的风险容忍水平内，快速响应中小企业客户借款"短、频、急"需求并扩大小微企业信贷规模，有效降低商业银行的运作成本和经营风险，形成商业银行与小微企业共赢的金融生态。这种模式具有"产品标准化、作业流程化、生产批量化、队伍专业化、管理集约化、风险分散化"特征，将客户营销与贷款管理适当分离，能够有效控制操作风险和防范道德风险，大幅提高运作效率和服务能力。该模式以新加坡淡马锡控股公司小微企业信贷模式为原型，引入我国后各类商业银行在适当改造后进行试点。在城市商业银行中，杭州银行、盛京银行、济宁银行等较早借鉴这一模式探索中小微企业授信业务管理创新。例如，杭州银行 2018 年 7 月成立小微信贷中心，采取"前端标准化、后端集约化"信贷工厂模式，仅半年新增 600 多家小微企业贷款客户。随着金融科技的不断发展，城市商业银行应跟踪"信贷工厂 2.0"模式（即"信贷工场"模式），在线上业务中植入消费场景、大数据、反欺诈系统、决策引擎等科技手段，增强线上批量操作能力，进一步节省人工操作成本，并更为智能化地防范操作风险。目前杭州银行"信贷工厂"模式的线上业务占比 86%，运用反欺诈模型自动审批业务量占总业务量的 46%，显著提升了小微企业授信审批效率。杭州银行持续探索"信贷工厂"模式创新的经验，值得广大城市商业银行借鉴。城市商业银行决策链条短、业务创新灵活高效，运用"信贷工厂"模式批量开发小微企业信贷产品，比大中型商业银行更具优势。

三、深耕小微细分市场，创新特色融资工具

面对商业银行同质化竞争白热化的格局，城市商业银行必须从战略上明确自身的市场定位，深耕当地业务和聚焦细分市场，坚持走差异化、特色化发展之路，通过做精、做特、做优、做透本土市场和细分服务领域，持续提升核心竞争力。唯其如此，才能充分利用城市商业银行与本乡本土"草根经济"更为亲近的地缘人缘优势，在优化服务体验和迅速响应个性化需求的基础上，与小微企业结成相互依赖相互促进的紧密合作伙伴。以杭州银行为例，该行根据当地科技、文创和新零售领域小微企业异军突起的形势，在国内城市商业银行中较早探索科技文创金融专业化服务的"杭州银行模式"。通过科技文创型小微企业信贷"风险池基金""选择权贷款""知识产权质押贷"等创新产品，并加强

与创投机构的密切合作，积极探索"投贷联动"，有力地支持了区域内中小科技文创企业的发展。杭州银行科技文创金融事业部不断完善"创业银行""人才服务银行""新三板银行""创投主理银行"四大服务体系，在文创类科技金融服务领域走在同业前列。截至2017年底，杭州银行科技文化金融客户4356户，融资余额280.26亿元；其中有138家企业在A股上市，790家在新三板挂牌。又以莱商银行徐州分行为例，该分行确立"适应环境、融入徐州、根植文化"的经营思路，根据自身资源禀赋特点，采取"蓄水养鱼"的市场培育战略，潜心培植200家骨干中小企业客户和2000家基本客户，80%以上的信贷资金投向了中小企业。为丰富客户的消费体验和产品需求，该分行开发"云闪付""一码多付"等电子直销银行产品，为客户提供全新的支付体验；推出"易捷贷""积分贷""贴息贷""循环贷"等小微企业信贷产品，将小微企业在行内的结算量纳入授信评价因素，并适当给予利率优惠政策，为创业期、成长期的小微企业和个体工商户提供了量身定制的信贷支持。杭州银行、莱商银行深耕小微细分市场开发特色融资工具的经验，值得广大城市商业银行借鉴。

四、优化内部组织体系，提高专业团队执行力

为了提升对小微企业金融服务的专注度，实现专业化的精准服务效果，必须进一步优化城市商业银行内部组织体系，提高其专业团队的执行力。一是要推行标准化流程管理理念，充分运用上述"信贷工厂"模式，依托大数据建立各行业小微企业信用分类标准，通过标准化的操作提高小微企业金融服务的审批效率。二是采取扁平化的管理模式，通过减少不必要的管理层次，推进组织结构扁平化，建立快速适应市场的协调机制，提高小微企业金融服务的决策效率和落地效能。三是优化小微企业金融服务专营机构的配套制度，根据不同领域小微企业的特征，构建差异化的信用评估体系；基于小微企业信贷特点，优化授信审批流程规则；完善与关系型贷款模式相适应的激励制度，赋予小微企业专营机构调整企业融资成本的自主权。四是要建立高效的专业化经营团队，根据城市商业银行的市场定位，结合所在地产业发展状况，建立专业化的总分行业务管理机制和执行团队，强化小微企业金融服务市场策划、产品创新、贷后管理、风险控制等方面的执行力。南京银行目前已形成"总行小企业金融部—分行小企业金融部—专营支行（小微支行）"的小微企业专营服务架

构,在总行小企业金融部之下,17个分行也设立对应的小企业专营部门,同时设立1个微贷中心,6个科技支行,69个其他小微专营(特色)支行,建立了较为完备的小微企业金融专属服务体系。通过专业化的经营团队打造了"鑫活力""鑫微力""鑫智力""鑫伙伴""鑫动文化""鑫星农业"等小微企业服务品牌,针对不同类型的小微企业提供专业化的融资服务。

五、引入智能化服务手段,缓解小微企业融资慢

小微企业向商业银行申请贷款除了"融资难、融资贵"的问题之外,还常常遇到"融资慢"的问题。为了改进"融资慢",城市商业银行应该根据小微企业的特征建立标准化、智能化、在线化的审批流程,缓解客户线下"反复往返、重复办理、被动等待"的矛盾。在这方面,重庆银行探索出如下经验:一是持续优化线上金融服务。重庆银行以"好企贷"为代表的系列线上融资产品,无需提交任何纸质资料,为小微企业提供申贷还款、账户查询、转账结算、代发工资等在线服务,客户足不出户即可实现"7×24秒批秒贷"的便捷体验。二是深度应用智能化技术简化贷款审批流程。重庆银行通过深度应用智能化技术,优化小微企业信用风险评价体系,大大简化繁琐的申请和审批流程,实现"在线申请、智能秒批、自助放款",将信用贷款的办理周期由5天缩短至最快35分钟,抵押贷款办理周期由12天缩短至最快24小时。三是设立小微企业开户"绿色通道"。重庆银行通过"2+2"模式优化小微企业开户流程,实现小微企业开户"专人专柜、优先受理、开户辅导、快速办结",通过129个小微企业开户绿色通道,将柜面开户时间从2小时缩减到半小时以内。重庆银行还与重庆市税务局跨界合作,协同推出"企税通"服务,使新设小微企业可以通过网上税务局办理单位银行结算账户预开户、税务登记报告、缴税三方签约等"开户+缴税"的一站式服务。四是实施全面告知制度。重庆银行还在符合外部监管和内部合规要求的前提下,一次性为小微企业提供直观、清晰的菜单式申贷指引,减少"银企多头跑",节省客户办理业务的时间。五是适当下放决策权,缩短决策流程。重庆银行发挥小型商业银行决策链条短的优势,对分支机构实施动态调整的授权管理制度,通过适当下放决策权,缩短贷款审批流程,实现风险防范与评审效率"双提高"。除了重庆银行的经验外,盛京银行的"快贷通"模式也值得借鉴。

第三节　突破传统窠臼：做活减少资本消耗的系列中间业务

从商业银行发展的国际经验来看，中间业务的经营范围逐渐扩大（服务种类最多的已达 200 多种），目前欧美国家商业银行中间业务收入占整个营业收入的比重均在 40% 以上（需要指出的是，由于混业经营管制尚未完全放开等因素，我国商业银行中间业务与国际同业间约有 10% 的统计口径差），该项业务越来越成为商业银行最重要收入来源之一。虽然城市商业银行不宜简单模仿国外商业银行和国内大中型商业银行拓展中间业务经营范围的做法，但为了更好地服务区域经济和创造利润，也应利用某些差异化的竞争优势丰富中间业务的品种，逐步提高中间业务收入在城市商业银行总收入中的占比。特别是开发附加值较高的投行类业务和财富管理业务。

一、统筹规划协同推进，完善制度规范发展

目前大多数城市商业银行采取"谁开发谁管理"（即中间业务分散由各相关部门自行管理）的办法，不利于中间业务全面管理和协同推进。由于中间业务具有品类繁多、涉及面广、跨度较大、关联性差、风险交叉传导等特点，应建立专门的中间业务管理部门，统筹协调全行各业务部门和分支机构汇聚相关资源，形成大力拓展中间业务的合力。城市商业银行应加强对中间业务发展的统筹规划、集中管理和统一协调，研究制定中间业务发展规划，出台相应的规章制度和操作流程、开展市场调查和业务创新研究、指导产品开发和营销推广、跨部门协调与综合管理、推进内部审计和风险管控、开展专项统计和业绩考评等、组织员工开展专项培训，并依照法律法规实行规范化管理，构建完整的中间业务管理体系，保证中间业务的稳步推进和规范发展。除了在城市商业银行总行层面设立专门的中间业务管理部门之外，各分、支行也应设立相应的中间业务职能部门。总、分行均应成立由行长、各相关业务部门负责人为成员的中间业务发展领导委员会（或中间业务协调管理领导小组），加强组织协调和推进

力度。为了促进中间业务的规范发展，要根据产品开发和业务管理的效应，形成配套的制度体系。城市商业银行应在遵守中间业务相关法律法规和规范性文件基础上，制定一系列与本行业务发展实际情况相适应的中间业务规章制度，（如《中间业务分类管理办法》《中间业务价格管理办法》《中间业务会计核算管理办法》《中间业务业绩考核办法》《中间业务产品创新指引》《中间业务风险管理办法》《中间业务自律守则指引》等），并出台必要的实施细则便于各项制度有效执行。

二、瞄准细分市场需求，丰富中间业务品种

西方商业银行的中间业务产品超过 2 万余种，使得其成为"金融超市"，且在混业经营的大趋势下，既为客户提供货币市场业务，同时也提供资本市场业务。我国商业银行从 20 世纪 80 年代起逐步发展中间业务，但最初由于传统经营理念的束缚和分业经营监管的限制，中间业务发展比较缓慢。随着金融体制改革的不断深化和商业银行的创新意识增强，我国商业银行中间业务品种不断增加。然而，城市商业银行中间业务产品创新和开发能力较弱，其产品和服务结构相对单一，中间业务主要集中在支付结算和委托代理业务上，投融资类、金融衍生品类中间业务产品较少，在同质化竞争的"红海"中处于被动地位。为了丰富中间业务品种，城市商业银行应巧借外力，运用金融科技开发具有高附加值的中间业务产品。以中小微企业和社区居民的需求为导向，在夯实支付结算、信用卡、代理、担保、承诺等传统中间业务的基础上，加大产品创新力度，重点在某些大中型商业银行进入较少的细分领域（利基市场）开发具有"草根经济"特色的高附加值中间业务产品。一是探索信用风险管理服务。整合城市商业银行所掌握的客户身份信息、经营信息和交易信息等大数据，利用金融科技手段进行分析整理，为投资人、委贷客户、小贷公司、网贷公司、担保公司等提供信用管理服务。二是利用信息技术为社区居民精准推送理财业务。通过客户关系管理系统，对客户的理财风格、风险偏好等进行"画像"，摸准客户的需求心理，为其推送高附加值的理财服务。三是针对客户多元化投资需求挖掘创新型中间业务。随着投资渠道日益多元化，城市商业银行应追踪客户的投资偏好拓展金融衍生工具相关的交易类中间业务和财务顾问业务。

三、上下联动改进营销管理，扬长避短扩大业务阵地

一是完善中间业务营销的组织架构。城市商业银行要结合其总体发展规划，建立相关业务条线与各个分支机构层面协作共抓的中间业务营销管理办法，形成分工清晰、责任到位、高效合作、协同推进的运行机制。二是建立科学的中间业务绩效考核机制。城市商业银行要层层分解中间业务的任务指标，建立奖罚分明的激励约束制度，充分调动基层行（网点）和员工中间业务营销的积极性。三是完善成本测算和定价机制。在对行业和产品（服务）全面分析的基础上，精确测算中间业务成本，制定合理的产品（服务）价格。尽管从短期来看城市商业银行暂且可以通过低价竞争争夺部分中间业务市场份额，但从长期来看，城市商业银行中间业务的核心市场竞争力在于开发细分市场的特色服务，采取创新周期快、产品个性化、增值服务多、零售标准化、批量成本低、定价差异化的策略，吸引客户并巩固其在中间业务细分市场的阵地。四是谋划扬长避短的中间业务资源配置策略。城市商业银行要认清自身开展中间业务的优势和劣势，按照"有所为有所不为""长短结合，标本兼治"的策略，有效配置拓展中间业务的资源。四是建立中间业务资源共享平台。城市商业银行要在中间业务领域缩小与大中型商业银行的差距，应搭建有效配置内部资源并巧聚外部资源开放式业务平台，并根据业务发展需要进行技术升级和应用场景延伸。通过中间业务资源共享平台，一方面强化不同业务条线之间的协同配合，提高客户对本行中间业务产品的重复使用率；另一方面借助外部合作伙伴的力量，弥补自身中间业务的"短板"。五是争创中间业务品牌。城市商业银行要积淀和提升具有自身特色的企业文化，在细分市场打造创新发展和优质服务的品牌，充分发挥综合服务的优势，并推广中间业务产品营销的成功案例，通过示范作用全面提升中间业务市场开发的潜力。

四、长短兼顾行稳致远，因势利导步步为营

从短期来看，应因地制宜和因行而异，将见效快且有潜力的信用卡分期、托管、手机银行等作为"补短板"的突破口，集中资源强力推进，以期带动整个中间业务收入和员工信心大幅提升，并锻炼基层员工有效寻客、识客、获客的业务能力。从长期来看，应从根本上解决客户基础不稳固、业务结构不合理、

创新能力不坚实等矛盾，充分发挥差异化的竞争优势，灵活采取内部交叉营销、外部合作营销、源头批量营销、线上导流营销、综合服务营销等方式，在巩固存量的同时做大增量，在做大客户基数的同时提升优质客户的占比，在稳步发展原有业务的同时积极探索高附加值的新业务（如投行类业务和财富管理业务）。从发展质量来看，应始终坚持守正求新、行稳致远的理念，处理好业务创新与合规经营、规模扩张与质量提升、线上展业与线下固基的关系，在有效防范风险的基础上扩大中间业务在整个业务中的占比，通过提质增效提高中间业务的贡献度。发展中间业务并非只是简单地扩大现有的表外业务，而是城市商业银行转型发展的战略性举措。要逐步拓展更多与同业合作的金融业务（如代销保险、基金、资管计划、信托产品、贵金属业务等），使多样化、高附加值的中间业务成为城市商业银行新的利润增长极。

第四节 巧借金融科技：做大高效跨界的直销银行业务

多年来，城市商业银行主要通过物理网点扩张为主的渠道策略，扩大市场覆盖面和提升竞争力。而按照监管新政，严格限制包括城市商业银行在内的小型商业银行跨省域开展业务，使得其以物理网点扩张为主的渠道策略难以跨域施展拳脚。同时，大数据、物联网、区块链、人工智能技术等技术与金融业务的深度融合，催生一大批颠覆传统金融的服务新模式（如人工智能和大数据技术，催生了展业成本较低的数字化财富管理业务；又如区块链技术支撑的数字货币、智能合约、支付清结算等，正在改变商业银行体系的运行规则），新兴的类金融机构与商业银行竞争白热化。即便是在省域内设立线下物理网点，也遭遇经营成本和客户流失率上升等困境。正因为以线下渠道外延式扩张主导的发展模式遭遇严峻挑战，线上线下互动和效能驱动主导的发展模式，成为城市商业银行转型发展的新路子。

一、巧用金融科技"利器"，直销细分市场"觅食"

发展直销银行业务，必须以金融科技创新为支撑，但城市商业银行应采取有别于大中型商业银行的金融科技创新策略：一是通过深入调研发现直销银行细分市场的业务空白或不足，并探索利用金融科技形成城市商业银行差异化的直销经营模式，从而有效弥补这些空白或不足；二是根据自身在商业银行生态体系中的定位，采取与其能力及资源禀赋相适应的金融科技发展策略，"以用为本"有效配置开展直销银行业务所需的金融科技资源；三是充分利用自身在本土市场的地利和人脉优势，摸准当地小微企业和社区居民对直销银行业务的偏好，将金融科技精准运用到客户真实需要的场景当中；四是将直销银行作为更好完成普惠金融使命的载体，运营金融科技有效支持其直销银行业务服务好"长尾"客户；五是采取轻资产模式发展直销银行业务，将技术系统的开发运营适当外包，以便通过"借船出海"的方式，提升自身金融科技开发应用能力和直销银行业务经营效率。六是充分利用政府和同业公会的政策支持和技术帮扶（如中小银行联盟与银行业协会"中小银行数字金融实验"项目），解决拓展直销银行业务过程中金融科技创新的共性难题。

二、加大宣传推广力度，引导培育潜在客户

直销银行是现代金融发展与互联网技术相结合的产物，这种经营模式（或业态）引入我国的时间较短，小微企业和普通居民对其认知十分有限。目前处于初级阶段的城市商业银行直销银行，基本上是以客户自助化为特征的手机银行和网上银行之简单延伸。鉴于不少客户（特别是中老年居民）对直销银行不够了解和缺乏体验的现状，城市商业银行应在社区加大直销银行使用知识的宣传普及，引导人们对其效用加深认识，并创造更多机会让潜在的客户尝试体验，逐步培养小微企业和普通居民利用直销银行的习惯，利用各种可能的方式引导和培育潜在的直销银行客户。除了继续优化前期比较普遍开展的存款、货币基金、银行理财等存款端产品和个人信用贷款之外，进一步顺应社区小微企业和居民的需要，积极探索小微企业小额信贷等贷款端产品，以及保险类、基金类、信托类、贵金属类理财产品等直销银行业务。

三、渐进提升业务能力，搭建合作共享平台

从渐进提升业务能力来看，每家城市商业银行应根据其探索直销银行所处

的层面，汇聚相关资源有针对性地提升直销业务的服务质量。目前国内开展直销银行业务的商业银行有 70 家左右，各家商业银行结合自身的资源优势和业务定位，在场景搭建、产品创新、账户输出、合作获客等方面各具特色，但大多没有形成成熟的商业模式，处于直销银行 1.0 阶段或 1.0 至 2.0 阶段之间。绝大多数已经开展直销银行业务的城市商业银行，处于发展直销银行的 1.0 阶段，城市商业银行在该阶段应选择少量产品作为创新试点、初步实现产品标准化、信息和渠道线上化，业务操作简捷化，并尽可能切合客户需求提高服务的精细度。少数处于直销银行 1.0 至 2.0 阶段的城市商业银行，应基于以客户为中心的服务理念加大运营流程再造的力度，尽快实现直销银行业务全面数字化、深度场景化和普遍移动化，通过多样化的直销产品，精准、快捷地对接更多小额、碎片、高频的金融需求。

从搭建合作共享平台来看，城市商业银行要积极与其他金融机构和企业建立合作联盟，形成多方共赢的商业生态，巧借更多外部资源拓展直销业务范围。城市商业银行实力与资源有限，要想满足客户需求，必须自我突破，在服务客户的过程中承担咨询提供者、接入服务者和产品创新者等多种角色。这些角色不可能由一家机构独立完成，城市商业银行需要将现有的合作伙伴加以整合，建立起公平的价值分享机制，通过合作创新提升直销银行服务质量。在此过程中，城市商业银行与其他机构在合作中实现功能互补和资源共享，既突破分业经营、分业管理的政策限制，又降低合作各方所面临的不确定性风险。

四、善舞"双刃剑"，筑牢"防火墙"

与许多金融创新一样，利用金融科技开辟商业银行的直销银行渠道，也伴生新的风险。金融科技对于直销银行发展是一柄"双刃剑"，它在提升直销银行服务效率、降低直销银行服务成本、优化直销银行服务模式、助推直销银行开展品种多元、场景丰富、方便快捷、体验良好的服务过程中，也因其突破了时间和空间限制、信息传播迅速、信息技术依赖性等特点，放大了直销银行的风险，因此，城市商业银行基于金融科技拓展直销银行应设置更高的"防火墙"：第一，要建立数字化的金融科技监管体系。金融科技的发展依赖于数字化信息科技的支持，因此其风险防控也应该使用相应的技术手段来实现。第二，强化防范金融科技风险的内控机制。应建立相应的内控制度,加强金融科技岗位的行为规范和相互监督,在制度层面防范金融科技风险;第三,加强金融科技人员风险防控意识。要按照相应的标准和程序选拔金融科技人才,通过相关岗位任期审计制度和离任审计制度加强金融科技人员风险防控意识。第四,利用金融科技加强直销银行业务的风险管理。要借助金融科技优化直销银行业务的风险预警机制,强化及时处理突发危机事件的应对能力。江苏银行利用金融科技探索直销银行风险防范的做法值得广大城市商业银行借鉴。该行设计了直销银行"智能运营"系统,通过制定精准的预警策略,形成直销银行主动安全保障机制。该系统依据业务大数据进行精准分析,设置可靠的交易预警阀值参数,并根据风险类型和影响程度划分预警等级,分别以邮件、微信、短信等方式实时报警,及时将风险事件通知相应部门和责任岗位。这种"智能平台+主动监测+及时定位+专人专办+及时处理"的风险管理系统,大大提升了风险防范的精准度和危机化解能力。

五、瞄准开放银行"风口",谋划直销银行升级

开放银行(Open Banking,又称为"开放式金融平台"),是商业银行开放 API(Application Programming Interface,应用程序编程接口)端口,采用 Bank – as – a – Platform(BaaP,银行即平台)形式,连接各种不同的商业生态,为客户提供各类符合场景需要的金融产品与服务,从而形成开放、共享、协作的服务模式。业内专家认为,金融科技助力的直销银行是开放银行发展的基石,或者说开放银行将成为直销银行 3.0 模式。不少城市商业银行前期比较激进发展直销银行,下一步应瞄准开放银行的"风口",谋划直销银行提档升级。具体来讲,城市商业银行可按照以下路径探索建立开放银行:一是以平台化模式重塑直销银行商业模式。传统商业银行是典型的流程型服务模式,而数字经济和 API 经济时代,网络化、平台型和生态模式成为主要特征,商业银行需要重新定义直销银行业务运营和流程、调整组织架构、进而重构直销银行业务模式和价值链。在重塑直销银行业务模式的过程中,城市商业银行作为按需配置的金融服务基础平台,将数据、算法、交易、风控、流程和其他业务功能开放给包括第三方开发者、金融科技公司、平台企业和其他合作伙伴在内的生态系统。二是以生态场景作为服务切入口。城市商业银行基于场景构建开放式金融平台,既

可通过自建、并购、投资等形式打通关键节点，构建覆盖细分行业的全场景；也可与受制于监管等因素还未向金融领域延伸的相关行业平台进行对接，将银行的金融服务嵌入到其他企业经营生态的场景和流程中。三是以"敏捷组织"引导金融架构转型。在开放银行下，各业务职能形成一个闭环，前中后扁平分布，以产品商业生态构建一个产品型的组织。每一个岗位都要求进行横向的专业训练和纵向的管理训练，并被纳入跨职能敏捷小组，这种"横向—扁平"的敏捷组织不仅能极大地提升跨职能协同效率，还能碰撞出跨界合作的创新火花。在敏捷组织架构下，开放银行的产品裂变和创新效率将会得到很大提高，银行产品发展到一定阶段后，就会裂变出新的产品或子产品，从而创造新的价值。敏捷转型促使各城市商业银行职能部门人员从单线程工作向多线程转变，员工从传统的被动接受转变为主动参与多场景、多产品、多客群的工作中，提升项目团队的效率和使命感。可见，敏捷组织配合有效的工具不断创新，可加速直销银行3.0模式即开放银行的升级和发展。四是以数据与技术创新风控模式。在构建开放式金融云平台过程中，城市商业银行应更加重视风险控制能力的提升，根据银行端的金融交易数据和场景端的客户行为数据，搭建新的金融风控模型，提高风控系统的敏感度与准确性。徽商银行利用金融科技发展直销银行，探索出一条可复制的模式：一方面，通过创新网贷业务丰富消费金融产品。该行以互联网贷款产品为突破口，聚焦场景化互联网消费金融，依托"组合化管理、模块化设计、参数化控制"的理念，重点推出"信保网贷""享花"等产品，有效满足了各类群体差异化的消费金融需求。其中，"信保网贷"是通过"场景+保险公司+银行"的模式，由该行向符合条件并在指定保险公司购买个人贷款保证保险的自然人发放用于消费用途的贷款。"享花"是基于互联网技术切入小额消费场景的个人信贷产品，采取"互联网直销+网上消费贷款+财富收益覆盖成本"的商业模式，实现厂商、客户、银行等多方共赢。另一方面，聚焦智能投顾提升财富管理水平。2017年7月，该行直销银行"徽常有财"天机智投正式上线，这是国内第一家直销银行推出的基金智能投顾平台。该平台通过大数据和机器智能算法，进行客户画像及交易数据、产品业绩回溯，为客户进行智能化的量身定制服务（包括基金产品组合、一键跟投、调仓、撤单以及收益分析等全流程服务）。

第五节　优化客户体验：做足本土
　　　　需求的特色零售业务

近年来，随着居民收入水平的上升、消费结构的升级以及消费模式的转变，我国居民个人贷款产品、个性化的理财顾问服务以及非利息收入金融服务等需求迅速增长。多元化的居民金融产品和服务需求，倒逼商业银行与时俱进发展零售银行业务。城市商业银行突破零售业务发展面临的瓶颈，既要规划好战略层面的顶层设计，也要优化战术层面的经营策略，并切实将经营资源配置向零售业务适当倾斜。城市商业银行要做足适应本土需求的特色零售业务，具体而言应做好以下工作：

一、强化业务转型战略定力，汇聚特色零售业务合力

城市商业银行零售业务转型背后对应的是对传统商业模式的重新认识和把握，是对全行资源配置的重新布局与优化，关乎城市商业银行的长远发展和竞争力提升。因此，只有统一思想认识，在总行层面形成多方合力，才能在具体实践中取得相应的成效。思想认识是城市商业银行在强化零售业务发展的战略转型过程中需要解决的首要问题。正如前面分析的那样，招商银行在强化零售业务发展的转型过程中战略定位一直比较清晰。正是对商业银行发展趋势的准确预见，招商银行确立了大力发展零售业务的战略定位，以及后期持续不断地增加资源投入，从而为招商银行实现转型发展提供充足的"弹药"。

零售业务是一项基础性较强的业务，讲究厚积薄发、广种薄收。招商银行零售业务的成功绝不是一蹴而就的，而是自成立之初即深耕零售，依靠多年的积累，才有了当前深厚、优良的客户群体以及银行同业难以复制的零售文化。因此，城市商业银行做零售业务需要准确把握其内在的发展规律与特点，保持战略定力，遵循客观规律，一步一个脚印地夯实基础。从城市商业银行董事会、高管层再到各个相关部门都要有这样的思想认识。对符合强化零售业务发展的战略转型和全行发展利益的业务、产品和制度的创新，应予以支持、鼓励。尤

其是在预算和考核等配套措施方面，零售业务管理部门要与人力资源管理部门、计划财务部门加强沟通与协调，围绕城市商业银行强化零售业务发展的战略转型，科学编制预算，建立健全考核激励体系，初期在利润指标、成本控制指标等方面给予零售业务相应的倾斜，助推零售业务条线加强内生能力建设，夯实业务转型发展的基础。

二、与时俱进改善客户体验，创新服务增强客户粘性

随着我国居民个人财富的快速积累，居民财富管理意识也在不断增强，加之资管业务逐步发展壮大，居民资产配置从以存款类产品为主，逐步发展为包括银行理财、信托、保险、基金、券商资管等在内的多种产品，资产配置结构日益多样化。根据贝恩公司的研究数据，居民现金与存款在个人持有可投资资金中的占比，已由2008年的56%下降至2015年的47%，这种现象在城市地区表现得尤为明显。与此同时，随着人口老龄化的进一步发展，老年人群体收入趋于下降，使得流入银行的储蓄资金减少，这在一定程度上导致居民储蓄率下降。数据显示，我国储蓄率从2000年的35.6%飙升至2008年的51.8%，2009年开始缓慢下降，2018年降至44.91%。据IMF预测，这种下滑趋势还将持续，预计2023年中国国民储蓄率将降至41.61%。另外，互联网金融的快速发展对居民投向银行储蓄存款的资金也产生了分流的作用，未来居民资金流入银行储蓄存款的趋势将进一步弱化。因此，城市商业银行拓展零售金融业务应与时俱进改变经营理念，在开展零售存款业务的同时，还要提供更丰富的零售金融产品满足客户合理配置资产的需要。要与客户建立共生共荣的商业生态，在为客户创造价值的同时实现自身业务的发展。在业绩考核上，应适当弱化零售存款考核的指标，强化资产管理规模（Asset Under Management，AUM）考核的指标，引导营销人员积极推进各项财富管理业务，在帮助客户做好理财产品配置的同时，为客户配置部分存款作为生活备付金，进而实现财富管理与零售存款的协调发展。

三、优化客户管理模式，强化批量获客能力

大多数城市商业银行零售业务提质增效的最大痛点，在于获客模式单一和

客户分类维护能力薄弱。从获客模式来看，大多数城市商业银行基本依赖传统物理网点和关系营销渠道，获客模式较为单一，基于大数据、互联网的新兴获客渠道尚未全面应用，缺乏根据市场动态有效嵌入消费场景、分类识别客户的技术升级。从客户分类维护来看，大多数城市商业银行的客户分类服务及归口管理处于初级阶段，缺乏具有专业技能的团队深入拓展与维护中高端客户，优质客户占比普遍较低。针对上述问题，城市商业银行应采取以下两方面措施：

一方面，利用移动互联网批量获客。城市商业银行应充分把握商业银行渠道和技术变革的特点以及客户对资金流动性、便捷性、安全性的需求，充分利用移动互联网等新兴渠道，通过与移动互联网平台合作，构建零售客户批量式吸纳模式，提升客户获取效率与经营。可考虑重点强化与当地交通、医疗、旅游、文教等行业合作，尤其是利用这些行业服务从线下向线上转变的重要窗口期，从行业的商业模式和交易链条出发，在对交易场景进行构建和融合的基础上，创造更多的业务机会，实现批量获客。另一方面，建立客户分类分层管理体系。按照年龄、职业、家庭情况、风险偏好、资产规模等多个维度对客户进行分类分层，必要时还可设计客户分类分层评分模型，在此基础上对客户实行归口管理。如根据管理客户资产规模进行划分，对于规模达到一定量级的业务分别由分行、支行进行统一管理。对于更大资产规模的客户，则由总行或者总行财富管理中心、私人银行中心直接管理。通过分类分层管理，根据零售客户的价值贡献度提供差异化的金融服务。

四、改进消费信贷模式，提升小散业务效率

新常态下，拉动内需和释放消费潜力，已成为引领经济发展的重要举措。原本应用于小微企业授信领域的"信贷工厂"模式也可移植到消费信贷领域。"信贷工厂"模式所具有的无须抵押担保、服务方式灵活、审批效率高的优势，也可使"小而散"的消费信贷业务获得"快而精"的批量处理，有利于促进个人消费金融发展。在零售银行精准营销方面，各地城市商业银行根据地域资源特征，采取了各具特色的做法。以兰州银行的"三维商城"为例。兰州银行结合兰州"民情流水线"工程，创建了集电子政务、电子事务、电子商务为一体的"三维商城"电子商务平台，并进一步与120家当地牛肉面馆合作推出具有本地特色化的"牛肉面O2O"应用。建立了38家线下店，形成三维商城积分联

盟体系，线下线上联动开展零售银行精准营销，大大提升了小而散的零售业务的经营效率。

五、推动零售服务升级，形成差异竞争优势

未来，银行客户将不再局限于产品功能需求的满足，而是更加注重银行服务过程所带来的体验以及在服务场景中所赋予的情感。在当下产品及技术日益趋同的环境下，各家银行的服务差异越来越小，再要有所突破，就必须建立更为完善的服务体系。对城市商业银行而言，过去"以产品为中心"的零售文化导致重产品、轻服务的理念根深蒂固，服务质量与市场需求有较大的差距，严重影响客户的满意度和忠诚度，不利其零售业务健康发展。因此，要尽快提升服务质量，推进服务升级，努力打造符合城市商业银行发展战略的服务品牌。

以上海银行为例，该行在零售业务方面比较注重通过养老金业务稳定储蓄存款，悉心培育老年客户群体，截至2017年末，拥有养老金客户155.75万户，年代发养老金超过2000万笔，服务了上海地区逾1/3的养老客户，将他们培育成为零售资产的重要支柱，养老金客户储蓄存款对整个零售存款贡献的占比为49.80%。同期，该行养老金客户资产管理规模（AUM）为1832.61亿元，占零售客户综合资产总额的42.64%。养老金零售业务的优势在于客群稳定且可持续增长，且养老金的客户群体，拥有较好的储蓄的习惯。上海银行悉心打造养老金零售业务服务品牌，使其成为同本土其他商业银行差异化竞争独有的"经济护城河"。

再以重庆银行为例，该行以创新驱动发展，零售产品不断迭代升级，个人存款余额、贷款余额及资产质量、客户服务水平大幅提升。在个人零售存款业务方面，2015—2018年6月末，该行个人存款余额以超过32%的年复合增长率快速增长（余额达到756亿元），在重庆地区个人存款余额增量排名榜连续4年保持前四，市场占有率实现翻番。该行陆续推出"幸福存""梦想存"等特色储蓄存款产品。其中作为全国第一个具有"靠档计息、分期付息"功能的储蓄存款产品"幸福存"，以行业首创的领先优势成为该行零售业务的金字招牌。其后，推出姊妹篇产品"梦想存"（全国首个零存整取储种的创新产品），该产品以其独创的开户规则、计息规则成为该行又一特色存款产品。该行还陆续开发了幸福存"爱随意送"特色业务功能，增加了手机银行、直销银行服务渠道，

为客户提供不受时间、地域、网点限制的特色存款服务。在个人零售贷款业务方面，2016—2018年6月末，个人消费类贷款余额以超过38%的年复合增长率快速增长（贷款余额494亿元），占贷款总额的比重为27.34%，个贷不良贷款率仅为0.64%。在大数据智能风控体系建成的基础上，重庆银行将"捷e贷"1.0版迭代升级为2.0版，实现了个贷业务纯线上秒批秒放，极大改善了客户体验。

第六节 规范稳健致远：做优公司治理有效防范风险

城市商业银行不仅要通过一系列金融创新拓展经营范围和经营规模，而且要持续完善公司治理、有效防范各种经营风险。唯其如此，才能行稳致远，才能在服务区域经济的同时实现其自身的可持续发展，进而在"小而精""小而强"的基础上为小微企业和社区居民提供更多的优质服务。

一、完善公司治理：推进合规经营制度有效落地

《商业银行公司治理指引》明确规定"保护存款人和其他利益相关者的合法权益""保护金融消费者的合法权益，持续为国家、股东、员工、客户和社会公众创造价值"。上述条款都要求城市商业银行的公司治理从"股东治理"向"利益相关者共同治理"转变。

（一）完善"三会一层"的公司治理机制

城市商业银行应持续规范股东大会、董事会、监事会和高级管理层的运作，明晰"三会一层"的职责边界，形成"独立运行、相互制衡、有效合作、协调推进"的工作机制。要结合各地实际因行制宜，通过引进多元化的战略投资者优化股权结构，进而在合理的股权结构下强化制衡机制。由若干股权相对分散的大股东组成的股东大会，既有利于防止股权过度集中而导致控股股东操纵和干预城市商业银行，也有利于防止股权过于分散而导致的监督缺位和效率低下。"三会一层"是城市商业银行公司治理的核心，四个主体既不能缺位，彼此之间

也不能越位。同时，要着力提升"董、监、高"人员的专业素养，要通过严格的准入规则和聘任流程逐步实施职业经理人的市场化选聘，要根据银行业监管法规及时规范地进行信息披露。上海银行借鉴国际经验建立健全公司治理架构，引入国际审计准则、独立董事和外部监事制度，建立了相应的议事规则和董监事知情权保障机制。成都银行通过设计相对分散的股权结构（无实际控制人）完善公司治理，避免"一股独大"而损害小股东利益的现象；通过股东派驻的董事积极参与重大经营管理决策，防止因"股东缺位"而导致"内部人控制"；通过完善"三会一层"，各主体的相对独立运作，形成相互制衡和相互协调的管理机制。

（二）提升公司治理的运转效率

一是坚持党的领导核心和政治统率地位。充分发挥城市商业银行党委"指方向、谋战略、推改革、促发展、控风险"的作用。二是强化城市商业银行"两会一层"的履职能力。通过完善"董、监、高"人员的履职评价体系，动态选拔能力强、素质高的人员在相应的岗位任职，果断淘汰不具备履职能力和不作为、乱作为的人员，确保董事会、监事会、管理层切实承担各自的工作职责。三是优化股权管理。城市商业银行要争取地方政府对其规范公司治理的支持，通过增资扩股、老股东减持、引进内外资战略投资者等方式进一步优化股权结构，特别要注重引进愿意推进城市商业银行长远发展、资金实力雄厚、具有相关经营经验、能够形成协同效应的战略投资者及合规的财务投资者。四是完善经营管理团队的用人机制及市场化的薪酬激励机制。除组织部门任命的高管之外，城市商业银行所有层级的职员不套用行政序列的规则定岗，并采取市场化的评估和考核办法强化约束激励机制，培养和引进适应城市商业银行发展需要的各层次合格人才。探索年度绩效与长期保值增值挂钩的改革，制定与同业相比有较强市场竞争力的薪酬体系。

（三）营造良好的公司治理文化

城市商业银行公司治理的有效性，既依赖于相关制度，也依赖于优秀的公司治理文化。一些城市商业银行重组改制时间不长，改制前城市信用社的不良公司治理文化或多或少遗留下来。某些"三会一层"主体或当事人对"分权制衡"的公司治理文化不太理解甚至有某种抵触情绪，导致相关主体之间缺乏沟通和理解而产生内耗。因此，城市商业银行必须以先进的公司治理文化对所有股东、董事、监事、管理层和员工进行正确引导，通过一系列配套制度强化当事人的激励和约束，并辅之以非正式制度降低改善公司治理的成本，凭借内部管理升级助推其提高市场竞争力。如果说公司治理制度是城市商业银行管理的有形基础设施，那么公司治理文化则是城市商业银行管理的无形灵魂。前者相对容易建立和实施，而后者不太容易被界定和认知，故大部分城市商业银行虽然在形式上建立了现代企业制度，但"形似神不似"的公司治理始终是困扰不少城市商业银行的管理难题。为了培育和弘扬健康的公司治理文化，城市商业银行应做好以下几项工作：一是树立社会责任意识。城市商业银行要妥善处理与各利益相关者之间的关系，将自身做强做优的目标与区域经济社会可持续发展紧密结合起来，并积极开展普惠金融、绿色金融等体现社会责任的业务。二是把握经济改革与发展的大势进行组织制度创新。尽管我国《商业银行法》尚未放开混业经营之管制，但金融自由化是全球商业银行发展的大趋势，城市商业银行应充分利用渐进式改革的某些政策（如"投贷联动"试点改革的政策等），积极探索相关业务创新，并同步谋划与业务转型匹配的组织制度创新。三是持续优化股权结构。城市商业银行应因行制宜优化股权结构，引进包括外资机构、民营企业在内的战略投资者，具备条件的可以争取公开上市，这些优化股权结构的举措都将对其树立健康的公司治理文化产生积极的影响。四是发挥董事长的表率作用。董事会是公司治理文化的核心载体，而作为董事会召集人的董事长的行为方式，对董事会乃至整个银行治理文化有着重要影响。城市商业银行的董事长应以身作则，在重大决策商议过程中发扬民主作风，在董事会中扮演求同存异的协调者和平衡者。

（四）实现公司治理的再均衡

城市商业银行的特殊股权结构、地方政府干预以及监管部门的分类监管，不仅使其比较容易导致监管机制偏强、市场机制偏弱的公司治理外部失衡，也可能造成其董事会、监事会、管理层在经营管理过程中的公司治理内部失衡。因此，需要通过完善相关法规、加强同监管部门及当地政府的协调、推进相关的体制机制改革等举措，重构城市商业银行公司治理结构，形成相关主体权责的再均衡。

就外部治理机制再均衡而言。外部市场机制弱于监管机制，是我国所有商业银行公司治理的共同难题，从大多数城市商业银行来看，其公司治理机制外部失衡主要是因为特殊股权结构下地方政府部门过度干预所致。因而监管部门在政策层面应重新审视并修订城市商业银行股东准入条件，并鼓励引进非政府背景的多种所有制成分的股东，弱化地方政府对城市商业银行的行政干预，并充分发挥多层次资本市场在改善上市或挂牌城市商业银行公司治理的作用。另一方面，地方政府应在其委派股东合理维护权责利的基础上简政放权，放弃基于地方保护主义的行政干预思维，切实推进城市商业银行实行政企分开的改革，在制度层面维护股东大会应有的权力，尽可能放手让城市商业银行按金融市场规则合理配置信贷资源，按职业经理市场规则选人用人。

就内部治理机制再均衡而言。监管部门应尽快修订并出台《城市商业银行公司治理指引》等统一管理的政策法规，避免因规制冲突影响城市商业银行优化公司治理。为确保城市商业银行"分权制衡"的公司治理机制落地，应健全相关主体的权责机制及与之对应的监督考核体系，并在管理实践中严格执行。为此，应在强化董事会职权和改进独立董事制度的同时，加强监事会的监督职能。为防止过度集权而带来的内部治理"一言堂"问题，应理顺城市商业银行监事会、独立董事的监督职责。探索将审计专业委员会改设于监事会之下，并通过制度保障其具有获取充分信息独立开展督查的权力。应成立监事会专门委员会，并赋予其深化内部治理的职责。

二、恪守稳健纪律：筑牢风险管控的"防火墙"

从某种意义上说，商业银行是经营风险的企业。商业银行的发展史就是一部金融风险博弈史。商业银行，特别是城市商业银行这类地方小型商业银行，在经营中必须时常保持收益与风险动态平衡的自律意识，切实筑牢风险管控的"防火墙"。

（一）强化风险防范意识，优化风险管理机制

从强化风控意识来看。城市商业银行董事会、高管层和各级员工都应树立主动经营风险和管控风险的意识，将风险管理与日常业务运营有机地结合起来，通过强化风险管理降险增效。通过大数据和人工智能等先进手段，挖掘和分析各项业务潜在的风险，精准把握价值创造与风险防控的平衡点。要在稳步推进负债业务增长的基础上，协调存款与主动负债之间的关系，积极利用主动负债策略优化城市商业银行的负债结构，增强流动性动态管理的实际成效；要加强对理财、同业和投资业务的规范管理，科学匹配负债与资产的期限结构，并按照监管部门的管理政策主动开展合规性内审；在配置高流动性资产时，应注意

在负债组合中适时安排相当规模且比较稳定的资金来源；要遵循实质重于形式的原则，对跨市场交叉业务进行全流程、全口径的风险管控，穿透式动态排查各种潜在或容易被关联行为引发的金融风险；要积极对标先进的绿色金融规范，超前识别高污染、高能耗行业资产业务所隐含的不确定风险；要根据自身的发展规划动态补充资本金，确保资本充足率保持在合规且合理的水平，确保在自身扩张过程中能够持续稳健经营。

从优化风险管理机制来看。城市商业银行应按照我国《商业银行法》第59条的规定，自觉建立健全内部风控制度。良好的风控机制不是仅仅在形式上建章建制，而是要切实适应城市商业银行的经营管理架构，保障风险管理的相关主体功能健全、职责明确、执行到位，真正体现风险管理的独立性和有效性。当前，优化城市商业银行风险管理机制应切实做好以下工作：一是科学设定风险偏好和风险战略。城市商业银行风险偏好的设定，应与自身的市场定位、资源禀赋、发展规划、经营策略以及股东的风险收益偏好相适应。同时，应根据监管部门的相关政策和法规，在其风险偏好框架中纳入量化的风险上限，并将其分解到各业务条线和具体部门，同时建立风险管理的监测与评估机制。二是明确落实风险管理的责任。城市商业银行及其各级分支机构都应牢固树立风险管理的主体责任意识，将风险管理责任落实到每项具体业务和日常工作之中。要强化定期审计问责制度，对董事会、监事会和高管层实行重大风险"一票否决制"和"终身问责制"，落实风险防控的主体职责。三是持续优化风险管理架构。城市商业银行应探索垂直风险管理体制，总行和各级分支机构都应建立首席风险官制度，以增强风险管理的相对独立性，确保所有业务的风险均有专人实时报告、监控、处置和反馈。同时，要通过横向联动的风控机制，确保不同业务条线在目标和行动上协同配合。四是加强风险管理人才队伍建设。城市商业银行应加大风险管理人力团队建设的投入，根据各项业务（特别是新业务）发展的实际需要，培养和引进一批素质较高的风险管理人才，并借助外部专家的力量组建高水平的风险管理顾问团队，进一步提升风险分析和研判的水平。五是建立健全风险管理流程。城市商业银行应进一步完善全面风险管理制度，建立能够切实防范表内外、境内外、各币种的多重防线，并将风险管理措施有机嵌入整个业务流程。应建设风险管理流程前、中、后一体化管理系统，并借鉴国际经验选择能够有效观测极端市场风险的量化分析工具（例如以预期损失ES取代风险价值VaR）。六是创新风险管理思路和方法。城市商业银行要跟踪市场变化探索管理创新，有效激励各层级、各条线、各部门的风险管理人员契合业务发展情况探索风险管理的新思路和新策略，持续推广金融科技在风险管理领域的应用，不断提高风险管控的精准度。七是加快风险管理技术和系统的开发应用。城市商业银行应在做好资本计量技术的基础上，拓展风险计量的维度和提高风险管控的精度，因行而异开发信用风险、操作风险、市场风险等风险计量应用技术，以期全面、及时、准确地观测和管控各种金融风险。要加强组合风险计量技术的开发和应用，实现资产组合在总行、分行和基层行各个层面均得到准确地观测，以期实时根据风险状况科学配置资产负债。要有效归集、整理和分析同业和自身的历史经营数据，充分挖掘客户行为及其资金流动等数据信息，利用大数据和云计算优化风险测量模型，提高风险定量分析的针对性和有效性。八是通过创新资产负债管理模式提高风险管理能力。根据央行宏观审慎评估体系（MPA）的要求，城市商业银行应进一步加强资产负债综合管理，优化资产业务结构和合理配置资产负债比例，确保资产规模、质量、增速和效益的协调统一。要进一步加强流动性管理，通过合理安排资产、负债品种及其期限结构，有效控制资产负债错配风险。要适当控制同业负债比重，提高核心负债占比。要建立健全城市商业银行之间的流动性互助机制，在流动性管理方面"抱团取暖"。要借鉴先进的资本管理理念和方法，按照内部资本充足评估程序（ICAAP）的规范进行资本约束，推动资本管理模式从业务驱动型向风险驱动型转变。

（二）内外联动开发技术，持续创新风控模式

近年来，一些城市商业银行不良贷款率有所上升，增大了风险管理的压力。同时，日趋多元化、综合化的经营模式，对其中台支持能力（特别是风险管理能力）提出了全新的要求。为了进一步通过特色化、差异化的经营模式持续服务区域经济和小微企业，城市商业银行必须进一步提升风险管理技术。城市商业银行要跟踪相关技术在金融领域应用的前沿动态，在科技与金融深度融合的基础上创新风险控制模式，不断根据业务发展需要引进和开发适用的风险管理工具（如针对小微企业的差异化贷款定价策略等风险控制模式，以及开发和升级内部评级模型等风险管理工具）。近年来，互联网金融公司、电商平台和社交网络等泛金融业态积累了大量的用户综合信息（不仅包括用户的基本信息，还涵盖了客户的金融交易信息、电子商务、物流、社交等信息）。不少互联网金融公司依托海量数据信息作为业务基础，利用先进的金融科技手段精准控制其网

贷风险。例如，阿里小贷与阿里巴巴、淘宝网、支付宝底层数据完全打通，依托阿里系的电子商务平台所累积的庞大客户交易数据和信用记录，通过云计算平台基本实现了客户信息挖掘、客户信用风险实时分析、还款能力评估、信贷实时动态把控。又如，腾讯公司作为实际控制人的深圳微众银行，其大数据系统汇集了40万亿条数据信息，利用在线时长、登录行为、虚拟财产、支付频率、购物习惯、社交行为等海量的社交网络信息实现大数据征信，并借助人脸识别、大数据信用评级技术提升信贷风险管理能力。城市商业银行单独打造数据平台成本过高，可以采取与互联网、电商平台、征信公司、电信公司等拥有交易数据的商业伙伴进行合作的方式获得信用评级所需数据，并巧借外部金融科技开发资源提升其风险管理技术水平。

（三）强化风控激励约束，完善风控督查体系

科学合理地制定绩效考核制度，突出对不良贷款、核销贷款回收和化解的奖励；引导客户经理在放好贷款的同时，管理好贷款。强化业务督查，建立信贷业务检查、风险督查、业务审计三级督查体系，对客户经理发放贷款、客户经理及其关系人账户等开展交叉、专项检查，规范业务操作、个人行为。

（四）创新思路方法，强化内部审计

银保监会合并后，监管部门的关注重点和检查方式均发生重大变化，一系列监管新规的酝酿和陆续出台，标志着监管部门正逐步强化全口径、穿透式、功能性监管，也预示着内部审计要承担范围更广、标准更高的审计任务。以往内部审计主要面对银监会对银行业务的监管，而当前银行业务已逐步拓展到租赁、基金、保险等非银行业务，这就要求城市商业银行内部审计部门加大对多元化业务的审计。在新时代，城市商业银行改进内部审计，需要认识到转型发展对内部审计站位所提出的新要求。随着城市商业银行转型发展战略的推进，其内部审计的服务内容和覆盖范围都在不断拓展，不仅要评价揭示现实风险，更要洞察未来可能出现的潜在风险，为持续发展提供更多全局性、方向性的支持。城市商业银行改进内部审计需要推进以下三种转变：

一是由现场审计为主转向现场与非现场审计并重。非现场审计是主导内部审计未来发展、引领审计模式变革和实现审计层次跃升的核心动力。一方面要加快构建覆盖全面、功能强大的审计信息应用与管理平台，实现对信息技术的全面掌握、高度整合、充分共享和有效利用，提高审计信息系统的集成化、信息分析的智能化和监督检查的远程化水平。另一方面要借力借势，健全内部审

计数据采集机制，合理利用好各业务条线信息系统的成果，加强跨行业、跨领域数据的综合比对和关联分析，真正发挥非现场审计的"雷达"效应。

二是由审计检查为主转向监审协同。内部审计要奏好监审联动、部门协同、促进创新"三部曲"，实现审计工作的转型和模式创新。搞好监审联动，必须在吃透业务经营难点和潜在风险防控重点两方面增强监审联动意识，特别是对于底层资产层级的穿透、理财业务净值审核、非标业务转化为标准业务等领域，应注意统一政策口径和拿捏合规边界。搞好监审协同，行内自查应与监管检查协同配合，按照专项治理要求听取监管部门的意见和建议，及时将最新监管政策传导至行内各业务条线和相关部门。搞好监审创新，必须深入研究最新监管政策导向及其带来的潜在影响，协助业务部门找准业务创新与风险防控的平衡点，确保银行在服务区域经济和产业结构升级的同时，既能把握住业务发展机遇，又能有效把控风险。

三是由监督检查为主转向闭环防控并重。监督检查闭环控制，是解决以往监督比较滞后、屡查屡犯频现等顽疾的治本之策。城市商业银行可利用近年综合性监管检查契机，查阅监管检查问题整改台账，进一步提升内部审计的精准度。一方面要利用违规事项库，将监管检查典型案例和突出的违规问题作为关键点，反向推导查证问题的思路，选好高效审计的突破口。另一方面要注重建立待整改事项库，在核实近年审计项目整改效果的基础上，查找内部控制薄弱、制度建设不力、风控执行力不到位等问题，并将这些问题纳入待整改项目库进行重点关注。

附件

附件一：国务院关于组建城市合作银行的通知

国发〔1995〕25号

根据党的十四届三中全会精神，为进一步深化金融体制改革，完善我国的金融体系，促进地区经济的发展，国务院决定自1995年起在大中城市分期分批组建城市合作银行。

城市合作银行是在城市信用合作社的基础上，由城市企业、居民和地方财政投资入股组成的股份制商业银行，其主要任务是：融通资金，为本地区经济的发展，特别是城市中小企业的发展提供金融服务。城市合作银行要认真遵守国家的法律、行政法规，接受中国人民银行的监督管理。

为了做好城市合作银行的组建工作，现将有关问题通知如下：

一、城市合作银行的组建工作要分期分批进行，条件成熟一个，批准一个。今年首先在京、津、沪等城市进行试点，在总结经验的基础上，在35个大中城市中逐步推开。

二、加强对城市合作银行组建工作的领导。中国人民银行总行成立城市合作银行组建工作领导小组，负责全国城市合作银行的组建工作。各市要在市政府的统一领导下，成立城市合作银行筹备领导小组，负责城市合作银行的组建工作。筹备领导小组组长由主管金融工作的副市长担任，中国人民银行市分行行长担任副组长，办公室设在中国人民银行市分行。

三、城市合作银行的组建工作要在清理整顿城市信用合作社和地方财政信用的基础上进行。各市城市合作银行筹备领导小组要对当地城市信用合作社的资产现状、经营情况、股权结构等进行调查，并逐一进行资产评估，提出清理整顿财政信用的方案。在成立城市合作银行的城市，要明确财政信用周转使用的资金，必须通过中国人民银行批准的金融机构以委托放款的形式办理。

城市合作银行的组建工作应遵循以下原则：

（一）在组建城市合作银行的城市，凡符合中国人民银行新发布的《城市信用合作社管理办法》规定的城市信用合作社，都必须加入城市合作银行。

（二）城市合作银行实行全行统一核算的财务管理制度。加入城市合作银行的城市信用合作社，相应取消独立法人地位，其债权债务转为城市合作银行的债权债务。

（三）对加入城市合作银行的城市信用合作社，要在清产核资的基础上进行股权评估，然后统一向城市合作银行入股。城市信用合作社的法人股东成为城市合作银行的法人股东，个人股东可根据其意愿转为城市合作银行的股东或退还其股本。在城市合作银行组建过程中，不得募集新的个人股份。

（四）城市信用合作社原有的公共积累不得私分或转移。城市信用合作社加入城市合作银行，其公共积累的产权必须明晰化。要妥善处理冲销呆账、呆账准备金、职工福利、社会保障和城市信用合作社原股东权益等几方面的关系，由减免税形成的公共积累应按国家有关规定处理。

（五）城市合作银行经中国人民银行批准组建过程中，城市信用合作社的人、财、物，由该市城市合作银行筹备领导小组统一管理，其他部门和单位不得以任何理由转移城市信用合作社的资产，不得干预城市信用合作社的业务经营、清产核资和股权评估等活动。

四、已有城市信用合作社联合社（以下简称"联社"）的城市，在联社的基础上组建城市合作银行。城市合作银行成立后，原联社自动终止。

五、城市合作银行的组建工作按以下程序进行。

（一）各市的城市合作银行筹备领导小组负责进行可行性研究、制订组建方案和清产核资方案（包括净资产分配方案和折股办法）。方案中要明确对城市信用合作社和财政信用清理整顿的方法、步骤和时间安排。上述方案报经中国人民银行总行审查同意后，方能组织开展有关准备工作。

（二）在有关准备工作完成后，由中国人民银行总行和省级分行组织检查验收，验收合格后，筹备领导小组按设立金融机构的要求，向中国人民银行总行报送申请筹建城市合作银行的文件和材料，经总行审查合格后批准筹建。

（三）筹建工作完成后，各筹备领导小组按规定向中国人民银行总行报送申请开业的有关文件和材料，由总行批准开业。

六、在城市合作银行组建期间，中国人民银行各级分行要切实加强对城市信用合作社的管理、监督、稽核，保证城市信用合作社的稳定和资产的完整。

（一）中国人民银行新发布的《城市信用合作社管理办法》，仅适用于批准组建城市合作银行的城市（不再执行《城市信用合作社管理规定》）；未组建城市合作银行的城市，仍按《城市信用合作社管理规定》执行。

（二）不具备组建城市合作银行条件的城市，可按有关规定组建联社。通过组建联社，实现城市信用合作社的行业归口管理，使城市信用合作社与原组建单位在人、财、物等方面彻底脱钩，进一步完善内部民主管理制度，规范经营行为。

（三）在全国城市合作银行组建工作完成之前，暂不批设新的城市信用合作社。

各地区、各有关部门要严格按照本通知的部署和要求开展工作，未经中国人民银行总行批准，不得擅自组建城市合作银行。在组建城市合作银行期间，暂不批准设立其他区域性商业银行。

附件二：城市商业银行监管与发展纲要

银监办发〔2004〕291号

1996年以来，我国城市商业银行经过近九年的发展，不仅有效地化解了组建初期的金融风险，而且确保了112个中心城市经济、金融和社会稳定。城市商业银行坚持"服务地方经济、服务中小企业、服务城市居民"的市场定位和改革、发展的方针，在积极支持了地方经济发展的同时，自己的市场空间也得到了进一步的扩展，市场份额逐年增加，市场信誉逐步提高，为我国银行业的改革与开放做出了成功的尝试，积累了宝贵的经验。城市商业银行在化解风险中生存，在风险控制的实践中壮大，在改革创新中发展，已成为我国银行体系中的一支有生力量。

从城市商业银行的整体经营状况看，其面临的风险和相关问题仍十分突出：经营管理的能力和水平较低，且市场竞争能力不足；资本充足率普遍偏低，募集股本困难；资产质量较差，损失类资产的处置和消化日趋困难，贷款损失准备严重不足；公司治理结构不完善，相关的制度和机制未发挥应有的作用；城市商业银行间发展不平衡，有10%的行仍处于高风险状态，有20%的行未摆脱历史包袱的束缚，仍在原地徘徊。中国银监会成立以来，确立了"管法人、管风险、管内控、提高透明度"的监管理念，在建立和完善监管目标、监管标准和监管法规的基础上，进一步明确了对法人机构监管的方向。同时，针对城市商业银行面临的突出问题，在公司治理、资本充足率、资产质量、风险资产拨备等方面，提出了更严格的标准和要求，加强了对城市商业银行的监管力度，为全方位提高监管工作质量、规范监管行为，推动城市商业银行的改革与发展奠定了良好的基础。为了统一思想、明确任务、科学使用监管资源、有的放矢地做好今后城市商业银行的监管工作，特制定城市商业银行监管与发展纲要。

认真研究城市商业银行发展与监管中面临的新情况，为城市商业银行可持续发展创造良好条件。

近年来，城市商业银行的发展已经取得了令人瞩目的成果，正处于新的发展阶段。但是，必须清醒地看到，目前城市商业银行不仅原有历史形成的问题没有得到根本解决，而且还面临着许多新情况和新问题，如：货币政策变化、利率市场化、国有商业银行的改革、外资银行全面进入国内市场、资本市场改革深入等情况。这些新情况和新问题，既是城市商业银行面临的挑战，也是城市商业银行所面临的机遇，并且关系着城市商业银行的生存与发展。各城市商业银行要珍惜并把握住这一历史性机遇，按照"全面提高宏观意识，全面了解金融形势，全面树立风险观念，全面掌握监管知识"的要求，全面提高经营管理能力和员工队伍的整体素质。要认真分析目前城市商业银行发展中出现的新情况和新问题，并采取相应措施不断完善城市商业银行管理体制和经营机制，保证城市商业银行稳健发展。同时，要有针对性地开展前瞻性研究，充分考虑市场环境变化及政策性因素对城市商业银行的影响，准确把握经营方向和市场定位，为城市商业银行的可持续发展创造必要条件。

按"防险、管理、改革、发展"的方针和实事求是、开拓创新的原则，做好城市商业银行监管工作。

城市商业银行监管部门应认真研究城市商业银行的特点和发展规律，将"防险、管理、改革、发展"作为监管工作的基本方针，以实事求是、开拓创新的思想，指导城市商业银行坚定不移地深化金融改革，逐步建立起经营管理和风险控制的长效机制，推动城市商业银行健康发展。

城市商业银行要充分认识防范和处置金融风险任务的艰巨性和持久性，建立健全科学有效的风险防控体系，有效遏制和防范新的金融风险。突出改革创新的意识，要建立符合自身行业特点的公司治理结构，研究、调整适应自身发展特点的经营管理体制和运营机制，提高经营管理的质量和效率；要坚持稳健和可持续发展的战略，在发展中加快处置和化解金融风险，要通过发展赢得解决历史问题的时间和能力，通过进一步明确市场定位，调整发展战略，改善经营方式，优化经营手段，不断提高业务创新和拓展市场的能力，将城市商业银行打造成社会信誉良好、市场竞争力较强、服务水平较高和产品质量优质的高品质商业银行；要有目的、有效益地引进境外金融资本、战略投资伙伴，聘用急需岗位上的境外专业管理人才，在充实资本实力的同时，着重引进先进的管理技术和管理方式，拓宽经营管理思路，提升经营管理的能力和水平；努力探索和实践城市商业银行间的联合与重组，提高经营管理水平和抗风险能力。要在市场化和自愿原则下开展资本、资产的重组和机构联合，提高单体银行的抗风险能力和经营管理资源的合理调整和配置。在做强、做大的基础上，实现跨区域经营与发展。

完善监管体系，明确职责分工，科学使用监管资源，实现向风险监管、持续监管的根本转变。

城市商业银行的监管工作应按照法人监管的基本原则和"全面提高、分类管理、发挥特色、科学发展"的监管思路，在有利于提高监管质量和监管效率的前提下，建立和完善城市商业银行监管工作的职责分工制度和工作程序，合理调整和划分各级银行监管部门的责任和权力，充分使用监管资源，并严格执行问责制，保证各项监管职能的落实，防止出现监管空白；按照持续监管的方针，进一步完善城市商业银行非现场监管体系和制度，科学设置非现场监管统计指标和报表体系，提高非现场监管的监测、分析、判断和预测能力，全面反映和准确评价城市商业银行的经营管理情况和风险状况。同时，启动非现场监管预警功能，为正确实施监管措施提供基础保障；加强对城市商业银行的现场检查工作，以非现场监管为基础，针对城市商业银行在公司治理、内部控制、经营管理、风险状况等方面存在的突出问题，研究制定一定时期的现场检查工作规划，合理设置现场检查频率和覆盖面，逐年组织实施。现场检查的重点应实现以合规性检查为主向风险性和合规性检查并重的转变，并注意加强后续检查的力度，以保证持续监管效果。要进一步完善现场检查程序和方法，加强人员培训，切实提高现场检查的能力和水平，培养建立一支适应现代银行监管需要的城市商业银行监管队伍。

以"分级管理、突出重点、缩小差距、科学发展"为原则，建立风险识别机制，继续推进分类监管政策，促进城市商业银行的总体发展和区域联合。

按照《股份制商业银行风险评级体系（暂行）》，从2004年起对全国城市商业银行实施风险评级，依照评级结果对全国城市商业银行风险状况进行划分，确定各城市商业银行的风险级别。在此基础上，按照"分级管理、突出重点、缩小差距、科学发展"的原则，制定相应的监管政策和监管规划、措施和风险处置方案，确定各类城市商业银行的科学发展方向。按照风险识别与预警体系，对高风险城市商业银行的风险状况进行甄别，并以此为根据敦促高风险城市商业银行和地方政府制定风险化解规划。对风险状况严重、救助无效或无法进行救助的城市商业银行，协助中央银行研究其市场退出的可能性和可行性，为最终处置做好相应准备。

自2004年开始，城市商业银行监管部门每年对城市商业银行上年度的经营管理及其风险状况进行一次风险评级。银监会将从2005年开始将风险评级结果向各省市监管局和城市商业银行进行通报，并有条件地逐步向社会公开披露部分城市商业银行的风险评级结果。在2006年年底以前，建立比较完善的银监分局初评、银监局复核、银监会监管部门终审的风险评审体系。

城市商业银行联合和跨区域发展是城市商业银行进一步改革、创新和发展的重要内容。要严格按照风险评级结果和准入标准，制定城市商业银行发展的目标和规划。鼓励在综合处置不良资产基础上进行重组改造和重组联合。支持经营状况好、管理能力较高、创新能力较强的城市商业银行实现跨区域发展，按照全国性股份制商业银行市场准入和监管要求，确定机构发展和监管原则。鼓励同一行政区域和经济区划内尚不具备跨区域发展条件的城市商业银行在自愿的前提下，按照市场原则实现资本重组和联合，有效整合金融资源，进一步拓展城市商业银行市场空间，提高其抗风险能力和市场竞争力。支持城市商业银行按照市场化原则收购、兼并周边地区城市信用社。稳步推进城市商业银行机构向本行政区域内经济金融发展状况良好、城市化程度较高的市辖县和县级市延伸，扩大覆盖范围，完善服务功能。支持城市商业银行按照市场原则收购国有商业银行撤并的机构和网点，实现机构的延伸。按照城市信用社处置方案予以保留的城市信用社，在资产规模增长、资产质量改善和综合管理能力提高后，地方政府有成立城市商业银行意向并愿意采取有效措施处置或剥离其不良资产的，在符合监管部门制定的准入标准的条件下可以继续组建城市商业银行。

以公司治理为重点，进一步完善城市商业银行的治理机制，强化内部控制，建立持续发展和风险防范的制度保障。

建立良好的公司治理结构，转换经营机制，是城市商业银行改革与发展的核心和关键。城市商业银行要抓住当前的有利时机，根据《股份制商业银行公司治理指引》和《股份制商业银行独立董事和外部监事制度指引》的要求，积极吸收和借鉴国内外商业银行公司治理的成功经验，从 2004 年起用三年的时间分步骤完成城市商业银行公司治理建设，建立起股东大会、董事会、监事会和高级管理层"三会一层"协调统一、合理制衡的管理体制和科学有效的决策、执行、监督、激励和约束机制，全面提升城市商业银行公司治理质量。要强调对高管人员金融从业经验的认证和加强他们专业技能、管理知识的培训。继续贯彻金融机构内部控制的指导原则和其他内部控制的要求，建立有效的内部控制运行机制，规范城市商业银行经营管理行为，有效防范风险。

根据上述总体目标，2004 年内各城市商业银行应建立"三会一层"的组织架构，制定和落实有关议事程序和规则，并使之制度化、规范化。组织成立董事会下设的专门委员会或专门工作小组，尤其要建立薪酬和提名、审计和风险控制等专门委员会或专门工作小组等组织体系和相关制度。2006 年内按照银监会的要求，各城市商业银行要真正建立和培育起组织健全、运行稳定、制度完善、管理有效的城市商业银行公司治理体制；要根据内部控制的指导原则，确定内部控制的目标、原则和规划，并逐步建立和完善各项内控规章制度和工作流程，强化内控机制运行和有效发挥作用的管理和监督约束机制，保证内部控制机制能够在银行日常运营和风险控制方面发挥有效作用。

根据城市商业银行经营管理和发展水平差异性较大的特点，按照实事求是的原则，分类督促和指导城市商业银行根据自身的特点，制定短、中、长期公司治理建设规划，逐年组织落实。

各城市商业银行董事会在公司治理建设过程中，既要充分认识良好和完善的公司治理在城市商业银行发展中所具有的巨大的基础性作用，又要准确把握改革与发展的大方向，正确发挥组织领导作用，同时应防止把公司治理表面化、形式化，反对做表面文章；董事会必须负起责任，并有能力为银行制定好总体的风险管理目标、市场定位和发展战略,必须制定与实施目标一致的激励约束机制和内部控制机制;董事要熟悉监管部门的要求,了解银行经营管理状况,勤勉尽责,发挥作用。同时确保经营管理层独立、高效、全面地履行经营和管理职责。在强化内部控制过程中,要结合各城市商业银行的实际,借鉴和吸收国内其他优秀股份制商业银行和国外银行业的先进经验,注重制度建设和实际效能的发挥,使内部控制机制真正成为城市商业银行风险控制和稳健经营的保障。

尽快改革和完善城市商业银行授信管理体制,实行扁平化管理,重组业务流程。

我国商业银行在管理结构方面普遍存在管理层次多、业务流程繁琐、信息传导缓慢、资源重复配置、运行成本高、基层行领导职责过多、分支行专业职能部门职责和专业作用界定不清、各行之间无序竞争等问题,导致长期以来信贷风险管理和贷款审批的专业化优势难以形成。城市商业银行应充分发挥体制特点和机制优势,实行扁平化管理,重组业务流程。

当前,城市商业银行要尽快按照集约化经营原则,建立精简高效,职责明晰,权、责、利统一,能充分发挥专业化优势的组织架构,并结合人力资源的优化和有针对性地培训,改造现有的经营决策体系和管理信息系统。一是要继续积极推进机构扁平化和业务垂直化、集约化管理,整合业务流程和管理流程。适当集中银行内部对不同行业和企业进行风险分析和决策的优势力量,专门负责相应的风险审核和评估。二是培养和培训行业主管、项目主管(经理)、风险管理部门的主管,三者要有机结合。三是在全行范围建立信贷分析和决策的信息支持系统,至少要在宏观经济分析、行业及产业的业务战略、资产组合风险、收益分析、确立市场定位、分行业和不同规模企业的经济技术等指标及其他竞争力参照数据收集等方面提供支持。对零售业务要加强历史记录的整理和健全工作,逐步学会使用平衡记分卡方法,提高决策水平和工作效率。同时扩大分支机构进行市场营销和管理检查、事后服务的功能,节约管理成本,制止无序竞争,提高业务运作效率和整体获利能力。

加强对城市商业银行资本金的监管,建立及时有效的资本金补充机制。

按照巴塞尔资本协议的要求,加强对城市商业银行资本金及其充足性的监管力度,将资本监管作为对城市商业银行监管的重要内容。在城市商业银行实施贷款五级分类的基础上,按照《商业银行资本充足率管理办法》将应核销的资产损失从资本金中予以扣减，达到更加审慎的标准。城市商业银行要牢固树立资本约束观念，建立资本约束机制，使资产的增长始终处于资本约束之中，避免盲目扩张和风险过度集中。要督促城市商业银行认真分析资本充足情况，结合各行资产增长速度和发展情况，以及不良贷款的拨备要求，研究今后3—5年内资本充足率变化趋势，制定增资扩股方案和规划。到2006年年底，各城市商业银行资本充足率应基本满足8%的监管要求。对于资本充足率偏低，拨备严重不足，内控机制不健全的银行，将通过强化各项监管指标落实等手段，限制其机构和业务发展上的盲目扩张。

城市商业银行应在增资扩股过程中，按照股权结构的多元化、分散化和科学化原则，合理设置股权，并防止股东间存在的不正当关联关系或关联交易对银行的经营管理活动造成不良影响，同时也应该防止大股东和银行内部人对银行的不适当控制，使银行承担过度风险，损害股东和存款人正当利益；支持和引导城市商业银行广泛吸收境外战略投资者，优化信贷文化和资本结构；鼓励有条件的城市商业银行上市，通过资本市场融资，壮大资本实力；允许符合条件的城市商业银行适量发行次级定期债务，增加附属资本，提高资本充足率。

推行贷款质量五级分类，按照审慎监管原则促进城市商业银行资产质量的全面改善。

按照国际通行的贷款质量五级分类标准和审慎原则，全面推动城市商业银行贷款质量五级分类工作，客观科学地揭示贷款的真实形态。督促城市商业银行根据贷款五级分类结果，足额提取贷款损失准备，有效防范风险。支持地方政府运用有效手段，采取资产剥离和置换等多种方式，帮助城市商业银行加快处置不良贷款，改善资产质量。

自2004年起，各城市商业银行应按照监管部门的要求，以贷款五级分类的形式反映银行的资产质量状况。要严格五级分类操作和认定程序，严格做好尽职调查和事后评价的内审工作，防止为降低不良资产而弄虚作假。要根据风险变化情况，及时调整贷款质量形态，提高五级分类真实性和规范性，加强对不良贷款余额、比例和真实价值，包括预期损失和预期外损失的考核。为落实这一要求，各城市商业银行应制定完备的贷款质量五级分类制度和标准，制定和完善相应的专岗培训、内部稽核、审计和贷款责任追究制度，保证五级分类工作的规范化和标准化，按照贷款质量五级分类制度对贷款进行全面管理，同时向监管部门报送贷款五级分类结果。为保持监管工作连续性，至 2005 年年底前，各城市商业银行应继续同时按"一逾两呆"口径对各类贷款进行分类，并向监管部门报送划分结果。

各城市商业银行应按照五级分类结果，制定计提风险资产准备的五年规划和逐年度拨备计划，并于 2008 年年底前分阶段完成不良贷款的拨备工作。自 2005 年开始，各城市商业银行应按照贷款五级分类的要求，将表外资产和非信贷资产的分类和计提风险准备逐步纳入五年规划。对于未完成当年拨备计划的城市商业银行，各级监管部门应采取有效的监管措施，限制或制止其向股东分红，督促城市商业银行完成拨备计划。

城市商业银行应根据自身的风险状况，在地方政府的支持下借鉴其他城市商业银行处置不良资产的有效经验和做法，研究综合处置历史遗留问题和不良资产的具体办法，鼓励在政策许可范围内的创新，探索城市商业银行不良资产处置的新途径、新办法，运用多种形式和多种方式加快处置不良资产，提高不良资产处置的市场化程度，为城市商业银行的发展创造条件。规范信息披露，加强对城市商业银行的社会监督。

为保护存款人和利益相关者的合法权益，增强公众信心，加强社会监督，促进城市商业银行的安全、稳健运行和自律管理，2004 年开始建立城市商业银行年度报告信息披露制度，以指导和督促城市商业银行规范信息披露的内容和渠道，鼓励城市商业银行向社会公开有关信息，提高经营管理透明度，自觉接受社会监督。

用三年的时间逐步推动城市商业银行信息披露工作。按照股份制商业银行年度报告披露的要求，规范城市商业银行信息披露，督促指导城市商业银行研究制定本行信息披露的要素、程序和方法。2004 年，初步选择 30 家左右城市商业银行按照年度报告的要求，公开披露有关信息，同时鼓励上述城市商业银行在年度报告的基础上，通过报纸、杂志和国际互联网等广泛进行信息披露。2005 年应有 50 家左右城市商业银行公开披露信息，2006 年争取所有城市商业银行向社会公开披露信息。自 2004 年起银监会将通过适当方式向社会公布城市商业银行的有关监管信息。

二〇〇四年十一月五日

附件三：城市商业银行异地分支机构管理办法

银监发〔2006〕12号

第一章 总 则

第一条 为规范城市商业银行异地分支机构的管理，根据《中华人民共和国银行业监督管理法》《中华人民共和国商业银行法》，制定本办法。

第二条 本办法所称城市商业银行异地分支机构是指城市商业银行在所在城市行政区划以外设置的分行和支行。

第三条 中国银监会根据"合理布局、严格标准、稳步推进、注重效益"的原则，审批城市商业银行设立异地分支机构。

第四条 中国银监会鼓励城市商业银行在市场和自愿的原则下，以联合、重组为前提，在充分整合金融资源和化解金融风险的基础上，设立异地分支机构。

第五条 城市商业银行按照总行、分行、支行的三级管理体制设立异地分支机构。

第二章 城市商业银行异地分支机构的设立

第六条 城市商业银行设立异地分支机构分为省内设立和跨省设立。

上款所称省内设立是指城市商业银行在法人住所所在省（自治区）行政区划范围内设立分支机构。跨省设立是指城市商业银行在法人住所所在省（自治区、直辖市）行政区划范围以外设立分支机构。

第七条 城市商业银行在异地初次设立分支机构，只能设立分行，在新设分行正式营业一年后，可以按照《商业银行设立同城营业网点管理办法》的有关规定申请设立同城支行。

第八条 城市商业银行设立异地分行，其监管评级应当在二级（含二级）以上；但城市商业银行在省内实行联合重组后，其监管评级达到三级的，可以在省内尚未设立城市商业银行的城市设立异地分行。

上款所称监管评级是指中国银监会及其派出机构按照《股份制商业银行风

险评级体系（暂行）》对城市商业银行风险及经营状况进行的评级。

第九条　城市商业银行省内设立异地分行，应当具备以下条件：

（一）建立完善的公司治理架构和有效的决策、执行、监督、激励、约束机制。股东大会、董事会、经营管理层独立运作、分工明确、有效制衡，监事会发挥监督作用。董事会下设独立的审计委员会、风险管理及关联交易控制委员会、提名委员会，并制定明确的工作职责和议事规则。

（二）内部控制状况良好，按照监管要求建立有效的内部控制制度，2年来未发生大案要案。建立有效的关联交易控制制度和信息披露制度，按照监管部门的要求公开披露信息。

（三）管理状况良好。建立对管理人员授权、考核、监督和调整的制度和机制，并有足够的经营管理人才储备。

（四）开业3年以上，资产总额不少于150亿元人民币。

（五）注册资本不少于5亿元人民币且为实缴资本，资本充足率不低于8%，核心资本充足率不低于4%。

（六）不良贷款率（按照五级分类口径）连续2年不高于6%，且最近2年不良贷款余额和比例持续下降。

（七）贷款损失准备覆盖率在监管部门规定比例以上，按照要求制定并落实提足贷款损失准备的规划和核销方案。

（八）在申请之日前连续2年盈利，扣除全部贷款损失准备缺口后，资产利润率不低于0.35%，资本利润率不低于8%，人均资产不低于1000万元。

（九）中国银监会要求的其他条件。

第十条　城市商业银行跨省设立异地分行，除满足第九条的各项要求外，还应具备以下条件：

（一）资产总额不少于500亿元人民币。

（二）注册资本不少于10亿元人民币且为实缴资本。

（三）不良贷款率（按五级分类口径）连续3年不高于6%。

（四）在申请之日前连续3年盈利，扣除全部贷款损失准备缺口后，资产利润率不低于0.45%，资本利润率不低于10%，人均资产不低于2000万元。

第十一条　城市商业银行设立异地分支机构，应当按照规定拨付与其经营规模相适应的营运资金。城市商业银行对新设异地分行拨付的营运资金应当不少于1亿元人民币，拨付各分支机构营运资金额的总和，不得超过总行资本净额的 60%。

第十二条　城市商业银行可以在所在市的市辖县（市）设立支行。城市商业银行对新设置行拨付的营运资金应当不少于 1000 万元人民币，该营运资金应当与拨付异地分支机构的营运资金合并计算。

城市商业银行以收购城市信用社的方式设立支行的，其营运资金不与异地分支机构的营运资金合并计算。

城市商业银行在市辖县（市）设立支行，应当符合第九条的规定。

第十三条　城市商业银行异地分支机构的设立应当经过筹建、开业两个阶段。

第十四条　城市商业银行设立异地分支机构，应当向拟设异地分支机构所在地银行业监督管理机构提出筹建申请，同时抄送法人机构所在地银行业监督管理机构，并提交下列文件、资料：

（一）法人机构所在地银行业监督管理机构同意其在异地设立分支机构的文件。

（二）筹建申请书。

（三）董事会决议。

（四）可行性研究报告和拟设机构今后 2 年的发展规划。可行性研究报告的内容至少应涵盖拟设异地分支机构所在地的经济总量大小，金融环境及市场竞争程度，新设机构对当地城市、农村金融的影响等内容。

（五）筹建方案。

（六）筹建人员名单及主要负责人的简历。

（七）现有支行以下机构撤并情况和最近 1 年新设机构的经营管理状况。

（八）中国银监会要求提交的其他文件、资料。

第十五条　城市商业银行异地分支机构的筹建期限为 6 个月。逾期不申请开业或筹建期满未达到开业标准的，原批准文件失效。

第十六条　筹建工作完成后，城市商业银行应当向异地分支机构所在地银行业监督管理机构提出开业申请，并提交下列文件、资料：

（一）筹建工作报告和开业申请书。

（二）拟任高级管理人员的名单、详细履历及任职资格证明材料。

（三）拟开办的主要业务及其风险控制制度。

（四）营业场所、安全防范设施和与业务有关的其他设施的资料。

（五）中国银监会要求的其他文件、资料。

第十七条　经批准设立的城市商业银行异地分支机构，由异地分支机构所在地银行业监督管理机构颁发金融许可证，并凭该许可证向当地工商行政管理机关办理登记手续，领取营业执照。

第十八条　经批准设立的城市商业银行异地分支机构，由异地分支机构所在地银行业监督管理机构予以公告。

城市商业银行异地分支机构自取得营业执照之日起无正当理由超过 6 个月未开业的，或者开业后自行停业连续 6 个月以上的，由异地分支机构所在地银行业监督管理机构吊销其金融许可证，并予以公告。

第三章　城市商业银行异地分支机构的监督管理

第十九条　城市商业银行法人机构所在地银行业监督管理机构负责对法人机构实行并表监管，异地分支机构所在地银行业监督管理机构负责对分支机构实行属地监管。

第二十条　城市商业银行异地分支机构的设立，按以下程序办理：

（一）城市商业银行省内设立异地分行的，经法人机构所在地银行业监督管理机构同意后，由拟设异地分行所在地银行业监督管理机构受理其筹建申请，提出审查意见并逐级审核后报中国银监会审批。

已经中国银监会批准筹建的机构申请开业，由异地分行所在地银行业监督管理机构受理、审批并颁发金融许可证，报中国银监会备案。

（二）城市商业银行跨省设立异地分行的，经法人机构所在地银行业监督管理机构同意后，由拟设异地分行所在地银行业监督管理机构受理其筹建申请，提出审查意见并逐级审核后报中国银监会审批。

已经中国银监会批准筹建的机构申请开业，由异地分行所在地银行业监督管理机构受理、审批并颁发金融许可证，抄送城市商业银行法人机构所在地银行业监督管理机构，并报中国银监会备案。

（三）城市商业银行设立异地分行下辖支行，其筹建及开业申请由异地分行所在地银行业监督管理机构受理、审批并颁发金融许可证，抄送城市商业银行法人机构所在地银行业监督管理机构。

（四）城市商业银行在市辖县（市）设立支行，其筹建及开业申请由所在地银行业监督管理机关受理、审批并颁发金融许可证。

第二十一条　对城市商业银行设立异地分支机构的申请，银行业监督管理机构应自收到申请文件之日起 6 个月内做出批准或不批准的书面决定。

第二十二条　城市商业银行异地分支机构的变更事项由异地分支机构所在地银行业监督管理机构受理、审批。

第二十三条　城市商业银行异地分支机构的终止由异地分支机构所在地银行业监督管理机构受理并逐级审核后报中国银监会审批。

经批准终止的城市商业银行异地分支机构，由异地分支机构所在地银行业监督管理机构收缴其金融许可证，并予以公告。

第二十四条　城市商业银行新业务的准入实行法人审批管理。城市商业银行异地分支机构开办新业务的，应当在 10 个工作日内执其法人机构所在地银行业监督管理机构对其法人机构的业务批准书及其总行的授权书向异地分支机构所在地银行业监督管理机构备案。

第二十五条　城市商业银行异地分支机构高级管理人员的任职资格由异地分支机构所在地银行业监督管理机构受理、核准。任职条件比照股份制商业银行同类机构执行。

第二十六条　城市商业银行法人机构所在地银行业监督管理机构负责对城市商业银行法人机构的非现场监管，异地分支机构所在地银行业监督管理机构负责对异地分支机构的非现场监管。

第二十七条　城市商业银行法人机构所在地银行业监督管理机构主要负责组织实施对城市商业银行总行及当地分支机构的现场检查，异地分支机构所在地银行业监督管理机构负责组织实施对异地分支机构的现场检查。

第二十八条　城市商业银行法人机构所在地银行业监督管理机构与城市商业银行异地分行所在地银行业监督管理机构应当定期交流信息：

（一）城市商业银行法人机构所在地银行业监督管理机构应当按季对城市商业银行的总体风险状况进行分析，在报告中国银监会的同时抄送城市商业银行异地分行所在地银行业监督管理机构。城市商业银行异地分行所在地银行业监督管理机构应当按季对城市商业银行分行风险状况进行分析，同时抄送城市商业银行法人机构所在地银行业监督管理机构。

（二）城市商业银行法人机构所在地银行业监督管理机构对城市商业银行总行的市场准入审批文件、监管意见、现场检查结果等文件、资料应当抄送城市商业银行异地分行所在地银行业监督管理机构。城市商业银行异地分行所在地银行业监督管理机构对城市商业银行异地分行的市场准入审批文件、监管意见、现场检查结果等文件、资料应当抄送城市商业银行法人机构所在地银行业监督管理机构。

（三）城市商业银行法人机构所在地银行业监督管理机构对城市商业银行的监管评级结果经中国银监会审定后，应当向城市商业银行异地分行所在地银行业监督管理机构通报。

第四章 附 则

第二十九条 本办法由中国银监会负责解释。

第三十条 本办法自印发之日起执行。

二〇〇六年二月十三日

附件四：中国银监会办公厅印发《关于中小商业银行分支机构市场准入政策的调整意见（试行）》的通知

（银监发〔2009〕143号）

为促进股份制商业银行、城市商业银行更好地服务地方经济和中小企业发展，增强服务辐射功能，现对中小商业银行分支机构的市场准入政策做以下调整：

一、已在省会（首府）城市设有分行的股份制商业银行，在该城市所在省（自治区）内的其他城市再申请设立下设分行和支行，不再受数量指标控制。

城市商业银行在法人住所所在省（自治区、直辖市）内设立分支机构，不再受数量指标控制。

股份制商业银行和城市商业银行在同城设立支行，不受数量指标控制。

二、符合第一条第一、二款的行政许可事项，改由拟设地银监局受理、审批，审批结果应抄报银监会并抄送属地银监局。

三、不再对股份制商业银行、城市商业银行设立分行和支行设定统一的营运资金要求，由各股份制商业银行、城市商业银行根据业务发展和资本管理需要统筹调节、配置。

四、各股份制商业银行和城市商业银行应根据自身发展、管理水平和拟设分支机构所在省（自治区、直辖市）辖内经济金融发展状况科学制定分支机构设立规划。经属地银监局初审同意，报银监会审核总体规划。凡列入总体规划的事项，由拟地银监局根据申请机构的风险状况和经营状况，结合当地经济金融发展情况，审批对单家机构的分支机构设立事项，不再报银监会审签，也不再征求属地银监局的意见。

五、各银监局在受理相关行政许可申请时，应加强与属地银监局（部门）的联动，并重点审查申请银行是否具备以下条件：具有良好的公司治理结构；风险管理和内部控制健全有效；具有有效的管理信息系统；不良资产比例、损失准备充足水平、资本充足水平等重要指标符合监管要求；最近2年内未发生重大案件和重大违法违规行为，或虽已发生但整改已达到监管部门要求；监管评级较好。同时也要考虑拟下设分支行所在省（自治区）省会（首府）城市分行的风险管理能力、资产质量、合规审慎经营情况。

六、股份制商业银行和城市商业银行跨省（自治区、直辖市）设立分行和支行，仍由银监会根据监管评级和优化布局等要求进行审批。

鼓励股份制商业银行优先到西部、东北等金融机构较少、金融服务相对薄弱地区设立分支机构；支持城市商业银行按照"三步走"原则建立分支机构网络，即先省内、后省外，先本经济区域、后跨经济区域，最后向全国辐射；并对符合监管导向的相关申请予以优先支持。

二〇〇九年四月十六日

附件五：城市商业银行非现场监管工作指导意见

银监办发〔2009〕253号

第一章 总 则

第一条 为进一步规范、完善城市商业银行（以下简称"城商行"）非现场监管工作，提高非现场监管的有效性，根据《中国银行业监督管理委员会非现场监管指引（试行）》（以下简称《指引》）及有关监管工作制度，特就城商行非现场监管工作提出指导意见。

第二条 本指导意见所称的城商行各级监管部门是指银行监管二部（以下简称银行二部）、银监局以及并表局、报告局。并表局是指城商行法人机构所在地银监局或银监分局。报告局是指城商行分支机构所在地银监局或银监分局。

第三条 城商行非现场监管工作遵循以下基本原则：

（一）以法人监管为主导。重点突出并表局在城商行属地法人机构监管中的主导性。

（二）以分类监管为主线。在监管评级的基础上，实现"一行一策，分类监管"，增强城商行非现场监管的科学性、针对性和有效性。

（三）以主监管员为核心。充分发挥主监管员在信息汇集、风险监测、政策制定、监管行动、组织协调等方面的主导作用。

（四）以风险监管为重点。全面、客观、准确地反映城商行真实风险状况，采取有力措施促进城商行不断提高经营管理和风险防控水平。

（五）以提高监管有效性为目标。各级监管部门应根据机构的风险程度合理配置监管资源，建立健全考核评价机制，努力提高非现场监管的有效性。

第二章 职责分工与工作机制

第四条 职责分工。银行二部负责全国城商行非现场监管的政策制定和汇总分析，指导评价银监局的非现场监管工作，并承担联动监管的协调职责。银监局负责辖内城商行法人机构和分支机构非现场监管信息的汇总分析，指导评价辖内并表局和报告局的非现场监管工作，并承担监管协调职责。并表局负责属地城商行法人机构的日常持续监管，并指导评价报告局的非现场监管工作。报告局负责城商行分支机构的日常监管，支持和配合并表局的工作。

第五条 报告机制。非现场监管工作具有较强的规范性和时效性，为保证城商行非现场监管工作质量，各级监管部门应当按照《中国银行业监督管理委员会关于属地监管职责分工及报告路线的规定》，研究建立相关的报告机制，细化报告内容、报告时间、报告路线等。其中，银行二部主要负责建立与各银监局的监管报告机制；银监局主要负责建立与辖内并表局、报告局的监管报告机制；并表局主要负责建立与报告局的监管报告机制。有关城商行非现场监管具体工作要求的报告路线参见本指导意见的第三章。

第六条 联动监管机制。

（一）建立非现场监管与现场检查、市场准入的联动监管会商机制。为了充分发挥监管合力，并表局主监管员应当定期组织由负责非现场监管、现场检查、市场准入的监管人员参加的会商，交流情况，分析问题，确定下一步工作重点，会商的内容应当作为监管报告、监管评级、风险提示的重要参考。遇有重大情况，也可由相关职责的监管人员临时组织会商。

（二）建立并表局与报告局的联动监管会议机制。并表局应当每年组织一次由相关报告局非现场监管人员参加的联动监管会议，研究讨论被监管机构的主要风险状况、改革发展趋势和年度监管工作计划等。

第七条　信息沟通与交流机制。银行二部建立的城商行非现场监管信息平台是全国城商行非现场监管人员进行政策传导与解读、任务领取与提交、信息交流与共享、风险预警与提示、业务探讨与培训的平台。银监局应当指定专人每天登录信息平台，接收工作任务，报告工作成果，交流工作信息。银监局可以参考上述信息平台模式，采取多种方式建立与辖内银监分局的信息交流机制。并表局应当按照《中国银行业监督管理委员会属地监管工作中并表局对报告局协助工作绩效评价办法》的相关要求，建立与报告局之间的信息交流机制。各级监管部门非现场监管人员发生变动，应及时向上级部门报告并更新。

第三章　工作项目与程序

第八条　监管计划。各级监管部门应按照《指引》的具体步骤和有关要求，在充分收集信息、广泛征求意见的基础上，制定城商行监管计划。银行二部负责制定全国城商行的年度总体非现场监管工作计划，并于年初下发各银监局参照执行。银监局负责制定辖内城商行的年度总体非现场监管工作计划，并于年初下发辖内并表局和报告局参照执行。并表局负责制定属地城商行法人机构的年度监管计划。并表局在制定监管计划时应充分征求报告局的意见，征求意见的具体形式由并表局根据工作需要自行确定；报告局应对监管计划进行认真研究，积极反馈意见。年度监管计划应于每年4月底前下发相关报告局参照执行，并同时报送银监局备案。报告局应参照城商行法人机构的年度监管计划，并结合当地分支机构的实际情况确定监管工作重点；也可以根据工作需要制定城商行分支机构的监管计划。

第九条　报表审核与信息收集。非现场信息来源主要包括监管统计信息、银行报送信息、联动监管信息、会议信息、走访调研信息和媒体信息等。

（一）报表数据信息。并表局负责非现场监管信息系统中属地城商行法人机构的报表收集与审核，报告局负责非现场监管信息系统中属地城商行分支机构的报表收集与审核。

（二）会议信息。负责城商行法人机构非现场监管工作的处室负责人或主监管员应参加城商行法人机构的股东大会、董事会会议、监事会会议、年度及半年度工作会议和其他重要的专题会议等，及时掌握各类动态信息。

（三）走访调研信息。各级监管部门应根据非现场监管的工作要求和需要，不定期安排对辖内城商行机构进行走访调研，实地获取有关资料和信息。

（四）媒体及外部信息。并表局应注意收集媒体、评级机构、外部审计、证券市场（上市银行）及其他监管机构发布的属地城商行相关信息，并应对重要事项进行深入分析和后续跟踪。

（五）联动监管信息。银行二部、银监局、并表局和报告局应定期收集和共享有关联动监管信息。

第十条 非现场监管分析。非现场监管分析的准确性、全面性、深入性是对被监管机构经营情况和风险状况进行有效识别、度量和判断的基础。非现场监管分析主要有以下方式：

（一）机构概览。并表局负责编写属地城商行法人机构的机构概览，按季更新，并于每季后30日内报送银监局备案，同时抄送相关报告局。主监管员在首次编写机构概览后，应进行动态维护，及时进行更新和补充完善，确保机构概览的完整性和准确性，为监管工作的开展提供有效的信息基础。银监局负责编写辖内城商行总体机构概览，按季更新，并于每季后30日内报送银行二部备案。银行二部负责编写全国城商行总体机构概览，并于每年4月底前下发各银监局。鉴于机构概览内容较多，报送时建议采用电子文档方式提供。

（二）监管报告。监管报告应包括各类非现场数据、报表分析、现场检查、市场准入、改革发展、风险处置等综合情况。按照频度，监管报告分为监管月报、季度和年度监管报告，四季度监管报告与年度监管报告可以合并。报告局负责当地城商行分支机构监管报告的撰写。其中，监管月报的具体形式和要求可由报告局根据监管工作的实际情况自行确定；季度监管报告于季后25日内完成，抄送并表局参考；年度监管报告于次年1月底前完成，抄送并表局参考。并表局负责属地城商行法人机构单家监管报告的撰写。其中，监管月报的具体形式和要求可由并表局根据监管工作的实际情况自行确定；季度监管报告应于每季后30日内完成，报送银监局备案并抄送相关报告局参考；年度监管报告于次年 2 月底前完成，报送银监局备案并抄送相关报告局参考。银监局负责撰写辖内城商行法人机构（2 家以上）综合监管报告。综合监管报告形式可以适当简化，重点反映辖内城商行法人机构的主要风险状况以及普遍性和趋势性问题。银监局应按季向银行二部报送辖内城商行法人机构的单家监管报告与综合监管报告，报送时间为每季后 30 日内，年度监管报告的报送时间为次年 2 月底前。银行二部负责撰写全国城商行综合监管报告。其中，监管月报于下月 20 日前完成（逢季末延至下月 30 日），报送会领导并下发各银监局参考；年度监管报告于次年 4 月底前完成，报送国务院并下发各银监局参考。

（三）监管评级。监管评级是对城商行实行分类监管的基础。城商行各级非现场监管部门应当按照《商业银行监管评级内部指引（试行）》和《城市商业银行监管评级操作要点》的有关要求，组织城商行的监管评级工作，同时要充分征求负责城商行现场检查和市场准入工作的部门和人员的意见。并表局在评级过程中应当充分参考相关报告局对城商行分支机构的监管意见。并表局在年度监管评级结果得到最终确认后，应将城商行法人机构的评级结果以及将要采取的监管措施及时通报相关报告局。各银监局应在并表局的初评基础上，组织辖内城商行主监管员召开评级会议，按照统一政策和标准研究确定辖内城商行的监管评级，并于每年 2 月底前将评级结果报送银行二部。银行二部负责在年初组织部署对全国城商行的监管评级工作；并在各银监局上报初评结果后，按照统一政策和标准对全国城商行监管评级进行复评。银行二部应于每年 4 月底前将评级结果下发各银监局。如有必要，银行二部可以对单家行的监管评级进行现场评估。

第十一条　现场访谈。各级监管部门应针对日常监管中发现的问题及风险隐患，以现场走访等方式与被监管机构进行当面沟通与交流。对于日常监管中遇到的一般性问题，可以采用现场走访方式处理；对于重大问题，可以采用现场检查立项方式处理。按照访谈频度，可以分为定期访谈和不定期访谈；按照访谈方式，可以分为现场调查了解情况、审慎监管会议、三方会谈、与董事会会谈、与监事会会谈等。银行二部可根据日常监管情况，联动并表局和报告局对资产规模较大、经营区域较广，或风险水平较高的城商行进行现场访谈。并表局主要负责对属地城商行法人机构进行现场访谈，并在与报告局充分沟通的基础上，可以委托报告局或亲自对城商行分支机构进行现场访谈。报告局负责对属地城商行分支机构进行现场访谈。对于并表局委托的现场访谈工作，报告局应当积极配合，并及时将有关情况反馈并表局。

第十二条　风险提示与预警。监管部门在发现城商行有违反审慎监管标准、内控管理存在缺陷、发生异常变动和案件等情况，或是当宏观经济政策和国际国内市场出现较大变化和波动时，应及时对城商行进行风险提示与预警，督导其及时关注风险，研究对策。银行二部负责对涉及全国城商行总体情况以及单家城商行的重大问题进行风险提示与预警。银监局负责对涉及辖内城商行总体情况以及单家城商行的重大问题进行风险提示与预警，对其中较为重大以及有可能普遍存在的问题，应同时报送银行二部。并表局负责对属地城商行法人机构进行风险提示与预警。并表局在对城商行法人机构提出风险提示与预警后，应将有关内容及时告知报告局；对其中较为重大以及有可能普遍存在的问题，还应同时报送银监局。报告局负责对属地城商行分支机构进行风险提示与预警。报告局在对城商行分支机构提出风险提示与预警后，应同时将有关内容告知并表局。

第十三条　后续监管措施。银行二部应组织、指导并表局和报告局根据城商行年度监管情况和监管评级结果，采取以下后续监管措施：

（一）年度监管通报。银行二部应组织并表局和报告局根据非现场监管和现场检查情况，下发对属地城商行机构的年度监管通报。

（二）三方会谈。三方会谈是指银行业监管部门、商业银行及外部审计等单位共同参加的会议。主监管员在外部会计师出具审计报告前，应与商业银行、会计师事务所进行三方会谈。三方会谈一般由并表局组织完成；对于资产规模较大、经营地域较广或风险水平较高的城商行，银行二部可参加或牵头组织三方会谈。三方会谈结束后，并表局应在20个工作日内将会谈纪要报送银监局。

（三）审慎会谈。并表局应综合全年监管情况，组织召开与城商行法人机构董事会、监事会和高管层的年度审慎会谈；对于资产规模较大、经营地域较广或风险水平较高的城商行，银行二部可参加或牵头组织审慎会谈。年度审慎会谈一般在监管评级完成后召开。此外，各级监管部门可根据监管需要，就重要事项和风险问题提出监管意见、召开审慎会谈或约见高管谈话。

第十四条　联动监管工作。

（一）非现场监管与现场检查的联动工作。现场检查立项是实现非现场监管与现场检查有机结合的重要环节，也是非现场监管成果的有效利用。各级非现场监管部门应在对城商行进行综合分析判断的基础上，参照《指引》规定的程序和要求，针对其风险薄弱点提出现场检查立项，并参与制定现场检查方案。银行二部非现场监管人员参与全国城商行年度现场检查重点的确定，并参与由银监会实施的现场检查立项。银监局非现场监管人员参与辖内城商行现场检查重点的确定以及由银监会实施的现场检查立项。并表局主监管员参与对属地城商行法人机构的现场检查立项,同时应就报告局对城商行分支机构的现场检查立项提出意见和建议。报告局非现场监管人员应对属地城商行分支机构的现场检查立项提出意见。

(二)非现场监管与市场准入的政策联动。为了体现"分类监管、扶优限劣"原则,提高监管工作有效性,各级监管部门应当建立健全非现场监管与市场准入政策的联动机制。针对城商行主要风险监管指标不达标、公司治理和内部控制存在缺陷、发生案件、监管要求执行不到位等情况,非现场监管人员可提出市场准入联动意见和建议。非现场监管人员应当积极主动地运用联动机制,针对城商行存在的问题提出政策联动建议;负责市场准入工作的部门和人员原则上应当按照相关规定采纳主监管员的建议,如不能采纳,应当做出合理说明。银行二部非现场监管人员负责对全国城商行市场准入事项提出联动监管意见和建议。银监局非现场监管人员负责对辖内城商行市场准入事项提出联动监管意见和建议。并表局主监管员负责对属地城商行法人机构的市场准入事项提出联动监管意见和建议。报告局非现场监管人员负责对属地城商行分支机构的市场准入事项提出联动监管意见和建议。

第四章 附 则

第十五条 本指导意见适用于城市商业银行。城市信用社的非现场监管工作可参照执行。

二〇〇九年七月十六日

附件六:城市商业银行现场检查指导意见

银监办发〔2009〕274号

为规范城市商业银行(以下简称"城商行")现场检查工作,完善城商行属地联动监管工作机制,依据《中国银行业监督管理委员会现场检查规程》(银监发〔2007〕55号)、《中国银行业监督管理委员会主监管员和主查员管理暂行办法》(银监发〔2008〕54号)、《中国银行业监督管理委员会属地监管工作中并表局对报告局协助工作绩效评价办法》和《中国银行业监督管理委员会关于属地监管职责分工及报告路线的规定》(银监办发〔2008〕173号)等规定,制定本指导意见。

一、总体目标

城商行现场检查工作的总体目标是:统筹兼顾、加强联动,精确制导、提高实效。统筹兼顾是指针对城商行监管点多、面广、链条长的特点,城商行现场检查工作要在属地联动监管框架下,从计划、执行和评估三个环节加强对城商行现场检查工作的引领与督导,依据风险为本监管理念兼顾法人监管与功能监管相结合的架构设置与职责分工组织开展城商行现场检查工作。加强联动是指充分调动和发挥银监(分)局的主观能动性与积极性,加强现场检查队伍集成和监管联动,并以银监会组织开发的"现场检查系统"(EAST)应用为契机,组织银监(分)局城商行现场检查人员相互学习交流和借鉴,不断挖掘潜力,提高现场检查技能,建立和维护一支战斗力强的现场检查队伍。精确制导旨在加强与非现场监管的互动,通过专项现场检查,一方面验证非现场监管分析中判断和发现的个体银行风险苗头与问题,及时提示银行予以防控和纠正,另一方面通过一定频率的常规(即全面)现场检查尽早发现个体城商行深层次的风险变化与问题及可能危及区域或银行业系统安全的风险隐患与问题,报告同级和上级监管决策层,及时调整和采取有效监管措施;同时通过监管引领,培育一支专业、敬业和有责任心的城商行高管职业经理人队伍,对检查发现的不履职、不尽职和管理失误给银行造成重大风险损失的管理人员要给予严肃问责,限制准入直至引咎辞职。提高实效是指要结合会机关"两员"制度建设和监管组织架构调整与变化,重新梳理和规范对城商行现场检查工作督导管理的流程、报告线路及联动机制,与城商行非现场联动监管形成良性互动,共同努力提升监管有效性。

二、指导原则

(一)法人监管和功能监管相结合的原则。一是以属地法人机构监管为主导开展对城商行的常规(即全面)现场检查和专项现场检查。由银行监管二部、并表(分)局和报告(分)局负责对城市商业银行法人及其分支机构现场检查的立项、组织实施、报告及处罚。二是以功能监管为主导开展的城商行专项现场检查。是指由银监会对口监管部门(如创新监管部、信息中心、统计部和案件稽查局等）部署的列入银监会年度现场检查计划及临时布置的专项现场检查，由相关对口监管部门负责组织实施和汇总报告，各银监局应在向对口监管部门报送检查报告的同时抄送银行监管二部。

（二）依据风险程度确立现场检查频率和覆盖面的原则。根据城商行法人及分支机构监管评级和风险评估结果，对低风险机构每三年实施一次常规检查，中风险和高风险机构分别每两年和一年实施一次常规检查；此外，新设机构（包括城商行分行和由城市信用社改制而成的城市商业银行）开业一年以上的需进行常规检查。根据非现场监管立项的专项检查按完整监管周期（通常为公历年）列入下一年度现场检查计划并组织实施。低风险机构是指法人监管评级2级以上，分支机构监管评级2级以上的城商行及其分行和异地支行；中风险机构是指法人监管评级为3或4级，分支机构监管评级为3或4级的城商行及其分行和异地支行；高风险机构是指法人监管评级为5或6级，分支机构监管评级为5或6级的城商行及其分行和异地支行。

（三）提高现场检查与非现场监管和准入监管协同效力原则。各级城商行现场检查部门在制定年度现场检查计划、常规或专项现场检查方案及问卷时要充分与主监管员进行沟通协商，听取其相关风险判断与提示；在进入现场前要充分向主监管员收集了解被检查行的最新经营及风险分析报告、机构概览、监管评级及风险评估等各类非现场监管信息，做到有备而查，提高检查效率。各级城商行现场检查部门应定期将现场检查意见书、行政处罚等信息通报非现场监管部门。城商行现场检查结果及整改落实情况要与监管评级相结合，现场检查部门可依据检查结果和被检查机构整改落实情况建议调整被检查城商行及其分支机构的当年监管评级。各级准入部门应将机构、业务、高管人员方面的信息，适时通报给同级现场检查部门；各级现场检查部门应及时将现场检查意见书、行政处罚等信息及时通报给同级准入部门。

（四）建立健全异地协查（调查）机制。各银监局应积极配合建立异地协查（调查）机制，并表局开展的各类现场检（调）查，需要对其跨省（区、市）的业务进行延伸检（调）查的，可以函告相关银监局协助实施现场检（调）查，各银监局应积极配合并及时函复检（调）查结果。并表分局需要对辖内城商行法人跨省（区、市）的业务进行延伸检（调）查的，应通过所在省（区、市）银监局协调沟通。异地协查（调查）的组织安排及结果应纳入银监局季度现场检查情况汇总报告中。

（五）建立现场检查工作后评价机制。为了进一步提高城商行现场检查工作的有效性，保障联动监管机制的顺利运行，银监会银行监管二部将依据《中国银行业监督管理委员会属地监管工作中并表局对报告局协助工作绩效评价办法》，参照已颁布的股份制商业银行属地联动监管工作制度，对各银监局的城商行现场检查工作进行考评。考评的范围主要包括信息报送的及时性与质量、现场检查计划执行情况及各银监局配合联动监管工作的主观性和客观实际效果等。考评按年度进行，考评结果居前十名的银监局将通过内网信息平台予以通报表扬。

三、职责分工

城商行现场检查工作按照属地联动监管框架，形成三级监管联动模式。其中并表（分）局（城商行法人机构所在地银监局或银监分局，即属地（分）局）承担城商行法人机构常规现场检查和专项现场检查，同时负责汇总并评价相关报告（分）局的现场检查情况及工作。报告（分）局（城商行分支机构所在地银监局或银监分局，即异地（分）局）承担城商行分支机构常规现场检查和专项现场检查，支持和配合有关银监局组织开展的辖内跨区域城商行常规和专项现场检查。各银监局承担辖内城商行法人机构和分支机构现场检查计划及落实情况的定期汇总分析工作，同时指导和协调辖内并表分局和报告分局的城商行现场检查工作，评价辖内并表分局和报告分局的现场检查工作。银监会银行监管二部负责组织实施根据城商行系统监管需要开展的专项现场检查；指导和协调并表局和报告局的城商行现场检查工作；定期汇总上报及反馈各银监局城商行现场检查工作情况、验证和发现的重大个体城商行经营风险及可能危机区域和系统性风险情况；完善城商行联动监管工作机制，组织开展有关现场检查技能培训和经验交流；实施对各银监局城商行属地联动现场检查工作的后评价。

四、主要工作流程及报告路线

（一）年度现场检查立项与计划。属地监管城商行《年度现场检查计划表》主要由并表（分）局商报告（分）局拟定，各银监局负责辖内汇总后报银监会审核确定。计划拟定程序为：一是报告（分）局应在每年11月20日前首次将辖内城商行分支机构的下年度现场检查计划报相关并表（分）局。二是并表（分）局根据对属地城商行法人机构的非现场监管情况和当年现场检查情况，在11月底前拟定对属地城商行全行系统下年度的《年度现场检查计划表》报告所在地银监局。三是各银监局应于12月初完成辖内城商行下年度《年度现场检计划表》的首次汇总并报银监会银行监管二部。四是银监会统筹协调各银监局对属地城商行的现场检查计划，并根据"两上两下"的原则，结合城商行年度监管工作重点和会机关职能监管部门要求统一布置的检查项目与建议，指导各银监局调整和修订对辖内属地城商行的现场检查计划安排，完成汇总审核后，统一印发各银监局。计划外现场检查项目。为确保对属地城商行现场检查的整体性和统一性，除特殊情况外，应尽量减少《年度现场检查计划表》以外的现场检查项目。计划外现场检查项目的立项程序为：对属地城商行系统性的计划外现场检查项目由银监会统一安排并牵头组织；对属地城商行法人机构的计划外现场检查项目由所在地银监局报备银监会后组织相关并表（分）局实施；报告局因辖内城商行分支机构监管实际需要，增补《年度现场检查计划表》外现场检查项目的，应报备银行监管二部，告知并表（分）局；报告分局因辖内城商行分支机构监管实际需要，增补《年度现场检查计划表》外现场检查项目的，应报备所属银监局，告知并表（分）局。计划外检查项目的检查结果应纳入当期银监局季度现场检查情况汇总报告中。

（二）项目实施与队伍集成。银监会银行监管二部每年根据城商行监管重点确立多个相关城商行法人机构的专项现场检查项目并统一组织实施，可根据需要抽调并表局和其他部分银监局城商行现场检查人员共同参与检查。银监会银行监管二部也可根据监管需要，有选择性地参与指导并表局和报告局立项的城商行常规或专项现场检查。并表（分）局负责组织实施由并表（分）局立项或者银监会统一布置的对辖内属地城商行法人机构的常规和专项现场检查；参与银监会立项组织的城商行专项现场检查。由并表（分）局立项并组织实施的城商行法人常规和专项现场检查以并表（分）局检查人员为主，并表（分）局组织实施的现场检查原则上不抽调省（区、市）外报告（分）局的现场检查人员，由所在银监局负责辖内报告分局监管资源的调剂与使用。报告（分）局负责组织实施对城商行辖内分支机构的现场检查；参与银监会立项组织的城商行专项现场检查；配合并参与所在地银监局对辖内属地城商行的常规和专项现场检查。

（三）报告路线与制度。属地城商行现场检查报告制度：一是并表局对重组后城商行和注册地在直辖市、省会（首府）城市的城商行常规及专项现场检查报告和现场检查意见书抄报银监会银行监管二部。二是报告局应将对辖内异地法人城商行分支机构的现场检查报告及现场检查意见书及时抄报并表局。三是并表分局应将对辖内法人城商行的常规及专项现场检查报告和现场检查意见书及时报所属银监局。四是报告分局将对辖内异地法人城商行分支机构的现场检查报告及现场检查意见书及时报所属银监局时,抄报并表(分)局。对属地城商行的系统性检查项目,采取"统一时间、统一方案、统一部署"的形式,由银监会组织拟定检查方案和完成汇总检查报告,各相关并表(分)局或报告(分)局负责组织实施,银监局完成对辖内机构的汇总检查报告,并及时报送银监会。建立属地城商行现场检查情况及检查案例定期汇总报告和反馈制度。各银监局应按季汇总对辖内城商行的各项现场检查情况,其中季度汇总报告于季后 20 个工作日内、年度汇总报告于年后 30 个工作日内报送银行监管二部。汇总报告内容包括:当期监管部门现场检查及银行内审基本情况,检查发现的主要问题,主要整改意见和检查后续整改落实情况跟踪;根据现场检查结果对辖内城商行单个行风险、区域风险及潜在系统性风险的判断与分析,有关监管建议等;检查案例 2—3 则,作为辖内典型并值得推介的有关检查情况与方法总结。银行监管二部将采用联动监管情况通报的形式定期向各银监局反馈对属地城商行的全面现场检查情况及风险监管提示,交流和共享特色检查案例及实践与经验。

五、联动机制

(一)加强银行监管二部与并表局和报告局、银监局与并表分局和报告分局间的纵向联动。1. 银监会银行监管二部通过建立和维护基于银监会内网的城商行监管信息平台,加强与并表局和报告局的交流沟通和信息共享,进行有关城商行现场检查的工作布置与协调、政策传导与解读、风险预警与提示、业务探讨与培训等。2. 各银监局应当及时登录信息平台,接收工作任务,报告工作成果,交流工作信息,并可以参考此模式,建立与辖内并表分局和报告分局的信息交流机制。3. 建立以属地城商行主查员为媒介,电子信息平台为载体的城商行现场检查三级联动机制,定期组织召开联动监管工作或经验交流会,开展现场检查技术与方法及相关业务培训。

(二)加强对银行内审部门的沟通与督导。各银监局要以辖内城商行内审部门为切入点,加强属地城商行对风险及违规问题的自律、自查和自纠。1. 针对监管资源有限及外部经济金融形势复杂多变的状况,各银监局要统筹年度现场检查立项与计划,可将部分风险领域的专项检查指定城商行内审部门组织实施,按要求提交相关检查报告,以提升属地城商行对风险及违规问题自查、自纠的自觉性与能力。2. 加强对属地城商行内审工作的督导和评估,提高内审部门的独立性与权威性,并将评估情况纳入到年度监管评级体系中。

(三)加强与外部审计的沟通与联络。通过借助社会中介的专业优势和社会信誉,验证被监管机构会计报表的真实性;从独立的第三方角度检查其遵守审慎监管标准和法规的情况,减少信息失真,保证风险监管目标的实现。1.各银监局可结合自身情况在对属地城商行进行现场检查前,就相关议题组织开展与外部审计师的三方会谈,从不同角度和层面查找银行当前存在的重大问题或潜在风险,提高现场检查的针对性。2.向外部审计师事务所外包有关检查事项。随着商业银行业务活动复杂化程度加深,在面临衍生交易等市场风险检查、IT系统检查等专业性强的现场检查任务时,外部审计师的专业技术可以成为重要的提高监管有效性的辅助手段。各银监局可结合自身情况利用外部审计师的专业技术进行现场检查,相关检查项目需列入年度现场检查立项计划中。

六、其他事项

(一)各级监管部门应加强城商行现场检查队伍的建设,按职责分工做好现场检查的后续工作,包括:检查档案资料的整理保管;建立现场检查项目管理台账,跟踪整改情况;建立保密制度,完善保密工作等。

(二)对属地城商行的现场检查经费,通过制定年度现场检查计划,按照"谁立项,谁申报经费"的原则及银监会有关现场检查经费的管理规定执行。

本指导意见自印发之日起实施,城市信用社现场检查工作比照执行。

二〇〇九年八月十日

附件七:中国银监会办公厅关于加强中小商业银行主要股东资格审核的通知

银监办发〔2010〕115号

各银监局:

对中小商业银行主要股东的规范管理,是保证中小商业银行安全稳健运行和构建良好公司治理结构的重要前提。为进一步加强对中小商业银行主要股东的资格审核,现将有关事项通知如下:

一、中小商业银行主要股东,是指持有或控制中小商业银行5%以上(含5%)股份或表决权且是银行前三大股东,或非前三大股东但经监管部门认定对中小商业银行具有重大影响的股东。

二、除《中国银行业监督管理委员会中资商业银行行政许可事项实施办法》规定的股东条件外,在实际审核过程中,应坚持以下审慎性条件:

(一)同一股东入股同质银行业金融机构不超过2家,如取得控股权只能投(或保留)一家。并应出具与其关联企业情况、与其他股东的关联关系及其参股其他金融机构情况的说明。

(二)主要股东包括战略投资者持股比例一般不超过20%。对于部分高风险城市商业银行,可以适当放宽比例。

(三)要求主要股东出具资金来源说明。

(四)要求主要股东董事会出具正式的书面承诺:

一是承诺不谋求优于其他股东的关联交易,并应出具银行贷款情况及贷款质量情况说明(经银行确认)。

二是承诺不干预银行的日常经营事务。

三是承诺自股份交割之日起5年内不转让所持该银行股份,并在银行章程或协议中载明;到期转让股份及受让方的股东资格应取得监管部门的同意。

四是作为持股银行的主要资本来源,应承诺持续补充资本。

五是承诺不向银行施加不当的指标压力。

三、根据目前的国家政策和监管实际需要,合理设限,尽量避免限制性行业或企业的投资者入股。

四、各银监局要严格按照规定的审核权限和审核程序,审慎审核股东资格,防止关联交易,确保操作程序公开、透明、合法。对在股东资格审核过程中,因违规操作、把关不严造成严重影响和不良后果的,将按照有关规定严肃追究责任。

五、各银监局应建立中小商业银行主要股东资格审核档案,对中小商业银行主要股东情况进行持续跟踪评估,并加强动态管理,发现问题后应在职责范围内及时报告并予以纠正。

二〇一〇年四月十六日

附件八：中国银监会办公厅关于中小商业银行设立社区支行、小微支行有关事项的通知

银监办发〔2013〕277号

各银监局，各股份制商业银行：

为深入贯彻十八届三中全会"发展惠普金融"精神，认真落实银监会2013年工作会议"推动银行业深化改革和发展转型"的要求，鼓励中小商业银行为小微企业、社区等领域提供专业、便捷、贴心的金融服务，加快战略转型，现就中小商业银行设立社区支行、小微支行有关事项通知如下：

一、支持转型，规范社区支行、小微支行建设

支持符合条件的中小商业银行在风险可控、成本可测的前提下设立社区支行、小微支行，走特色化、差异化发展道路。

中小商业银行应按照"定为社区、服务小微、规划先行、循序推进、均衡设置、持续经营"的思路推进社区支行、小微支行建设。

二、明确定位，加强社区支行、小微支行管理

社区支行、小微支行是指定位于服务社区居民和小微企业的简易型银行网点，属于支行的一种特殊类型。与传统支行相比，功能设置简约，定位特定区域和客户群体，服务便捷灵活。为确保社区支行、小微支行的合法性、严谨性，社区支行、小微支行设立应履行相关行政审批程序，实行持牌经营。此前部分银行设立的"自助银行+人"的咨询型网点应规范界定为社区支行、小微支行，按照程序提出设立申请，履行准入程序。自助银行按照现有规定，严格界定为无人值守的银行网点。

三、统一命名，限定社区支行、小微支行牌照范围

社区支行、小微支行与传统支行的命名原则保持一致，统一规范表述为："银行名+城市名+街道、商圈或社区名+社区支行或小微支行"，如"**银行北京金融街社区支行"。社区支行、小微支行应按照许可的经营范围展业，不得将业务外包。中小商业银行应围绕核心业务开展金融创新，提高服务附加值和

客户满意度。

设立社区支行、小微支行应重点针对社区居民、小微企业有效客户数量多的大型社区和小微商圈。相较传统支行，社区支行、小微支行的网点面积、经营规模、人员配置等可进一步减少。社区支行、小微支行实行有限牌照经营，一般不办理人工现金业务，现金业务主要依托自助机具办理；同时，社区支行不办理对公业务，小微支行单户授信余额不超过500万元。社区支行、小微支行可结合实际错时经营。

四、简政放权，明确社区支行、小微支行准入流程

在《中资商业银行行政许可事项实施办法》支行准入程序基础上进一步简化社区支行、小微支行审批流程，主要包括：中小商业银行可根据需求一次提出多家社区支行、小微支行设立申请，报相关银监局审批；其高管人员改为报告制不再做任职资格审核；社区支行、小微支行不再区分筹建和开业两个阶段，中小商业银行应社区支行、小微支行筹建前3个工作日向拟设地银监局报告，筹建结束后提出设立申请，拟设地银监局根据相关情况予以审核。

五、科学规划，推动社区支行、小微支行有序布局

中小商业银行应认真调研，分析不同区域的金融需求，根据不同区域的规模、有效客户数量以及客户消费能力、消费习惯等，因地制宜、科学制定社区支行、小微支行发展规划，按照监管要求报送拟设地银监局、拟设地银监局应统筹中小商业银行主要监管指标、发展战略、风险管控能力、网均案发率、人才储备情况等因素，结合所在区域金融服务均衡性以及上级管辖行的管控能力对社区支行、小微支行发展规划予以审核，初审后报送银监会。银监会从地域和机构两个维度，按照科学规划、区域平衡的原则对规划进行审查，充分考虑社区支行、小微支行规划与各行风险、战略的匹配性和差异性，对社区支行、小微支行设立数量、区域等进行综合平衡。

六、风险为本，确保社区支行、小微支行稳健运行

为确保社区支行、小微支行设立工作稳步推进，申请设立社区支行、小微支行的中小商业银行应满足以下条件：一是监管评级良好；二是零售业务与小微企业金融服务基础较好；三是分支机构管理能力较强；四是资本充足率等主要监管指标符合监管要求。

中小商业银行应严格安保与风险控制，加强信息披露，将金融许可证、工作人员、营业时间、投诉渠道、收费标准等信息在网点予以公示，确保社区支

行、小微支行合规稳健运营。

七、进出有序，建立相应推出安排

社区支行、小微支行终止营业的，应按《中资商业银行行政许可事项实施办法》相关规定，报送机构所在地银监分局或所在城市银监局审批，履行相关程序后方可终止营业或转为自助银行。

本通知实施前，各中小商业银行已经设立但未申领金融许可证，符合上述社区支行、小微支行定义的相关机构，应纳入2014年中小商业银行社区支行、小微支行发展规划，履行相应行政许可程序，作为支行纳入管理；未取得金融许可证的，应转为自助银行或终止营业。

二〇一三年十二月五日

附件九：各地城市商业银行的资产规模及成立时间

序号	银行名称	资产规模（万元）	成立时间
1	北京银行	257286500.00	1996年1月
2	上海银行	202777239.90	1995年12月
3	江苏银行	192582321.40	2007年1月
4	南京银行	124326902.00	1996年2月
5	宁波银行	111642335.50	1997年4月
6	徽商银行	105050630.90	2005年12月
7	盛京银行	98543294.00	1997年9月
8	杭州银行	92105610.40	1996年9月
9	锦州银行	84592274.80	1997年1月
10	厦门国际银行	80610463.17	1985年8月
11	天津银行	65933990.30	1996年11月
12	中原银行	61997587.20	2014年12月
13	哈尔滨银行	61558848.30	1998年12月
14	包商银行	55080000.00	1998年12月
15	长沙银行	52662968.50	1997年5月

续表

序号	银行名称	资产规模（万元）	成立时间
16	广州银行	51361971.58	1996年9月
17	贵阳银行	50332632.40	1997年4月
18	成都银行	49228496.20	1996年12月
19	郑州银行	46614241.80	2000年2月
20	重庆银行	45036897.30	2007年9月
21	江西银行	41906427.40	1998年2月
22	大连银行	41857309.00	1998年3月
23	吉林银行	36185151.96	2007年10月
24	昆仑银行	35114779.23	2009年4月
25	河北银行	34225267.10	1996年5月
26	贵州银行	34149090.40	2012年10月
27	华融湘江银行	33545191.00	2010年10月
28	甘肃银行	32862237.10	2011年11月
29	汉口银行	31929590.90	1997年12月
30	青岛银行	31765850.20	1996年11月
31	东莞银行	31449886.32	1999年9月
32	九江银行	31162251.10	2000年11月
33	苏州银行	31108578.01	2004年12月
34	兰州银行	30390213.02	1997年6月
35	龙江银行	27386551.00	2009年11月
36	桂林银行	26728787.24	1997年3月
37	齐鲁银行	26573706.41	1996年6月
38	洛阳银行	25341593.40	1997年11月
39	富滇银行	24741816.10	2007年12月
40	西安银行	24349012.50	1997年5月
41	湖北银行	24247947.08	2010年12月
42	长安银行	24125749.70	2009年7月
43	厦门银行	23241442.16	1996年11月
44	温州银行	22778245.18	1998年12月
45	晋商银行	22757069.90	2009年2月

续表

序号	银行名称	资产规模（万元）	成立时间
46	浙江稠州商业银行	21290207.60	1987 年 6 月
47	四川天府银行	20685053.50	2001 年 12 月
48	广东南粤银行	20492345.10	1998 年 1 月
49	重庆三峡银行	20467805.14	2008 年 2 月
50	威海市商业银行	20333213.47	1997 年 8 月
51	廊坊银行	20228500.00	2000 年 12 月
52	唐山银行	20090368.59	1998 年 6 月
53	广东华兴银行	19676813.91	2011 年 8 月
54	张家口银行	19296317.79	2003 年 8 月
55	台州银行	18935138.51	2002 年 3 月
56	广西北部湾银行	18914651.41	1997 年 5 月
57	阜新银行	17715458.39	2001 年 8 月
58	珠海华润银行	17450984.49	1996 年 12 月
59	浙江泰隆商业银行	16856162.49	2006 年 6 月
60	邯郸银行	16149200.00	2007 年 10 月
61	营口银行	16041851.85	1997 年 4 月
62	福建海峡银行	15307713.94	1996 年 12 月
63	乌鲁木齐银行	15268426.64	1997 年 12 月
64	日照银行	14847469.71	2000 年 12 月
65	沧州银行	14777599.91	1998 年 9 月
66	宁夏银行	14476223.50	1998 年 10 月
67	内蒙古银行	13951359.14	1999 年 11 月
68	浙江民泰商业银行	13927984.00	2006 年 8 月
69	柳州银行	13666674.42	1997 年 3 月
70	赣州银行	13646941.96	2001 年 1 月
71	辽阳银行	13592859.04	1997 年 3 月
72	库尔勒银行	13575850.71	2004 年 3 月
73	潍坊银行	12801375.16	1998 年 8 月
74	承德银行	12607298.24	2009 年
75	莱商银行	12131995.00	2005 年 7 月

续表

序号	银行名称	资产规模（万元）	成立时间
76	齐商银行	11144386.61	1997年8月
77	上饶银行	10985050.82	2007年6月
78	绍兴银行	10836749.00	1997年12月
79	青海银行	10687013.88	1997年12月
80	乐山市商业银行	10682359.30	1997年2月
81	云南红塔银行	10509206.68	2006年5月
82	鞍山银行	10450019.82	2008年6月1日
83	东营银行	10379464.65	2005年9月
84	长城华西银行	10368169.92	1998年11月
85	泉州银行	10178525.91	1997年7月
86	保定银行	9420900.00	2008年6月
87	邢台银行	9274387.22	2010年9月
88	葫芦岛银行	9081488.77	2001年9月
89	晋城银行	8752966.31	2005年12月
90	鄂尔多斯银行	8620600.00	2010年1月
91	烟台银行	8617219.00	1997年11月
92	朝阳银行	8604463.78	2011年4月
93	绵阳市商业银行	8571990.51	2000年9月
94	丹东银行	8489153.83	1993年12月
95	宁波通商银行	8292486.73	2012年4月
96	泸州市商业银行	8254981.50	1997年9月
97	攀枝花市商业银行	8246385.00	1997年11月
98	济宁银行	8232963.04	2006年6月
99	临商银行	8192034.29	1998年2月
100	秦皇岛银行	8018992.54	1998年5月
101	焦作中旅银行	7840700.00	1998年2月
102	营口沿海银行	7550865.37	2010年12月
103	自贡市商业银行	7350637.70	2001年12月
104	平顶山市商业银行	7289982.93	2007年12月
105	金华银行	7202264.01	1997年12月

续表

序号	银行名称	资产规模(万元)	成立时间
106	晋中银行	6904716.47	2007年1月
107	嘉兴银行	6730535.20	1997年12月
108	抚顺银行	6620727.14	1998年6月
109	达州银行	6602005.18	2009年12月
110	西藏银行	6308722.94	2012年5月
111	石嘴山银行	6215760.59	2009年3月
112	衡水市商业银行	6082005.49	2009年6月
113	泰安市商业银行	5380003.37	2007年8月
114	乌海银行	5361354.03	2006年9月
115	遂宁市商业银行	5208979.21	2008年1月
116	湖州银行	4204417.06	2010年12月
117	德州银行	4913373.19	2004年12月
118	阳泉市商业银行	4578100.00	1989年4月
119	宜宾市商业银行	4576532.33	2006年12月
120	大同市商业银行	4140931.72	2001年1月
121	长治市商业银行	3833466.00	2005年2月
122	铁岭银行	3778146.00	2005年1月
123	海南银行	3734742.07	2015年9月
124	曲靖市商业银行	3666427.72	2006年3月
125	本溪市商业银行	3634011.96	2010年3月
126	盘锦市商业银行	3308333.72	2005年3月
127	新疆汇和银行	3154382.00	2010年12月
128	哈密市商业银行	3132902.15	2010年6月
129	凉山州商业银行	2997441.05	2007年5月
130	江苏长江商业银行	2746637.25	2008年10月
131	雅安市商业银行	2565415.71	2008年5月
132	枣庄银行	2328052.00	2007年7月
133	宁波东海银行	1112570.51	2012年7月
134	新疆银行	暂无披露	2016年12月

注:除库尔勒银行、攀枝花市商业银行、凉山州商业银行的资产规模数据截至2017年12月,鄂尔多斯银行的资产规模数据截至2018年9月之外,其余城市商业银行的资产规模数据均截至2018年12月。

参考文献

[1] 张伟. 微型金融理论研究 [M]. 北京：中国金融出版社，2001.

[2] 谢平，焦瑾璞. 中国商业银行改革 [M]. 北京：经济科学出版社，2002.

[3] 郑先炳. 西方商业银行最新发展趋势 [M]. 北京：中国金融出版社，2002.

[4] 曾康霖，高宇辉. 中国转型期商业银行公司治理研究 [M]. 北京：中国金融出版社，2005.

[5] 向力力. 城市商业银行与地方经济发展研究 [M]. 湖南：湖南人民出版社，2006.

[6] 焦瑾璞，陈瑾. 建立中国普惠金融体系 [M]. 北京：中国金融出版社，2009.

[7] 白钦先，马东海，刘刚. 中国中小商业银行发展模式研究 [M]. 北京：中国金融出版社，2010.

[8] 陆跃祥，唐洋军. 中国城市商业银行研究 [M]. 北京：经济科学出版社，2010.

[9] 张吉光. 城市商业银行路在何方 [M]. 北京：中国金融出版社，2011.

[10] 贝多广. 好金融好社会：中国普惠金融发展报告 [M]. 北京：经济管理出版社，2015.

[11] 林毅夫，李永军. 中小金融机构发展与中小企业融资 [J]. 经济研究，2001（1）.

[12] 彭建刚，陈华龙. 论城市商业银行对地方经济发展的支持 [J]. 南方金融，2002（1）.

[13] 周立，王子明. 中国各地区金融发展与经济增长实证分析：1978—2000 [J]. 金融研究，2002（10）.

[14] 常永胜. 定位理论与中小银行的市场定位 [J]. 企业经济, 2004 (6).

[15] 李维安, 曹廷求. 股权结构、治理机制与城市银行绩效：来自山东、河南两省的调查证据 [J]. 经济研究, 2004 (12).

[16] 凌秀丽, 王正耀. 从上海银行看中国地方性银行与地方经济发展的关系 [J]. 金融理论与实践, 2004 (12).

[17] 符习安. 对我国商业银行金融产品创新的思考 [J]. 金融理论与实践, 2005 (7).

[18] 王爱俭. 发展我国社区银行的模式选择 [J]. 金融研究, 2005 (11).

[19] 向力力. 制度变迁：城市商业银行支持地方经济发展分析 [J]. 求索, 2005 (10).

[20] 曹凤岐, 谭先国. 城市商业银行的市场定位 [J]. 农村金融研究, 2006 (4).

[21] 张智勇. 城市商业银行与区域经济的协调发展 [J]. 求索, 2006 (12).

[22] 王朝弟. 中小商业银行公司治理机制与经营绩效关系的实证分析 [J]. 南开管理评论, 2007 (4).

[23] 董富华. 城市商业银行竞争与定位判断：浙江个案 [J]. 改革, 2008 (11).

[24] 王爱俭, 庞镭, 林楠. 金融创新在区域经济发展中的动力传递研究——基于系统控制、演化与滨海金融视角的分析 [J]. 财贸经济, 2008 (1).

[25] 梁晓娟. 区域经济增长与金融发展关系的实证分析 [J]. 河南金融管理干部学院学报, 2009 (3).

[26] 张欣. 我国股份制商业银行的市场定位研究 [J]. 金融与经济, 2009 (10).

[27] 武志. 金融发展与经济增长：来自中国的经验分析 [J]. 金融研究, 2010 (5).

[28] 王潇. 中小银行差异化经营的国际经验及启示 [J]. 中国金融, 2010 (18).

[29] 石中心. 我国商业银行金融产品创新的风险分析与管理 [J]. 投资研究, 2011 (6).

［30］郭卉，周敏．我国商业银行发展供应链金融业务的必然性分析［J］．商业时代，2012（15）．

［31］胡国晖，雷颖慧．基于商业银行作用及运作模式的普惠金融体系构建［J］．商业研究，2012（1）．

［32］刘孟飞，张晓岚，张超．我国商业银行业务多元化、经营绩效与风险相关性研究［J］．国际金融研究，2012（8）．

［33］王擎，吴玮，黄娟．城市商业银行跨区域经营：信贷扩张、风险水平及银行绩效［J］．金融研究，2012（1）．

［34］吴晓云，李娜．小型商业银行利基营销战略影响因素研究——基于案例研究方法分析［J］．山东大学学报（哲学社会科学版），2012（3）．

［35］汪卫芳．美国社区银行模式对中小商业银行发展的启示［J］．统计与决策，2012（12）．

［36］欧阳青东，陈雨花．城市商业银行公司治理：基于特殊性的再均衡［J］．南方金融，2013（3）．

［37］杜朝运，马彧菲．商业银行社会责任、声誉溢出与市场效应——基于中国首家赤道银行的案例研究［J］．投资研究，2014（4）．

［38］黄琪．城市商业银行开展中小企业信贷融资业务的SWOT分析及对策［J］．理论学刊，2014（6）．

［39］季菲菲，陈雯．长三角地区金融机构网络分布格局与扩张机理——以城市商业银行为例［J］．地理科学进展，2014（9）．

［40］刘阳，洪正，申宇．地方政府竞争、政府股权与城市商业银行绩效［J］．投资研究，2014（9）．

［41］李广子．跨区经营与中小银行绩效［J］．世界经济，2014（11）．

［42］王春阳，黄子骥．城市商业银行与城市经济增长——基于中国地级市层面的实证分析［J］．经济问题探索，2014（7）．

［43］杨志华．美国中小银行发展经验与启示［J］．中共中央党校学报，2014（6）．

［44］冯日欣，刘砚平．新形势下城市商业银行市场定位研究［J］．理论学刊，2015（4）．

［45］李拓，余曼．利率市场化、政府介入与城市商业银行发展［J］．金融论坛，2015（7）．

[46] 粟勤,肖晶.中国银行业市场结构对金融包容的影响研究——基于区域经济发展差异化的视角[J].财经研究,2015(6).

[47] 周登宪.商业银行发展普惠金融的途径[J].金融时报,2015(9).

[48] 郭军.城商行与地方经济的融合[J].中国金融,2016(3).

[49] 黄金睿.消费金融:中小银行弯道超车的新契机[J].银行家,2016(11).

[50] 李程,白唯,王野,李玉善.绿色信贷政策如何被商业银行有效执行——基于演化博弈论和DID模型的研究[J].南方金融,2016(1).

[51] 潘敏,康巧灵,朱迪星.地方政府股权会影响城市商业银行信贷投放的周期性特征吗?[J].经济评论,2016(4).

[52] 佟岩,贾李盼,康平.城市商业银行对小微企业的信贷模式创新——以沈阳盛京银行为例[J].企业经济,2016(10).

[53] 赵增耀,周晶晶,沈能.金融发展与区域创新效率影响的实证研究——基于开放度的中介效应[J].科学学研究,2016(9).

[54] 陈一洪.城市商业银行零售业务:主要挑战与转型战略[J].南方金融,2017(6).

[55] 陈一洪.城市商业银行竞争力分析(2009—2016)——基于横向对比与动态发展的视角[J].新金融,2017(9).

[56] 陆岷峰.金融科技与中小银行的耦合发展[J].中国金融,2017(17).

[57] 粟勤,张娜.金融包容与银行业机构:文献述评与展望[J].北京工商大学学报(社会科学版),2017(2).

[58] 倪以理等.集约化、智能化、跨越式发展零售银行之路[J].新金融,2017(10).

[59] 苏冬蔚,陈纯纯,许振国,李斌.商业银行社会网络与微型金融可持续发展[J].经济研究,2017(2).

[60] 孙翔宇,杨晶晶.区域经济与商业银行发展的关系研究[J].现代管理科学,2017(10).

[61] 王夔,史永东.科技金融反哺银行业的异质性研究——来自区域性银行的经验证据[J].科学学研究,2017(12).

[62] 王晓宁,朱广印.商业银行实施绿色信贷对盈利能力有影响吗?——

基于 12 家商业银行面板数据的分析 [J]. 金融与经济, 2017 (6).

[63] 王轶欣. 互联网金融与商业银行融合的中小企业融资研究 [J]. 技术经济与管理研究, 2017 (2).

[64] 王麟. 城市商业银行拓展绿色金融研究 [J]. 银行家, 2017 (12).

[65] 尹威, 刘晓星. 地方政府行为与城市商业银行风险承担 [J]. 管理科学, 2017 (6).

[66] 杨敏. 金融科技是地方商业银行差异化发展的核心动力 [J]. 银行家, 2017 (12).

[67] 张哲. 中小企业金融租赁的融资模式研究——基于商业银行服务中小企业转型角度 [J]. 农村金融研究, 2017 (2).

[68] 郭峰, 熊瑞祥. 地方金融机构与地区经济增长——来自城商行设立的准自然实验 [J]. 经济学 (季刊), 2018 (1).

[69] 李焰, 施佳宏. 我国传统银行开展中小微金融活动: 社会责任还是商业驱动 [J]. 经济理论与经济管理, 2018 (4).

[70] 程晋鲁, 方荣慧. 宏观审慎视角下中小商业银行杠杆和流动性问题研究——基于山东省地方法人银行的视角 [J]. 金融理论与实践, 2018 (5).

[71] 董倩. 科技金融对城市商业银行全要素生产率的影响——基于调节效应和中介效应的视角 [J]. 金融理论与实践, 2018 (9).

[72] 魏蓉蓉, 邹晓勇. 我国上市城商行和农商行竞争力比较研究 [J]. 金融理论与实践, 2018 (5).

[73] 高晓燕, 高歌. 绿色信贷规模与商业银行竞争力的关系探究 [J]. 经济问题, 2018 (7).

[74] 顾亦明. 中小银行开展新零售业务的要点 [J]. 银行家, 2018 (7).

[75] 龚玉霞, 张新, 王茹. 绿色信贷对商业银行经营绩效的影响——基于动态面板系统 GMM 的研究 [J]. 会计之友, 2018 (9).

[76] 冯璐, 吴梦. 互联网金融对中国商业银行利润效率的影响研究 [J]. 武汉金融, 2018 (10).

[77] 刘涓. 互联网金融背景下的商业银行效率研究 [J]. 经济研究, 2018 (10).

[78] 李思瑞, 吕颖童. 城市商业银行跨区域经营与信贷结构——基于风险控制水平中介效应的实证研究 [J]. 金融发展研究, 2018 (10).

[79] 侯世英，宋良荣. 金融科技背景下中小银行转型研究：背景、战略布局与建议 [J]. 当代经济管理，2018（12）.

[80] 李国全，侯娟，杨勇. 资本约束下的中小商业银行资本管理 [J]. 中国银行业，2018（4）.

[81] 廖戎戎，蒋团标，喻微锋. 管理层持股对银行创新能力的影响——基于城市商业银行面板数据的实证 [J]. 会计之友，2018（18）.

[82] 孟科学，马晓雨，魏霄. 商业银行绿色金融实施的管理者效应与政策启示 [J]. 华东经济管理，2018（3）.

[83] 毛强，王睿，耿强. 区域性商业银行动态综合竞争力分析及其影响因素研究——以我国上市城商行和农商行为例的实证 [J]. 现代经济探讨，2018（8）.

[84] 彭纯. 发展普惠金融是银行的重大使命 [J]. 中国金融，2018（16）.

[85] 钱立华，鲁政委. 地方银行发展绿色金融的方向 [J]. 中国金融，2018（16）.

[86] 任康钰，张晨希. 绿色信贷对我国商业银行业绩的异质性影响——基于16家上市商业银行面板数据的分析 [J]. 武汉金融，2018（5）.

[87] 王轶昕，贠菲菲. 我国商业银行开展投贷联动业务的理论分析与模式选择——基于解决科创型企业融资难问题的视角 [J]. 管理现代化，2018（1）.

[88] 武安华. 城商行困境突围的对策 [J]. 银行家，2018（3）.

[89] 魏蓉蓉，邹晓勇. 我国上市城商行和农商行竞争力比较研究 [J]. 金融理论与实践，2018（5）.

[90] 徐方元. 中小商业银行使命漂移与回归对策研究 [J]. 市场周刊，2018（12）.

[91] 张吉光. 城商行发展2017年总结与2018年展望——回归本源，结构收缩 [J]. 银行家，2018（4）.

[92] 张宗俊. 优秀城商行建设的河南实践 [J]. 银行家，2018（11）.

[93] 张惠. 中小银行打造"新零售"价值银行的策略研究 [J]. 南方金融，2018（8）.

[94] 周顺兴. 影子银行业务与中小商业银行风险承担：传导机制与实证研究 [J]. 金融监管研究，2018（8）.

[95] 赵洪瑞，李克文，王芬芬. 商业银行战略转型的理论——路径与实证

研究［J］．金融监管研究，2019（5）．

［96］陈一洪．城市商业银行零售业务现状、瓶颈及突破路径［J］．南方金融，2019（7）．

［97］曾刚．完善中小银行公司治理的七大方向［N］．社会科学报，1620：2．

［98］Pagano, M. Financial Markets and Growth：An overview［J］．European Economic Review，1993．

［99］Tiler Davis. Banking structure, financial dependence and growth：international evidence from industry data［J］．Journal of Finance，2005（56）：617－648．

［100］Tom Brady. Financial dependence and growth［J］．American Economic Review. 2006（88）：1421－1460．

后　记

本书第一作者过文俊教授从20世纪80年代后期开始研究我国商业银行的改革与发展问题，当时在《南方金融》杂志连载系列相关文章，20世纪90年代初还公开出版了《现代商业银行入门》。尽管后来主要研究兴趣转移到民间资本、多层次资本市场、私募股权投资等方面，但仍然与时俱进探索商业银行改革的新问题（如商业银行"投贷联动"试点改革等）。2019年初，湖北省金融法学研究会委托过文俊教授牵头研究城市商业银行相关的课题，过文俊教授设计了"城市商业银行服务区域经济发展研究"的课题框架，并带领团队开展问题导向的理论研究。为了摸清城市商业银行服务区域经济发展的实际情况，作者对湖北银行、汉口银行、北京银行、上海银行、南京银行、无锡银行、杭州银行、西安银行等进行了调查或访谈，总结了若干城市商业银行通过金融创新服务区域经济发展的成功经验，同时也发现了城市商业银行服务区域中小微企业和城镇居民存在的共性问题。在上述课题研究的基础上，我们扩充了相关章节的内容，并添加系列案例，形成了书稿。

本书分析了城市商业银行及其与区域经济发展的相互关系，客观描述了城市商业银行服务区域小微企业的金融创新、服务区域居民的消费金融创新、服务区域经济的科技金融创新及绿色金融创新，对城市商业银行服务区域经济发展的效应进行了实证分析。针对城市商业银行服务区域经济发展所面临的挑战，提出了强化城市商业银行服务区域经济发展能力的一系列对策。

本书是集体研究的成果，过文俊教授设计了本书的写作框架，并对各章进行两轮修订和总纂。绪论由余华和张雅共同撰稿，第一章由张雅和余华共同撰稿，第二章由刘诗琪和过文俊共同撰稿，第三章由沈悦和过文俊共同撰稿，第四章由尚康和过文俊共同撰稿，第五章由纪妁含和过文俊共同撰稿，第六章由沈悦和刘诗琪共同撰稿，第七章和第八章由过文俊撰稿。参考文献由张雅整理，附件由余华和张雅整理，相关案例分别由刘诗琪、沈悦、尚康、纪妁含、过文俊编撰。

后 记

本书作为中南财经政法大学"双一流"建设文库系列著作之一,纳入中国财政经济出版社2019年出版计划。由于时间紧迫,本书研究的广度和深度均有不足,期望读者给我们提出宝贵的意见。以便在再版时进一步完善。本书在出版过程中得到了中国财政经济出版社领导和编辑们的热情帮助。在此,我们对所有为本书出版提供支持的人士致以衷心的感谢!

全体作者
2019年岁末于武汉晓南湖畔